東洋文庫 841

論語集注 1

朱熹

土田健次郎 訳注

平凡社

装幀　原　弘

目　次

訳注者まえがき

『論語』は、儒教の経書の中では、今でも命脈を保ち、最も多くの読者を獲得している書物である。この書物は言うまでもなく儒教を代表する聖人の孔子の語録を中心とするが、特に重要なのは、儒教の教えのエッセンスの数々が簡明に説かれていることとともに、儒教の理念の体現者である孔子という人格が浮かび上がることである。つまり思想とその体現者自身の両方が『論語』という書物から紡ぎ出されるのである。

その『論語』の注釈の中で最も有名なのが朱子《しゅし》（朱熹《しゅき》）の『論語《ろんご》集注《しっちゅう》』である。本書は、朱子の代表作であり、おそらく近世の東アジアで最も多く読まれ、影響を持った書物である。

著者の朱子は、朱子学の開祖である。朱子学は元《げん》朝に国教化され、さらに朝鮮や日本に流入し、これらの地域で圧倒的な権威を持った。そしてこの『論語集注』はこの地域の基礎教養となった。今でも古本屋で本書の江戸時代の刊本が比較的安価で購入できるのは、それだけ出版された部数が多いからである。本書を抜きにしては、東アジアの近世思想を語ることは不可能であると言っても過言ではない。

『論語集注』は、『四書集注』に含まれる。この『四書集注』は、『大学章句』『中庸章句』『論語集注』『孟子集注』からなり、朱子の説では、『論語』は孔子の語録、『大学』は孔子の弟子の曾子《そうし》が孔子の語を述べて、さらに曾子が孔子の語を解説したのを曾子の弟子が記録した書、『中庸』は曾子の弟子で孔子の孫の子思《しし》の書、『孟子』は子思の孫弟子の孟子の思想を伝えた書である。これらの書は一括して「四書」と呼ばれ、この「四書」に見える孔子、曾子、子思、孟子と伝えられた道こそ、朱子にとっては儒教の本質であった。

『論語集注』は、朱子が同じく自著の『孟子集注』と併せて一字も添えられず一字も減らせられぬと自負した書であり（『朱子語類』一九）、また周到に準備された書物である。

本書はなぜ『集注』と言うかというと、朱子は北宋に登場する道学（宋学）という学派に属するが、朱子は道学あるいはその周辺の先輩思想家たちの『論語』解釈を集め、その精髄をここにまとめているからである。周到と言うのはこの集め方である。まず朱子は道学の思想家たちを中心に『論語』解釈の資料集を作った。これが四十三歳の時の『論語精義《せいぎ》』である。ここに集められた解釈は相互に齟齬《そご》があるが、次に朱子が試みたのは自己の思想を軸にそれらの調停あるいは選択であって、その議論の道筋を述べたのが四十八歳の時の『論語或《わく》問《もん》』である。そしてその作業と並行して、精選した解釈をまとめて自己の解説も付したのが、同じく四十八歳頃の作とされる『論語集注』なのである。（細かく言うと、『論語集注』では『論語精義』に引かれていない儒者のものも一部載せてはいる。）ちなみにこの四十八歳という制作年代については、清・乾隆一七年初刻の王懋竑《おうぼうこう》『朱子年譜附考異』をはじめ諸家が考証している。ただこれは一応の完成であって、朱子はその後も手を入れ続けていく。また『論語集注』や『論語精義』の前身の存在も文献には出てくるが現物は残っていない。なお『論語集注』には『論語精義』に収められていない道学周辺の者の解釈や、時には蘇軾《そしょく》などのように道学と対立的立場にあった人物のものまで引くこともあるが、当然ながらその箇所は多くが朱子の解釈と抵触する内容ではない。

このように『論語集注』は、道学の『論語』解釈の統一作業の成果であり、当時の学界に道学の存在感を示す著作であった。ただ同時に注意すべきなのは、諸注の選択と刈り込み方、朱子自身による解説部分によって、本書が道学内部における朱子の思想的自己主張の書とも言える性格を持っていることである。朱子は、先人の解説はわかりづらいのであえて引用の正確を期すよりも要点を取り、そこにさらに注だの解説だのを付さなくてもその文を熟読すれば本旨を悟れるようにしたと言っている（『朱子語類』一九）。つまり引用文も朱子の見解によってかなりの修訂が加えられているのであって、その実態は原資料と比べると知ることができる。注を集めたと称しながらも、その背後には朱子の強烈な自己主張が潜んでいるのであって、要するに本書には儒学における道学の正統性のみならず、道学内部における朱子学の正統性の主張が孕《はら》まれているのである。

なお本書の引用の中核は道学形成の中核に位置する程顥《ていこう》（程明道）、程頤《ていい》（程伊川）兄弟（二程子）のものであるが、この両者を引用する場合、区別なく「程子」で統一されている。そこには程子学派の正統的後継者として両者を一体のものとする朱子の強い意志があろう。なお「子」という敬称を用いるのはこの程子兄弟以外では同じく道学形成に貢献した張載《ちょうさい》（張横渠《おうきょ》）に対してであり、彼ら以外は姓に「氏」を付すにとどめる。また引用の配列も周到であって、たとえば本書で同じ箇所に二つの引用が並ぶ場合は、両方のいずれが正しいか確定できない場合であり、どちらかと言えば前に引かれている方が優れていると朱子は言う（『朱子語類』一九）。ちなみに字の用い方にも配慮があり、朱子は、訓詁《くんこ》の表示に関しても、「者」、「謂」、「猶」、これらを使用しない場合、といった使い分けを意識していると言う（同上）。

ここで朱子について語るべきかもしれない。しかし紙数の都合もあるので、ごく簡単に述べておく。

朱子（一一三〇―一二〇〇）は諱《いみな》は熹《き》、字《あざな》は元晦《げんかい》あるいは仲晦《ちゅうかい》、号は晦庵《かいあん》ほか多数、諡《おくりな》は文。なお本書では、諱による「朱熹《しゅき》」ではなく、一般に知られている敬称の「朱子《しゅし》」で統一して表記する。南宋の人。福建の山間地で生まれ、十九歳で科挙に合格、何回か地方官を務めるが、福建で教学に従事することが長かった。後年朝廷で皇帝の教師になったが、「慶元偽学《ぎがく》の禁」という弾圧が始まり、短期間で辞職するはめになり、最後は福建の考亭で没した。その生涯については三浦國雄『朱子伝』（平凡社ライブラリー、二〇一〇）などを参照されたい。

朱子の思想は「理」と「気」を柱とする壮大な体系である。「気」とは生命力的エネルギーで、宇宙のあるらゆるものはこの「気」からなる。「理」は事物の法則・秩序であって、それ自身では姿を現さず、「気」からなる物質や、気の作用や運動である事象を通してその存在が想定できる。「気」は経験的に捉えられるもので「形而下」、「理」は経験できない実在であるので「形而上」である。人間の身体も気の塊であるが、同時にそのエネルギーによって種々の運動や作用を起こす。心の諸作用もそのうちの一つであり気の最も精妙な働きである。心の動きは気のエネルギーであるが（「情」と言う）、そこには法則や秩序があり（「性」と言う）、それが理、つまり人間の場合は道徳なのである（「性即理」と言う）。

このように朱子は宇宙論から道徳論までを理気論で一貫させているのであるが、かかる体系が『論語集注』の背後には控えているのであって、この書が単なる注釈書を超え、思想書である所以《ゆえん》はそこにある。特に重要なのは、孔子（聖人）、賢人（孔子の高弟など）、一般人のそれぞれの境地が各人の言葉にどのように反映されているかが常に意識されていることである。このように境地によって発言内容を仕分けすることで、朱子は『論語』内部の幅や揺れを調停しているのであるが、それはまた多くの読み手にとって、『論語』が聖人への道を歩む自己向上の具体的な指針の書となることでもあった。

それまでの『論語』の最も代表的な注釈書は魏の何晏《かあん》の『論語集解《しっかい》』と、その再注釈である北宋の邢昺《けいへい》の『論語正義《せいぎ》』（『論語注疏《ちゅうそ》』）であったが、これらの書はあくまでも本文の解釈をするための注釈であって、朱子の『論語集注』のような個人的思想表明としての面を持つものではなかった。そしてこの朱子の姿勢が、後の『論語』注釈者にも影響をあたえていくのである。その代表が、本書に【補説】としてあげた江戸時代の伊藤仁斎《いとうじんさい》（一六二七—一七〇五）と荻生徂徠《おぎゅうそらい》（一六六六—一七二八）の『論語』注釈である。

伊藤仁斎はもとは朱子学者であったが、後にそこから脱却し、徹底した反朱子学の立場をとるようになった。『論語古義《こぎ》』はその仁斎の主著である。仁斎は『論語』を「最上至極宇宙第一の書」と呼び尊崇した。実際は訓詁段階では『論語集注』及び明代に胡広《ここう》らが勅を奉じて編集した『論語大全』（『論語集注』にさらに注を加えた書）をかなりの割合で採用しているのだが、そのうえで加えた思想的な注では反朱子学の姿勢で一貫している。仁斎は江戸時代でも稀に見る体系的思想の持ち主であり、『論語古義』にもかかる体系の裏打ちがある。

荻生徂徠は、反朱子学でありまた反仁斎学であった。その主著の『論語徴《ちょう》』には、朱子や仁斎の解釈についての攻撃が執拗なほど見える。この徂徠もまた体系的思想の持ち主であることは、人後に落ちなかった。『論語徴』の背後にもその体系がある。

つまり『論語集注』、『論語古義』、『論語徴』は、いずれも『論語』の解釈でありつつ、それぞれの思想体系の表明なのである。（また同時に学問修養、徳行や、社会活動の実践の指針でもあった。）これらの書は『論語』という共通のテキストに対する注釈であり、また儒教の道とは何か、聖人とはいかなる存在かという共通のテーマを持つゆえ、これらを対照することで、彼らの道と聖人に対する考え方の異同が鮮明になる。理と気によって宇宙論、人性論、道徳論を一貫させ、宇宙に根拠づけられた道の完全な体現者として孔子を見る朱子、宇宙的原理を排斥し個人が踏み行う日常道徳に全関心を集中し、その姿勢の持つ意味を闡明《せんめい》しました体現した存在が孔子であるとする仁斎、宇宙的原理でも個人道徳でもなく先王が制作した天下全体の統治の道こそが儒教の道であるとし、孔子は先王と異なりその制作には関与していないが、かかる道を後世に伝えたことで偉大であったとする徂徠、このような対比が実に鮮明に浮かび上がるのである。今更ながら経学が儒教の本領であることが、この作業によって実感できよう。ちなみにこれらの注を相互参照させる試みとしては、松平頼寛《まつだいらよりひろ》が編集した『論語徴集覧』（一七六〇）が知られている。そこでは、何晏『論語集解』、朱子『論語集注』、伊藤仁斎『論語古義』、荻生徂徠『論語徴』が各章ごとに配列され、そのうち『論語徴』のみには句読が切られ、出典を示す頭注が付されている。原文を並べたものであるが、便利と言えば便利な書ではある。

『論語集注』のテキストとして評価が安定していたのは、清の康熙年間の呉志忠《ごしちゅう》の校刊本である。例えば中華書局一九八三年刊行の『新編諸子集成』はこのテキストを底本にし、中華書局図書館所蔵の清康熙内府仿刻宋淳祐二年大字本を校勘に使用している。一方、上海古籍出版社、安徽教育出版社二〇〇二年刊行の『朱子全書』では現存する版本で最も早いという宋当塗郡斎刻本を底本にしその他の宋や元の版本などを参校している。これ以外にも中国、朝鮮、日本のそれぞれの地域で通行していた版本は多数あり、朱子の自筆稿本というものもごく一部残っているが、目睹《もくと》した限り若干の字句の差はあるものの大幅な差はないようである。なお校勘記としては、各種校訂本に付されたものや、まとまった形では呉志忠の『四書章句附考』などがある。また朱子自身の『論語集注』の改訂の変遷の実例を考証したものとしては、吉原文昭『南宋学研究』(研文社、二〇〇二)が刊行されている。ところで本書は『朱子全書』をもとに諸書を参照しているが、助字をはじめ、内容に影響ない異同については一々注記していない。注記した校勘も、各テキストをあげての詳細は、あまりに繁瑣になるので省略した。ちなみに以前は『論語集註』と「註」の字がよく用いられてきたが、古いテキストはむしろ「注」としているものが多いので(例えば、佐野公治『四書学史の研究』創文社、一九八八)、本書では「注」を用いる。

『論語集注』を書き下し文にしたものには、『四書集註』上（世界聖典全集刊行会、一九二〇）、吹野安《ふきのやすし》・石本道明《いしもとみちあき》『孔子全書』一～一〇（明徳出版社、一九九九～二〇〇六）など、現代語訳としては廣野行甫《ひろのゆきお》・高田博成《たかだひろなり》訳、原田種成《はらだたねしげ》注『四書集注（上）、朱子学大系七』（明徳出版社、一九七四）、小澤正明《おざわせいめい》『朱熹集註論語全訳』（白帝社、一九八八）、現代中国語訳には李申《りしん》『四書集注全訳』上（巴蜀書社、二〇〇二）がある。また宇野哲人《うのてつと》『論語新釈』（講談社学術文庫、一九八〇）、倉石武四郎《くらいしたけしろう》『論語』（日光書院、一九四九）は、ともに『論語集注』に沿った『論語』本文の翻訳で、後者はさらに『論語集注』の大意をまとめて嵌《は》め込んでいるが、その部分はごく一部で、逐字的な翻訳でもない。その他、かなり粗いが典拠の調査を試みたものでは潘《はん》衍桐《えんとう》『朱子論語集注訓詁攷』（浙江書局、一八九一）、大槻信良《おおつきのぶよし》『朱子四書集註典拠考』（中文出版社、一九七六）があり、二程子の引用に絞ったものでは孔維益《こういえき》『朱注四書引二程子語考略』（弘道文化事業有限公司、一九七六）も出ている。そのほかに関係するものでは、中国近代の簡《かん》朝亮《ちょうりょう》『論語集注補正述疏』、『論語師説』（浅見絅斎《あさみけいさい》の『論語集注』の講義を若林強斎《わかばやしきょうさい》が筆記したもの）を引きながら若干の解説を加えた木南卓一《きなみたくいち》『論語集註私新抄』（明徳出版社、二〇〇一）などがある。

　もともと南宋から元、明にかけて『論語集注』に対し朱子の語録の関係箇所を注した末疏の類が多数作成され、清から近代にかけても注釈書は出されているのだが、本書の作成に際して特に有用なものはなかったのでその書名を一々ここでは記さない。なお朝鮮王朝における注釈については『韓国経学資料集成』（成均館大学出版部、一九九〇）所収のものを見たが、これも朱子の関係文献や朝鮮王朝の先儒の引用が主流であって、あまり利用できなかった。

ともかくも本書の訓読、訳注は、筆者が全て新たに行ったものであり、従来の解釈とは異なるところがある。その際、「訓読」はなるべく訓読らしい固い文体、それに対して「現代語訳」は一読して意味がとれる訳を心がけたつもりである。また「注釈」はこれほど著名な書物であるにもかかわらず十全なものはなく、それゆえ典拠はもちろんのこと、朱子がいかなる思想を前提にして注を付したのかも最低限記した。

【補説】は、江戸時代の伊藤仁斎と荻生徂徠の『論語』解釈の要点を記した。

【補説】の仁斎の解釈は『論語古義』に拠っている。ただ『論語古義』には、仁斎自身の原稿をはじめ筆写本などが複数あり、内容もかなり異なっている。そのうちで仁斎の定論と認定されているのは林景范《はやしけいはん》筆写本であるが、本書はあえて版本によった。この版本には仁斎の長子の東涯《とうがい》の手が入っているが、仁斎の『論語』解釈を十分に伝えるものであり、何よりも江戸時代を通じて仁斎の『論語』解釈として一般に読まれてきたのはこの版本だからである。ただ徂徠が仁斎の説を批判する場合、版本に相当する記述がない時がある。それについては遡って林景范筆写本や自筆稿本も見たのであるが、それでも該当箇所を見つけられなかった。

この問題については更に調査する必要があろう。

徂徠の解釈は、『論語徴』によっているが、そのテキストは『荻生徂徠全集』第三、四巻（みすず書房。また平凡社の東洋文庫『論語徴』では訓読のみを所収）影印の版本を利用した。

なお【補説】の最後に適宜＊を付け、訳注者の私見として、朱子、仁斎、徂徠の立場の差を付記しておいた。

本訳注は当初の予定をはるかに超えた量になった。それでも以下の点については略に従った。
一、『論語精義』は朱子が編集した資料集である。そこに引用されている諸家の文と、『論語集注』に引かれている該当の文とは、文言上では完全に一致しないところがあるが、それを一々注することはしない。
二、二程子（程顥と程頤）の語の出典はなるべく『程氏遺書』『程氏外書』『程氏経説』など、よりもとの形に近い資料を挙げている。これらはほとんど『論語精義』にも引かれているのだが、こちらは先の文献に比すれば二次的であるので、その旨を一々記さない。それでも本書に「『論語精義』に引く」とのみ記している箇所があるのは、先の文献の中に見出せない場合に限っている。
三、朱子が引用している二程子や弟子の語は原典の文面と完全に一致しないものが多いが、その異同の一々はあまりに煩瑣になるので記さない。

四、【補説】の［仁斎］、［徂徠］の箇所は、両者の注釈の大意であって、文章に沿った翻訳ではない。また徂徠の場合、器物や制度についてかなりの量の考証を加えることがあるが、そのような箇所も省いた。さらにごく少数であるが、両者の注が朱子とあまり変わらない内容の場合は、取り上げていない。

また次のような方針もとっている。

一、出典は、朱子が見た可能性があるものに限っている。

二、本文中の『論語』の出典は、篇と章を記し、一々『論語』と称していない（例：学而第一・第一章）。

三、朱子、孔子、皇帝、その他その呼称で広く知られている場合のほかは、なるべく諱で表記するようにした。

四、編集部の方針に従い、書き下し文及びその箇所の漢字の読みなどは、「出づ」を除いてすべて現代仮名遣いにした。また漢字表記は、人名、書名など一部を除いて、新字体とした。

五、『大学』『中庸』は、参照の便宜のため全篇朱子の分章に基づき、第何章かを記した。

六、しばしば引用する文献には、通称や略称で表記したものがある（例：『朱子文集』）。

論語《ろんご》集注《しっちゅう》 1

朱《しゅ》 熹《き》 著
土田《つちだ》健次郎《けんじろう》 訳注

春秋時代（論語関係）の地図

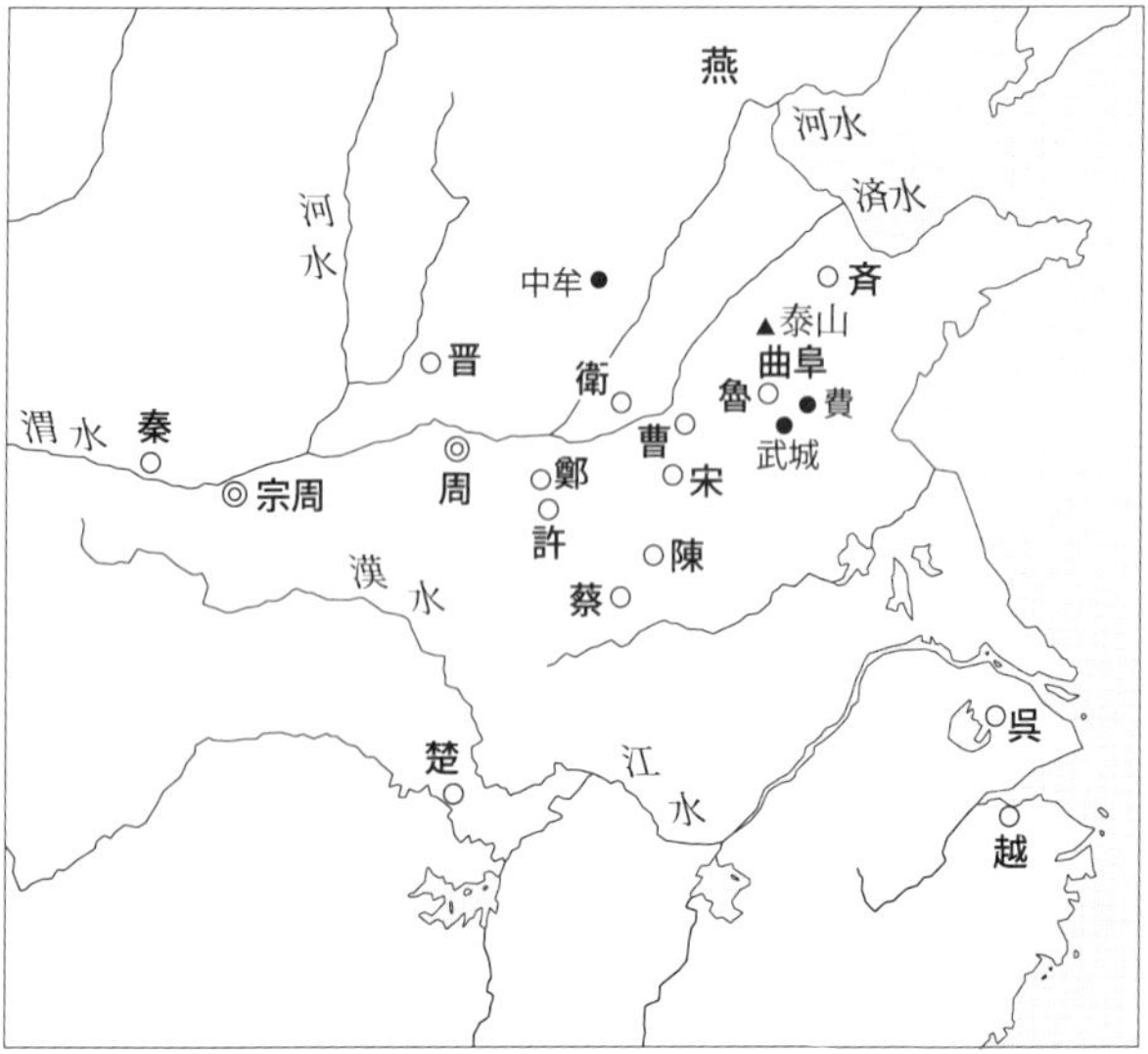

論語序説⑴

（1）この箇所は、司馬遷の『史記』孔子世家の内容をまとめたものである。一種の付録であるので、注は最小限にした。

『史記《しき》』の「孔子世家《こうしせいか》」に以下の通りに言う。孔子は、名は丘《きゆう》、字《あざな》は仲尼《ちゆうじ》。先祖は宋《そう》の人。父は叔梁紇《しゆくりようこつ》、母は顔氏《がんし》。魯《ろ》の襄公《じようこう》二十二年、庚戌《こうじゆつ》の歳、十一月庚子《こうし》に、孔子を魯の昌平郷《しようへいきよう》の陬《すう》邑《ゆう》で生んだ。孔子は児童であった時には、いつも俎《まないた》や豆《たかつき》を並べ、礼の実践を遊戯としていた。成人してからは委吏《いり》となり、その働きで、量《はかり》の目盛りが安定した。（「委吏」は、原文では「季氏の史」になっている。『史記索隠《さくいん》』に言う、「一つのテキストには委吏となっている」。これだと『孟子』と合致するので、ここではこれを採用する。）

史記世家曰、孔子名丘、字仲尼、其先宋人。父叔梁紇、母顔氏。以魯襄公二十二年、庚戌之歳十一月庚子、生孔子於魯昌平郷陬邑。為児嬉戯、常陳俎豆、設礼容。及長為委吏。料量平。（委吏、本作季氏史。索隠云、一本作委吏。与孟子合。今従之。）

史記の世家(1)に曰わく、孔子、名は丘、字は仲尼、其の先は宋人《そうひと》。父は叔梁紇、母は顔氏。魯の襄公二十二年、庚戌の歳十一月庚子を以て、孔子を魯の昌平郷の陬邑に生む。児為《た》りしに嬉戯《きぎ》、常に俎豆《そとう》(2)を陳《つら》ね、礼容を設く。長ずるに及びて委吏(3)と為る。料量平らかなり。（委吏は、本《も》と季氏の史に作る。索隠(4)に云う、一本に委吏に作る、と。孟子と合す(5)。今之に従う(6)。）

（1）前漢の司馬遷の『史記』の「孔子世家」。『史記』では、孔子を尊んで、その伝記を本来は諸侯の国の記録である「世家」の扱いにしている。以下の文は、その「孔子世家」の要点を節録して、若干の注を付したもの。

（2）祭祀に使用する器。「俎」は肉を盛るまないた、「豆」は野菜を盛るたかつき。

（3）「委吏」は、倉庫番で、出納も管理する。朱子は「委吏は、委積を主《つかさど》るの吏なり」と言う（『孟子集注』万章下）。

（4）唐の司馬貞の『史記索隠』。

（5）『孟子』万章下に「孔子嘗《かつ》て委吏と為る」とある。

（6）この（　）部分は原書に付されている注。以下同じ。なおこの注ではその時々の孔子の語などがあげられており、それは全てではないがおおむね『史記』孔子世家に引かれているものである。本書の「注釈」では煩瑣になるので一々「孔子世家」にあるとは注せず、「孔子世家」がもとにした『論語』や『孟子』の典拠の方をあげる。

司職《ししょく》の吏《り》となった。家畜は繁殖した。（「職」は『周礼《しゅらい》』の「牛人《ぎゅうじん》」に見える。「樴《しょく》」と同音。「杙《よく》」と同義。つまり犠牲を飼育することである。この官は『孟子』で言う「乗田《じょうでん》」である）。

為司職吏。畜蕃息。（職、見周礼牛人。読為樴。義与杙同。蓋繋養犠牲之所。此官即孟子所謂乗田）

司職の吏と為る。(1)畜、蕃息す。（職は周礼の牛人に見ゆ。(2)読みて樴と為す。義は杙と同じ。(3)蓋《けだ》し犠牲の繋養《けいよう》する所なり。此の官は即ち孟子の所謂《いわゆる》乗田なり。(4)）

（1）牧畜係。

（2）『周礼』地官・司徒に「牛人は国の公牛を養うを掌り、以て国の政令を待つ」とある。

（3）『周礼』地官・司徒の「牛人」の鄭玄《じょうげん》の注に「職は読みて樴と為し、樴は之を杙と謂う。以て牛を繋《つな》ぐ可し」とある。「杙」は動物をつなぐくい。

（4）『孟子』万章下に、孔子は「嘗て乗田と為る」とあり、朱子は「乗田は、苑囿芻牧《えんゆうすうぼく》を主るの吏なり」と注す（『孟子集注』）。

周《しゅう》に行き、礼を老子に問うた。魯に帰ってから、弟子はますます多くなった。昭公《しょうこう》二十五年甲申《こうしん》、孔子が三十五歳の時、魯の昭公は斉《せい》に逃げ、魯は乱れた。そこで孔子は斉に赴いた。そして高昭子《こうしょうし》の家臣となることで、斉の景公《けいこう》と連絡をとった。（韶《しょう》を聞いたり、景公から政《まつりごと》をたずねられたりしたのがこの時である。）

適周、問礼於老子。既反、而弟子益進。昭公二十五年甲申、孔子年三十五、而昭公奔斉。魯乱。於是適斉。為高昭子家臣、以通乎景公。（有聞韶問政二事。）

周に適《ゆ》きて、礼を老子に問う(1)。既に反《かえ》りて、弟子益〻《ますます》進む。昭公二十五年甲申、孔子年三十五にして、昭公斉に奔《はし》る。魯乱る。是に於て斉に適く。高昭子の家臣と為りて、以て景公に通ず。（韶を聞き(2)、政を問う(3)の二事有り。）

（1）孔老会見の話は、『史記』老荘申韓列伝にも見える。
（2）斉で孔子が韶の音楽を聞き、そのすばらしさに心を奪われ、三箇月の間肉を食べてもその味を意識しなかったこと（述而第七・第一三章）。
（3）斉の景公が孔子に政治について質問したこと（顔淵第一二・第一一章）。

斉の景公は、孔子に尼谿《じけい》の田をあたえようとした。しかし晏嬰《あんえい》はこれに反対した。景公は躊躇した。（景公が孔子を季孫子《きそんし》と孟《もう》孫子の中間の待遇にしようとした件や、景公が「私は老いた」という語はこの時の話である。）

公欲封以尼谿之田。晏嬰不可。公惑之。（有季孟吾老之語。）

公、封ずるに尼谿の田を以てせんと欲す。晏嬰、可とせず。公、之に惑う。（季孟、吾老いたりの語有り。）

（1）斉の著名な宰相。
（2）景公は、魯の権力者であった季孫子と孟孫子の中間に相当する待遇を、孔子にあたえようとした（微子第一八・第三章）。

（3）結局景公は孔子に、自分が老いたので登用できないと言った（同前）。

孔子はかくてそこを去り、魯にもどった。定公《ていこう》元年壬辰《じんしん》、孔子が四十三歳の時、季氏の僭上は甚だしく、その臣の陽虎《ようこ》は国内を混乱させ政治を壟断《ろうだん》した。それゆえ孔子は仕えずに退き、詩《し》、書《しょ》、礼《れい》、楽《がく》の研究にいそしみ、弟子はますます増加した。九年庚子《こうし》、孔子が五十一歳の時、公山不狃《こうざんふじゅう》が費《ひ》を拠点に季氏に背き、孔子を招聘した。孔子は応じようとしたが、結局は行かなかった。（子路に東周を持ち出して答えた語はこの時である。）

孔子遂行、反乎魯。定公元年壬辰、孔子年四十三、而季氏強僭、其臣陽虎作乱専政。故孔子不仕而退、修詩書礼楽、弟子弥衆。九年庚子、孔子年五十一、公山不狃以費畔季氏。召孔子。欲往

孔子遂《つい》に行きて、魯に反《かえ》る。定公元年壬辰、孔子年四十三にして、季氏強僭、其の臣陽虎乱を作《おこ》して政を専《もっぱ》にす。故に孔子仕えずして退き、詩書礼楽を修め、弟子弥〻《いよいよ》衆し。九年庚子、孔子年五十一、公山不狃《こうざんふじゅう》費を以て季氏に畔《そむ》き、孔子を召す。往かんと欲すれども卒《つい》に行かず。（子路に答うる東周の語有り[1]。）

而卒不行。（有答子路東周語。）

（1）陽貨第一七・第五章。孔子が公山不狃（公山弗擾《ふつじょう》）の招聘に心を動かされたのを子路は快く思わず詰問したのに対し、孔子が周の道を東方に実現すると答えたこと（『論語集注』）。

定公は孔子を中都《ちゅうと》の宰《さい》にした。一年間で四方はこれを範とした。そこで孔子は司空《しくう》となった。そしてさらに大司寇《だいしこう》になった。十年辛丑《しんちゅう》、定公の補佐として、斉侯《せいこう》と夾谷《きょうこく》で会合した。そこでの活躍の結果、斉は侵略した土地を魯に返した。十二年癸卯《きぼう》、仲由《ちゅうゆう》を季氏の宰とし、それぞれの根拠地である三つの都城の城壁を壊して、そこの軍備を解除させようとした。ところが孟氏《もうし》は本拠地の成の城壁を壊すことを拒否したので、包囲したが勝てなかった。十四年乙《いっ》巳《し》、孔子は五十六歳の時、宰相代理となった。少正卯《しょうせいぼう》を誅した。三箇月国政をとり、魯の国は大いに治まった。しかし斉が女性の歌舞隊を送り込み、孔子の善政を阻もうとした。季桓《きかん》子《し》はその歌舞を受け入れてしまい、郊の祭の時に肉を大夫に配ることをしなかった。そこで孔子は魯を去った。（『史記』魯世家では、以上をみな定公十二年の事とする。）

定公以孔子為中都宰。一年四方則之。遂為司空。又為大司寇。十年辛丑、相定公、会斉侯于夾谷。斉人帰魯侵地。十二年癸卯、使仲由為季氏宰、堕三都、収其甲兵。孟氏不肯堕成、囲之不克。十四年乙巳、孔子年五十六、摂行相事。誅少正卯。与聞国政三月、魯国大治。斉人帰女楽、以沮之、季桓子受之、郊又不致膰俎於大夫。孔子行。（魯世家以此以上、皆為十二年事。）

定公、孔子を以て中都の宰[1]と為す。一年にて四方之に則る。遂に司空[2]と為る。又た大司寇[3]と為る。十年辛丑、定公に相《しょう》として、斉侯に夾谷に会す。斉人魯に侵せる地を帰す。十二年癸卯、仲由をして季氏の宰と為し、三都を堕《こぼ》ちて、其の甲兵を収めしめんとす。孟氏、成を堕《こぼ》つを肯《がえ》んぜず、之を囲むも克たず。十四年乙巳、孔子年五十六、相の事を摂行す。少正卯を誅す[4]。国政を聞くに与《あずか》ること三月、魯国大いに治まる。斉人女楽《じょがく》を帰《おく》りて、以て之を沮《はば》まんとするに、季桓子[5]之を受け[6]、郊に又た膰俎《はんそ》を大夫に致さず[7]。孔子行く。（魯世家、此れ以上を以て、皆な十二年の事と為す[8]。）

（1）中都の長官。
（2）土木長官。
（3）法務大臣。

（4）孔子が魯の国の有名人であった少正卯を、その言動を悪質として誅殺したという話は、『荀子』宥坐、『孔子家語』始誅に見える。

（5）季桓子は魯の家老で実権を握っていた。

（6）歌舞団が都の南の城壁の高門の外で演舞し、定公に贈り物をしたところ、季桓子は密かに見物に行き、結局は定公を巻き込み歌舞団を受け入れさせるようにもっていった（微子第一八・第四章）。

（7）「膰俎」は、台の上に載せたあぶった肉。『孟子』告子上では、孔子が肉の配布にこだわったのを、道理を知らない者は肉のためと見なすが、知っている者は礼が守られなかったためと見なす、とする。

（8）『史記』魯世家では、三都の城壁を壊そうとしたことからここまでを定公十二年の事とする。

衛《えい》に赴き、子路の妻の兄の顔濁鄒《がんだくすう》の家に身を寄せた。（『孟子』では「顔讐由《がんしゅうゆう》」とする。）

適衛、主於子路妻兄顔濁鄒家。（孟子、作顔讐由。）

衛に適《ゆ》きて、子路の妻の兄顔濁鄒の家を主とす。[1]（孟子、顔讐由に作る。[2]）

（1）朱子は「主」を「主は、其の家に舎するを謂う」（『孟子集注』万章上）とする。
（2）『孟子』万章上。

陳《ちん》に赴こうとして匡《きょう》を通過した。匡《きょう》の人は孔子を陽虎《ようこ》と思い、拘束した。（顔淵《がんえん》が孔子の一行に後《おく》れたこと、文王《ぶんおう》はすでにいないという語はこの時である。）

適陳、過匡。匡人以為陽虎而拘之。（有顔淵後、及文王既没之語。）

陳に適かんとして匡を過ぐ。匡人以て陽虎と為して之を拘す[1]。（顔淵後る[2]、及び文王既に没す[3]の語あり。）

（1）『史記』では、陽虎が以前匡で横暴を働き、しかも孔子が陽虎に似ていたので、かかる災厄にあったと言う。
（2）孔子が匡で遭難した時、弟子の顔淵（顔回）がおくれ、後に再会した時の問答（先進第一一・第二二章）。
（3）孔子が匡で遭難した時、文王がいない現在、道を伝える使命を持った自分を匡の人々がどうできるというのだ、と言ったこと（子罕第九・第五章）。
解放されてから衛にもどり、蘧伯玉《きょはくぎょく》の家に身を寄せた。南子《なんし》に面会した。（子路に誓ったこと、まだ徳を好む者を見ないの語がこの時である）。

既解、還衛、主蘧伯玉家。見南子。（有矢子路、及未見好徳之語。）

既に解かれて衛に還り、蘧伯玉(1)の家を主とす。南子を見る(2)。（子路に矢《ちか》う(3)、及び未だ徳を好むものを見ずの語有り(4)。）

（1）衛の賢大夫。
（2）「南子」は、衛の霊公の夫人で、淫乱な美人。孔子に面会を求め、孔子は断り切れずに会った。朱子は、国を訪問した場合、国君の夫人に会うのも礼であるから孔子は面会したと言う（『論語集注』雍也第六・第二六章）。
（3）孔子が不品行で有名な南子に会ったことを喜ばない弟子の子路に、孔子が誓って、もし誤っていたら天は自分を見捨てるであろうと言ったこと（雍也第六・第二六章）。

(4)「吾、未だ徳を好むこと、色を好むが如き者を見ざるなり」(子罕第九・第一七章、衛霊公第一五・第一二章)。

魯を去って宋に赴いた。司馬《しば》桓魋《かんたい》は孔子を殺そうとした。(天は徳を生じたという語、身をやつして宋を過ぎたのはこの時である。)

去適宋。司馬桓魋欲殺之。(有天生徳語、及微服過宋事。)

去りて宋に適《ゆ》く。司馬の桓魋之(1)を殺さんと欲す。(天徳を生ぜりの語(2)、及び微服して宋を過ぐの事(3)有り。)

(1) 宋の司馬の向魋《しょうたい》。司馬は軍事を司《つかさど》る官。桓公から出ているので桓魋とも言う(『論語集注』述而第七・第二二章)。『孟子』万章上には「宋の桓司馬」とある。
(2)「天、徳を予に生ぜり、桓魋其れ予《われ》を如何《いかん》」(述而第七・第二二章)。
(3)「宋の桓司馬、将《まさ》に要して之を殺さんとするに遭い、微服して宋を過ぐ」(『孟子』万章上)。「微服」は貧しく賤《いや》しい者の粗末な衣服。「要」は待ち伏せ。

またそこを去って陳に赴き、司城貞子《しじょうていし》の家に身を寄せた。三年間そこにいてから衛にもどった。しかし霊公《れいこう》は孔子を登用できなかった。（三年間あれば成果をあげられようという語は、この時である）。

又去適陳、主司城貞子家。居三歳而反于衛。霊公不能用。（有三年有成之語。）

又た去りて陳に適《ゆ》き、司城貞子(1)の家を主とす。居ること三歳にして衛に反《かえ》る。霊公用うること能わず。（三年成すこと有らんの語有り(2)。）

（1）宋の士大夫で賢者。貞子は陳周に仕えていたので、孔子はここに寄寓した（『孟子』万章上）。

（2）孔子は、もし国政をゆだねてくれる者がいれば、一年間では少ししかできないが、三年間あれば実績をあげられようと言った（子路第一三・第一〇章）。朱子はこの語を、孔子が霊公に登用されなかった時のものと推測する（『論語集注』）。

晋《しん》の趙氏《ちょうし》の家臣の仏肸《ひっきつ》は、中牟《ちゅうぼう》を本拠にして反乱を起こした。孔子を招いた。孔子は赴こうとしたが、果たさなかった。（子路に堅白《けんぱく》の比喩で答えた語、蕢《あじか》を背負って門を過ぎた隠者の批判はこの時である。）

晋趙氏家臣仏肸、以中牟畔。召孔子。孔子欲往、亦不果。（有答子路堅白語、及荷蕢過門事。）

晋の趙氏の家臣仏肸、（1）中牟を以て畔《そむ》く。孔子を召《まね》く。孔子往かんと欲するも亦た果たさず。（子路に答うるの堅白の語、（2）及び蕢を荷《にな》いて門を過ぐるの事（3）有り。）

（1）仏肸は、晋の大夫の趙簡子の支配下の中牟の宰（長官）であった。

（2）孔子が仏肸の招きに応じようとしたのに対し、弟子の子路は詰問した。それに対して孔子は、堅い物は磨いても薄くならず、白い物は染めても黒くならない（自分は不善の者のもとでも影響されない）、自分は瓢箪《ひょうたん》のように一箇所にぶらさがっているばかりのものではない（求められれば応ずる）、と答えた（陽貨第一七・第七章）。

（3）孔子が衛で磬《けい》（玉でできた楽器）を打っていた時、門の前を蕢（草でできたもっこ）を背負った人が通り過ぎた。それは隠者であって、音色を聞いて、孔子が受け入れられないのに政治を刷新しようとする姿勢を批判した（憲問第一四・第四二章）。

趙簡子《ちょうかんし》に面会しようと西に向かい、黄河にまで行ってから引き返した。また蘧伯玉《きょはくぎょく》の家に身を寄せた。霊公は軍の陣立てのことをたずねた。孔子は答えないで去った。また陳に赴いた。（『論語』によれば、食糧がなくなったのはこの時のはずである。）

将西見趙簡子、至河而反。又主蘧伯玉家。霊公問陳。不対而行。復如陳。（拠論語、則絶糧当在此時。）

将《まさ》に西のかた趙簡子(1)を見んとして、河に至りて反《かえ》る。又た蘧伯玉の家を主とす。霊公、陳を問う。対《こた》えずして行く(2)。復た陳に如《ゆ》く。（論語に拠れば、則ち糧を絶つは当《まさ》に此の時に在るべし(3)。）

（1）晋で権勢をふるった趙鞅《おう》。孔子はその非道の所業を想起しそのもとに行くのをやめた。

（2）衛の霊公が軍の陣立てについて質問したのに対し、孔子は、自分は礼は知っているが、軍事は学んでいないと言って、翌日衛を去った（衛霊公第一五・第一章）。

（3）孔子の一行が陳で食糧がなくなった。子路は孔子に君子も窮するのかと詰問し、孔子はそれに対し、君子も窮することがあるが小人はそこで乱れると答えた（衛霊公第一五・第一章）。

季《き》桓《かん》子《し》が没した。康《こう》子《し》に必ず孔子を召すようにと遺言した。しかしその臣がこれを止めた。康子はそこで孔子の弟子の冉《ぜん》求《きゅう》を招いた。（『史記』では、『論語』に孔子が魯に帰ろうかと詠嘆したのをこの時の事とする。一方『孟子』に記している詠嘆の言葉を、司城貞子に身を寄せた時の語とする。おそらくはそうではない。やはり『論語』と『孟子』に記してあるのは、もともと両方とも一時の語であって、記した内容に異同があるだけなのである。）

季桓子卒。遺言謂康子、必召孔子。其臣止之。康子乃召冉求。（史記以論語帰与之歎、為在此時。又以孟子所記歎詞、為主司城貞子時語。疑不然。蓋語孟所記、本皆此一時語、而所記有異同耳。）

季桓子卒《しゅつ》す。遺言して康子(1)に、必ず孔子を召さんことを謂う。其の臣之を止《とど》む。康子乃《すなわ》ち冉求(2)を召す。（史記、論語、帰りなんの歎を以て(3)、此の時に在りと為す。又た孟子の記す所の歎詞を以て、司城貞子を主とする時の語と為す(4)。疑うらくは然らず。蓋《けだ》し語孟の記す所(5)、本《もと》皆な此れ一時の語にして、記す所異同有るのみ。）

（1）魯の実権を握っていた季桓子の跡継ぎ。

（2）孔子の弟子。冉有《ぜんゆう》とも言う。孔子はその「芸（多才）」を評価している（雍也第六・第六章、憲問第一四・第一三章）。

（3）孔子が陳にいた時に、「帰らんか、帰らんか」と魯への帰国を願ったと公冶長第五・第二一章にあるが、『史記』孔子世家では、この箇所にこの語を載せている。

（4）『孟子』尽心下にも注（3）の『論語』とほぼ同じ文を引くが、ただ少し違いがあり、『史記』孔子世家では、この時のこととして『論語』と同文を載せ、前出の陳で司城貞子のもとに身を寄せた時のこととして『孟子』と同文を引く。

（5）朱子は、注（3）の『論語』も注（4）の『孟子』も同じくこの時の語であり、ただ記録上小異が生じただけだとしているのである。

孔子は蔡《さい》および葉《しょう》に赴いた。（葉公と孔子の問答、葉公の問いに子路が答えなかった事、沮《そ》と溺《でき》が並んで耕していた事、竹籠をかついでいた老人の事などはこの時である。『史記』ではこのように言う、「この時、楚《そ》の昭王《しょうおう》は人をつかわして孔子を招聘させた。孔子は赴いて拝礼《はいれい》しようとした。ところが陳と蔡の大夫たちが、配下を動員して孔子一行を包囲した。それゆえ孔子一行は陳と蔡の間で食糧が尽きてしまった。子路が憤然とやってきた件、および子貢に一貫を告げた語はこの時である」。考えてみると、この時、陳と蔡は楚に服従していた。もし楚王が孔子を招聘したのであれば、陳と蔡の大夫たちは孔子一行を包囲することなどあったであろうか。また『論語』によると、食糧が尽きたのは衛を去って陳に向かう時のはずである。）

孔子如蔡及葉。（有葉公問答、子路不対、沮溺耦耕、荷蓧丈人等事。史記云、於是楚昭王使人聘孔子。孔子将往拝礼。而陳蔡大夫、発徒囲之。故孔子絶糧於陳蔡之間。有慍見、及告子貢一貫之語。按是時、陳蔡臣服於楚。若楚王来聘孔子、陳蔡大夫安敢囲之。且拠論語、絶糧当在去衛如陳之時。）

孔子蔡及び葉《しょう》に如《ゆ》く。（葉公の問答(1)、子路対《こた》えず(2)、沮《そ》溺耦耕《できぐうこう》し(3)、蓧《あじか》を荷う丈人等の事(4)有り。史記に云う(5)、是に於て楚の昭王、人をして孔子を聘せしむ。孔子将に往きて拝礼せんとす。而して陳蔡の大夫、徒を発して之を囲む。故に孔子糧を陳蔡の間に絶つ。慍《いか》り見《まみ》ゆ(6)、及び子貢に告ぐるの一貫の語(7)有り、と。按ずるに是の時、陳蔡、楚に臣服す。若《も》し楚王、孔子を来聘せば、陳蔡の大夫安《いず》んぞ敢《あ》えて之を囲まんや。且《か》つ論語に拠るに、糧を絶つは当《まさ》に衛を去りて陳に如くの時に在るべし(8)。）

（1）葉公が政治について孔子にたずね、孔子は「近き者は説《よろこ》び、遠き者は来《きた》る」と答えた。子路第一三・第一六章。『史記』孔子世家とは、ほぼ同意だが文が少し異なる。
（2）葉公が子路に孔子についてたずねた時、子路は答えなかった（述而第七・第一八章）。
（3）並んで耕していた長沮《ちょうそ》と桀溺《けつでき》に対して、孔子は子路に渡し場の場所をたずねさせた。この二人は隠者で孔子のあくまでも政治に関わろうとする姿勢を批判した（微子第一八・第六章）。
（4）子路が孔子一行からおくれた時、杖をついて蓧（竹製のかご）を担う丈人（老人）と会い、その家に泊まった。その老人は隠者で、農作業にも従事せずに孔子につき従う子路の姿勢を批判した（微子第一八・第七章）。
（5）『史記』孔子世家の内容をまとめて記している。
（6）陳で食糧が尽きた時、子路が憤然と「君子でも窮すのか」と孔子に詰問した件（衛霊公第一五・第一章、三三頁の注（3））。
（7）孔子が子路に、「予《われ》一以て之を貫く」と語った（衛霊公第一五・第二章）。『史記』孔子世家はこの語をここに載せるが、『論語』の方では特にどの状況での語なのかは示されていない。
（8）衛霊公第一五・第一章では、衛の霊公が軍事を質問したことに失望した孔子が、翌日衛を離れ、陳で食糧が尽きたということになっている。

楚の昭王《しょうおう》は、孔子にかなりの土地をあたえ、そこに封じようとした。しかし長官の子西《しせい》は反対した。そこで立ち消えとなった。（『史記』には「書社の地は、七百里」と言う。おそらくそのような道理は無い。接輿《せつよ》の歌があったのはこの時である。）

楚昭王将以書社地封孔子。令尹子西不可。乃止。（史記云、書社地七百里。恐無此理。時則有接輿之歌。）

楚の昭王将に書社の地(1)を以て孔子を封ぜんとす。令尹の子西(2)可とせず。乃《すなわ》ち止む。（史記に云う(3)、書社の地は七百里、と。恐らくは此の理無からん。時に則ち接輿の歌有り(4)。）

（1）司馬貞『史記索隠』に、古えは二十五の家を里とし、里ごとに社《やしろ》を建てた。そしてその社に属す人名を帳簿に記録したという。『史記』孔子世家では七百里というから、それに従えば七百里の書社分の人間がいる土地のこと。ただ地名と解釈していた可能性もある。

（2）平王の庶弟。

（3）『史記』孔子世家。

（4）楚の狂者（あえて常軌を逸した振る舞いをする者）の接輿が、歌って孔子の政治に関わろうとする姿勢を諷した（微子第一八・第五章）。

また衛《えい》にもどった。その時は霊公《れいこう》はもう没していた。衛君の輒《ちょう》は孔子を登用して政治を行おうとした。（魯と衛を兄弟とし、子貢に対して伯夷叔斉について答え、子路に対して名を正すことと答えたのは、この時である。）

又反乎衛。時霊公已卒。衛君輒欲得孔子為政。（有魯衛兄弟、及答子貢夷斉、子路正名之語。）

又た衛に反《かえ》る。時に霊公已《すで》に卒《しゅっ》す。衛君輒(1)、孔子を得て政を為さんと欲す。（魯衛は兄弟(2)、及び子貢に夷斉を答う(3)、子路に名を正さんの語有り(4)。）

(1) 衛の出公。父の蒯聵《かいかい》は自分の母の南子を殺そうとして失敗して亡命し、晋の助けを得て君位をねらっていた。
(2) 孔子は、魯と衛の政治は兄弟であると言った（子路第一三・第七章）。魯は周公、衛は周公の弟の康叔の子孫の国であるうえに、両国はともに当時衰亡混乱していた（『論語集注』）。
(3) 冉求（冉有）は子貢に孔子が衛の政治にたずさわるかをたずねた。そこで子貢は孔子に伯夷と叔斉についての見解を聞き、その可能性が無いと判断した（述而第七・第一四章）。

（4）子路が孔子に、衛で政治をまかされたらまず何をするかたずねたところ、孔子は「必ずや名を正さんか」と答えた（子路第一三・第三章）。

ところで冉求は魯の季氏の将となり、斉と戦って功績があった。康子はそこで孔子を招いた。かくて孔子は魯に帰った。まことに哀公の十一年丁巳《ていし》であって、孔子が六十八歳の時であった。（哀公と康子にお答えした語はこの時である。）

而冉求為季氏将、与斉戦有功。康子乃召孔子。而孔子帰魯。実哀公之十一年丁巳、而孔子年六十八矣。（有対哀公及康子語。）

而して冉求、季氏[1]の将と為り、斉と戦いて功有り。康子乃ち孔子を召く。而して孔子魯に帰る。実に哀公の十一年丁巳にして、孔子年六十八なり。（哀公及び康子に対《こた》うるの語[2]有り。）

（1）魯の季康子。

（2）哀公の政治についての質問に、孔子は人事の重要さを説いた（『中庸』第二〇章）。また哀公の民心を服させる方法についての質問に、孔子は、まっすぐな者を登用し不正な者を排除することと答えた（為政第二・第一九章）。なおこの語を『史記』孔子世家では、季康子との問答とする。また季康子が窃盗の多さを憂慮したところ、孔子はまず季康子自身が無欲であることの必要性を説いた（顔淵第一二・第一八章）。

しかし魯は結局孔子を登用できなかった。孔子もまた出仕を求めなかった。そこで孔子は『書経』や礼の文献を整理し（杞《き》や宋《そう》、損と益、周に従おうなどの語はこの時である）、『詩経』を刪定《さんてい》し音楽を正し（大師に音楽を語り、音楽が正しくなったという語はこの時である）、『易経』の「彖伝《たんでん》」「繋辞伝《けいじでん》」「象伝《しょうでん》」「説卦伝《せっかでん》」「文言伝《ぶんげんでん》」を整備した。（我に数年があたえられればという語はこの時である。）

然魯終不能用孔子。孔子亦不求仕。乃叙書伝礼記。（有杞宋、損益、従周等語）。刪詩正楽、（有語大師及楽正之語）。序易象繋象説卦文言。（有仮我数年之

然れども魯終《つい》に孔子を用うること能わず。孔子も亦た仕うるを求めず。乃ち書伝[1]礼記[2]を叙し、（杞宋[3]、損益[4]、従[5]周等の語有り。）詩を刪《けず》[6]り楽を正し[7]、（大師に語り楽[8]正しの語有り[9]。）易の象、繋、象、説卦、文言を序す[10]。（我に数年を仮すの語有り[11]。）

語。）

（1）『書経』。孔子が「書伝を序す」という（『史記』孔子世家）。

（2）礼に関する文献。

（3）孔子は、夏と殷の両王朝の礼については説明できるが、後裔の杞や宋の国に残っているものは、それを証明するには不十分であると言った（八佾第三・第九章）。

（4）孔子は、夏、殷、周の各王朝の礼の間には損（減）と益（増）があり、それをもとにすれば、未来まで見通しがつくと言った（為政第二・第二三章）。

（5）孔子は、自分は夏や殷の礼を勘案してできている周の礼に従おうと言った（八佾第三・第一四章）。

（6）『詩経』。「古えは詩三千余篇、孔子に及び、其の重なれるを去り、……」（『史記』孔子世家）。

（7）音楽。

（8）孔子は魯の大師（楽師長）に音楽のあり方について語った（八佾第三・第二三章）。

（9）孔子は、自分が衛から魯に帰国して、音楽が正しくなったと言った（子罕第九・第一四章）。「正す」とは、「然れども詩楽も亦た頗《すこぶ》る残欠失次。孔子四方を周流し、参互考訂し、以て其の説を知る」（『論語集注』）というように、不完全になっていた楽曲を復元したこと。

（10）孔子は『易経』の中の解説部分である十翼（象伝の上・下、象伝の上・下、繫辞伝の上・下、文言伝、説卦伝、序卦伝、雑卦伝）を書いたとされた。

（11）孔子は、あと数年生きられて易を学び終えれば大きな間違いはないと言った（述而第七・第一六章）。

弟子は三千。そのうち六芸《りくげい》に通じた者は七十二人。（弟子の顔回《がんかい》は最も賢人であったが早く死んだ。その後は曾参《そうしん》だけが孔子の道を伝えることができた。）

弟子蓋三千焉。身通六芸者七十二人。（弟子顔回最賢蚤死。後惟曾参得伝孔子之道。）

弟子蓋し三千。身六芸に通ずる者七十二人。（弟子の顔回最も賢にして蚤《つと》に死す。(1) 後惟だ曾参のみ孔子の道を伝うるを得。(2)）

（1）孔子が最も期待した顔回（顔淵）は夭折した。

（2）朱子は、多くの弟子の中で曾参（曾子）が孔子の道統を継承し、子思に伝えたと考えた。

十四年庚申《こうしん》、魯の西方で狩をして麒麟《きりん》を捕獲した。（我を知る者はいないという嘆きはこの時である。）

十四年庚申、魯西狩獲麟。（有莫我知之歎。）　十四年庚申、魯の西のかた狩して麟を獲《う》。(1)（我を知るもの莫《な》しの歎き有り。(2)）

（1）「十有四年春、西のかた狩し麟を獲」（『春秋』哀公一四年）。霊獣である麒麟の捕獲は不吉である。

（2）孔子は、自分を知ってくれる者がいないと嘆じ、子貢の質問を引き出したうえで、自分を知る者は天だと言った（憲問第一四・第三六章）。

孔子は『春秋』を作った。（我を理解するのも我を罪するのもこの『春秋』によってであるなどの語はこの時である。『論語』の陳恒《ちんこう》を討つことを請うたも、またこの年の事である。）

孔子作春秋。（有知我罪我等語。　孔子、春秋を作る。（我を知り我を罪する等の語有り。(1)

論語請討陳恒事、亦在是年。）　論語の陳恒を討つを請うの事も、(2)亦た是の年に在り。）

（1）孔子は、自分を理解してくれるのも『春秋』によってであろう。また自分を罪するのも『春秋』によってであろうと言った。『孟子』滕文公下。

（2）陳恒が君を弑殺《しさつ》したので、孔子はそれを討つことを哀公に進言したが、哀公は実権を持っていた三桓子に告げよと言い、そこで孔子はそちらに回ったが聞き入れられなかった（憲問第一四・第二一章）。

明年辛酉《しんゆう》、子路《しろ》は衛で死んだ。十六年壬戌《じんじゅつ》、四月己丑《きちゆう》、孔子は没した。七十三歳。魯の都城の北の泗水《しすい》のほとりに葬った。弟子はみな三年間心の中で喪に服してから去った。ただ子貢《しこう》だけが墓のかたわらに六年間廬《いおり》を結んだ。孔子は、鯉《り》を生んだ。字《あざな》は伯魚《はくぎょ》。孔子よりも先に亡くなった。伯魚は、伋《きゅう》を生んだ。字は子思《しし》。『中庸』を作った。（子思は曾子に学び、孟子はその子思の門人から学業を受けた。）

明年辛酉、子路死於衛。十六年　明年辛酉、子路衛に死す。十六年壬戌、四月己丑、孔

壬戌、四月己丑、孔子卒。年七十三。葬魯城北泗上。弟子皆服心喪三年而去。惟子貢廬於冢上凡六年。孔子生鯉。字伯魚。先卒。伯魚生伋。字子思。作中庸。（子思学於曾子、而孟子受業子思之門人。）

子卒《しゅつ》す。年七十三。魯の城北の泗上に葬る。弟子皆な心喪を服すること三年にして去る。惟だ子貢のみ冢《ちょう》上《じょう》に廬すること凡そ六年。孔子、鯉を生む。字は伯魚。先に卒す。伯魚、伋を生む。字は子思。中庸を作る。（子思、曾子に学びて、孟子は業を子思の門人に受く。）

何氏《かし》が言った。「魯《ろ》の『論語』は二十篇、斉《せい》の『論語』はそれに加えて「問王《もんおう》篇」「知道《ちどう》篇」の二篇があり、合計二十二篇である。その二十篇の方も、章句は魯の論よりいささか多い。『古論《ころん》』は孔子一族の居宅の壁の中から出てきた。「尭曰《ぎょうえつ》篇」の後半の「子張問う」の部分を分けて一篇としていて、それゆえ「子張篇」が二つになり、合計二十一篇となる。篇次は斉論や魯論とは同じではない」。

何氏曰、魯論語二十篇、斉論語

何氏曰わく(1)、魯の論語二十篇、斉の論語、別に問王、

別有問王知道、凡二十二篇。其二十篇中、章句頗多於魯論。古論出孔氏壁中。分尭曰下章子張問以為一篇、有両子張、凡二十一篇。篇次不与斉魯論同。

知道有り、凡そ二十二篇。其の二十篇の中、章句頗《すこぶ》る(2)魯の論より多し。古論は孔氏の壁中より出づ。尭曰の下章の子張問うを分けて以て一篇と為し、(3)両の子張有り、凡そ二十一篇、篇次、斉、魯論と同じからず、と。

（1）何晏『論語集解』序。なお朱子は、ここでは原文を縮めている。
（2）「頗」は、古代では「やや」。ただ朱子をはじめ宋代では「かなり」の意で使うことが多い。
（3）『論語』の「尭曰篇」は三章からなるが、『古論』はそのうちの第二章の「子張、孔子に問いて曰わく」以下の後半部分が独立して一篇となっている。「尭曰篇」の前にすでに「子張篇」があるから、結局「子張篇」が二つあることになる。

程子《ていし》が言われた。「『論語』の書は、有子《ゆうし》、曾子《そうし》の門人の手に成った。それゆえ本書ではこの二先生だけには「子《し》」という称し方をしている」。

程子曰、論語之書、成於有子曾子之門人。故其書独二子以子称。

程子曰わく、（1）論語の書は、有子、曾子の門人に成る。故に其の書独り二子のみ子を以て称す、と。（2）

（1）程頤《ていい》（伊川）の語（『程氏外書』六）。
（2）有若《ゆうじゃく》と曾参《そうしん》はともに孔子の弟子、『論語』では孔子以外ではこの二人の名前だけが「子（先生）」という敬称をつけて記されている。それゆえ『論語』はこの二人の弟子の記録だと言っているのである。

程子が言われた。「『論語』を読んで、読了後、全くどうということもない者がいる。読了後、その中の一、二語が心にかなって喜ぶ者がいる。読了後、この書を愛読するようになる者がいる。読了後、すぐに手足のおき所がないほどの感動に身を震わせる者がいる」。

程子曰、読論語、有読了全然無事者。有読了後、其中得一両句喜者。有読了後、知好之者。有

程子曰わく、（1）論語を読み、読み了《おわ》りて全然事無き者有り。読み了りて後、其の中の一両句を得て喜ぶ者有り。読み了りて後、之を好むを知る者有り。読み了りて後、

読了後、直有不知手之舞之、足之蹈之者。

直ちに手の之を舞い、足の之を蹈むを知らざる者有り(2)、と。

(1) 程頤の語（『程氏遺書』一九）。
(2) 「足の之を蹈み、手の之を舞うを知らず」（『孟子』離婁上）。

程子が言われた。「今の人は書物を読むことができていない。『論語』を読む場合、読む前にある段階だった人が、読み終わっても同じ程度のままなのは、全く読んでいないということなのだ」。

程子曰、今人不会読書。如読論語、未読時、是此等人、読了後、又只是此等人、便是不曾読。

程子曰わく(1)、今の人、書を読むを会《よ》くせず(2)。論語を読むが如き、未だ読まざる時、是れ此の等の人(3)、読み了りて後も、又た只だ是れ此の等の人なるは、便《すなわ》ち是れ曾《かつ》て読まざるなり、と。

（1）程頤の語（『程氏遺書』一九）。
（2）「会」は、「できる」の意。
（3）「此の等」は「この段階」の意。「此の等の人」は『程氏遺書』一九では、「這箇《しゃこ》の人（この人）」となっている。

程子が言われた。「私は十七、八歳から論語を読んだ。その時に文義を理解してから、その後長年にわたって読み続け、ますます含意に奥行きがあることを感じている」。

程子曰、頤自十七八読論語。当時已暁文義、読之愈久、但覚意味深長。

程子曰わく、(1)頤、十七八自《よ》り論語を読む。当時已《すで》に文《ぶん》義《ぎ》を暁《さと》り、之を読むこと愈〻《いよいよ》久《ひさ》しくして、但だ意味の深長なることを覚ゆ、と。

（1）程頤の語。『程氏遺書』一九。

論語集注巻一

学而第一

この篇は、本書の最初の篇である。それゆえ根本を務めるという内容が多い。つまり道に入る門であり、徳を積む基礎であって、学ぶ者がまず務めるべきものである。全十六章。

此為書之首篇。故所記多務本之意、乃入道之門、積徳之基、学者之先務也。凡十六章。

此は書の首篇為《た》り。故に記す所、本を務むるの意多し。乃ち道に入るの門、徳を積むの基《もと》にして、学者の先務なり。凡そ十六章。

第一章

子曰、学而時習之、不亦説乎。［子曰わく、学びて時に之を習う、亦た説《よろこ》ばしからずや。］

「説」は「悦」と同じである。〇

「学」という語の意味は「効《なら》う」である。人の性はみな善であるが、それを覚《さと》るのに先後の差がある。後で覚る者は、先に覚った者の行いに倣《なら》ってこそ、善を明らかにして本来の状態に復帰できるのである。「習」は鳥が何回も飛ぶことである。学び続けるのが、鳥が何回も飛ぶのに似ているのである。「説」は喜ぶという意味である。学んだ後でまた何回も復習すれば、学んだ内容は熟し、心の中に喜びが湧き、かくて自然に進歩し続けるのである。程子が言われた。「「習」とは、何回も習うことである。何回も熟慮し、心の中に行き渡るようになれば、喜びが湧き起こる」。また言われた。「学に志す者が学問しようとする場合、何回も復習すれば、学んだ内容は自分のものになる。そこで喜びが湧く」。謝氏が言った。「「何回も習う」とは、常に習っているということである。「かたしろのようにきちんと坐る」とは、坐する時にも習っているのであり、「斎戒する時のように立つ」とは、立つ時にも習っているのである」。

説、悦同。〇学之為言效也。人性皆善、而覚有先後、後覚者必效先覚之所為、乃可以明善而復其初也。習、鳥数飛也。学之不已、如鳥数飛也。説、喜意也。既学而又時時習之、則所学者熟、而中心喜説、其進自不能已矣。程子曰、習、重習也。時復思繹、浹洽於中、則説也。又曰、学者将以行之也、時習之、則所学者在我。故説。謝氏曰、時習者、無時而不習。坐如尸、坐時習也、立如斉、立時習也。

説は、悦と同じ。① 〇学の言為《た》るは、效なり。② 人の性は皆な善なり、而して覚に先後あり。後覚者は必ず先覚の為す所に效えば、③ 乃ち以て善を明らかにして、而して其の初に復す可きなり。④ 習は、鳥の数《しばしば》ゞ飛ぶなり。⑤ 之を学びて已《や》まざること、鳥の数ゞ飛ぶが如くするなり。説は、喜ぶ意なり。既に学びて又た時時に之を習えば、則ち学ぶ所の者熟し、而して中心喜説《きえつ》し、其の進むこと自ら已む能わざるなり。程子曰わく、⑥ 習とは重ねて習うなり。時に復《ま》た思繹《しえき》し、⑦ 中に浹洽《しょうこう》すれば、⑧ 則ち説ぶなり、と。又た曰わく、⑨ 学者の将に以て之を行わんとするや、時に之を習えば、則ち学ぶ所の者我に在り。故に説ぶ、と。謝氏曰わく、⑩ 時に習うとは、時として習わざる無きなり。坐するに尸《し》の如くす⑪とは、⑫ 坐する時に習うなり、立つには斉《さい》の如くす⑬とは、⑭ 立つ時に習うなり、と。

（1）陸元朗（陸徳明）『経典釈文』二四。この場合の「説」は喜ぶの意で、日本漢字音は「エツ」。

（2）「学」を「效」とするのは、『広韻』釈詁に見える。また『尚書大伝』にあるという。なおこの「A之為B、C也」は、「AというBは、Cである」ということ。

（3）「天の此の民を生ずるや、先知をして後知を覚さしめ、先覚をして後覚を覚さしむるなり」（『孟子』万章上、万章下にある伊尹の語）。

（4）「其の初に復す」は『荘子』繕性。

（5）「習は、数ゝ《しばしば》飛ぶなり」（許慎『説文解字』）。

（6）程頤《ていい》の語。『程氏経説』六「論語説」学而。

（7）考えたずねる。

（8）行きわたる。

（9）程顥《ていこう》（程明道）か程頤いずれかの語。『程氏外書』七。こちらでは「所以」の二字が「将以」の前にある。

（10）二程の弟子の謝良佐《しゃりょうさ》（謝上蔡）の語。『論語精義』一上に引く。なお謝良佐の『論語説』は広く世に行われていたという（胡寅「魯語詳説序」、『斐然集』一九、朱子「謝上蔡語録後序」、『朱子文集』七五）。

（11）尸《かたしろ》（祭の時に神霊の依代《よりしろ》として祭祀を受ける人）のように居住いを正して静謐でいること。鄭玄《じょうげん》は『礼記』典礼上の注で「視貌正しきなり」という。

（12）『礼記』曲礼上。

(13) 斎戒の時のように敬虔でいること。
(14) 『礼記』曲礼上。

有朋自遠方来、不亦楽乎。［朋の遠方自《よ》り来《きた》る有り、亦た楽しからずや。］

「楽」の音は洛。○「朋」は同類である。遠方から参集するというからには、近所の者も来参していることは自明である。程子は言われた。「善を人に及ぼせば、信じ従う者は多くなり、それゆえ楽しめる」。また言われた、「悦ぶということは心の内部のこと、楽しむということは外に発散することを主として言う」。

楽、音洛。○朋、同類也。自遠方来、則近者可知。程子曰、以善及人、而信従者衆、故可楽。又曰、説在心、楽主発散在外。

楽は、音洛(1)。○朋は、同類なり。遠方自り来《きた》れば、則ち近者は知る可し。程子曰わく(2)、善を以て人に及ぼせば、信じ従う者衆《おお》し。故に楽しむ可し、と。又た曰わく(3)、説《よろこ》ぶことは心に在り、楽は発散して外に在るを主とす、と。

（1）『経典釈文』二四。「楽」には三つの音があるとされていた。ここは日本漢字音で言えばラクの場合で、「楽しい」という意味であることを示す。なおガクの場合は「音楽」、「ゴウ」の場合は「願う」。
（2）程頤の語。『程氏経説』六「論語説」学而。
（3）程頤の語。『程氏外書』六。

人不知而不慍、不亦君子乎。［人知らずして慍《いか》らず、亦た君子ならずや、と。］

「慍」は紆問の反。○「慍」は怒りを含むという意味。君子は、徳が完成している者の名称。尹氏が言った。「学は自分の問題だが、知られるか知られないかは人の問題である。怒る道理があろうか」。程子が言われた。「人を感化するのを楽しむというが、認められなくても煩悶することがなくてこそ、君子というものである」。私が思うに、人を感化して楽しむのは、自然にそうなるもので容易であり、人に認められなくても煩悶しないのは、なかなかそうはならないもので難しい。それゆえ徳が完成している者だけがこれをできる。ただその徳が完成する手だてとなると、また学が正しく、習が熟し、喜びが深くしかも継続することをあげることになる。○程子が言われた。「楽しみはまず悦びがあった後に獲得でき、楽しんでいなければ、君子を云々するには不十分である」。

慍、紆問反。○慍、含怒意。君子、成徳之名。尹氏曰、学在己、知不知在人、何慍之有。程子曰、雖楽於及人、不見是而無悶、乃所謂君子。愚謂及人而楽者順而易、不知而不慍者逆而難、故惟成徳者能之。然徳之所以成亦曰学之正、習之熟、説之深、而不已焉耳。○程子曰、楽由説而後得、非楽不足以語君子。

慍は、紆問の反。①○慍は、怒りを含む意。②君子は、成徳の名。尹氏曰わく③、学は己に在り、知ると知らざるは人に在り、何の慍ることか之れ有らん。程子曰わく④、人に及ぼすを楽しむと雖《いえど》も、是とせられずして悶ゆること無きは、乃ち所謂《いわゆる》君子なり。愚《ぐ》謂《おも》えらく、人に及ぼして楽しむは順にして易く、知らずして慍らざるは、逆にして難し。故に惟《た》だ成徳なる者のみ之を能くす。然れども徳の成る所以も、亦た⑤学の正、習の熟、説の深くして已まざるを曰うのみ。○程子曰わく⑥、楽は説に由りて而る後得、楽に非ざれば以て君子を語るに足らず、と。

（1）『経典釈文』二四。「反」は「反切《はんせつ》」という音の表示法。この場合は「紆」（反切上字）の語頭子音（声母）と「問」（反切下字）の母音（韻母）を合わせたのが「慍」（帰字）の発音、ということ。
（2）『論語集解』の何晏《かあん》の注。
（3）程頤晩年の弟子の尹焞《いんとん》（尹和靖）の語。『論語精義』一上に引く。尹焞には『論語解』があり（尹焞「論語解序」、同「題論語解後」、ともに『和靖尹先生文集』四）、世に行われた（呂稽中「墓誌銘」、『伊洛淵源録』一一）。尹焞の『論語』解釈に対する朱子の評価は高い（『朱子語類』一九）。
（4）程頤の語。『程氏経説』六「論語説」学而。
（5）章の末に○をつけて諸家の説を引くのは、「圏外の説」と呼ばれてきたものであって、本章理解の参考に資するもの。
（6）程頤の語。『程氏遺書』一七。

【補説】

［仁斎］学の重要さを説いたこの章は、「一部の小論語」である。

［徂徠］朱子の言う学の内容は心に具わる性を中心とするが、学とはこのような個々人の心性問題を解決するものではなく、あくまで「先王の道」を学ぶことであり、その「先王の道」とは「民を安んずる道」、つまり天下統治の道なのである。

まず『論語』の各章の冒頭にある「子曰わく」の「子」は、男子の美称であり、同時に大夫の美称である。王や諸侯は世襲であるが、大夫や士はそうではなく、士が能力や功績によって取り立てられて大夫になる。孔子は士の出身であり、それが大夫にまでなったのであって、それゆえ「先王の道」を実現する立場ではない。あくまでも「先王の道」を学び、それを伝える存在であった。それゆえ『論語』の冒頭に孔子の学の性格を的確にまとめたこの語が置かれた。ちなみに本章のように「学」の対象が特に書かれていない場合は、「先王の道」を学ぶことを指している。

次に先王の道を学ぶと、同志が集まってくる。彼らを教育すると、そこに自分の楽しみが生ずるが、それは富貴のように他に求めるのとは異質のものである。また「君子」は、民を治める者を言い、大夫以上を指すが、下にいても民を長ずる徳を所有している場合はこれに当たる。本来士は先王の道を学んで徳を身につけ、登用されて先王の道を実行するのが命であるが、人に知られず世に用いられなくても、先王の道を伝えればそれもまた命なのである。それゆえこれに従事していれば憂悶しないのである。先王の道は天を敬うのが本であって、礼楽刑政も天命を奉じて行うものである。それゆえ命を知って分に安んずるのが、君子の行き方である。

朱子は自分の理の思想や性善説を唱え、それをもとに学の意味づけや方法論を展開するが、そもそも性善説は孔子にはなく孟子が言い出したものであり、内容は仏教の仏性論に近似する。また仁斎は古えに鑑み偏りを補正するのを学問の効果とするが、これも『中庸』を誤読し、聖人を待たずに道は存在するなどと見なしたがためである。（仁斎の中庸重視は例えば、『論語古義』雍也第六・第二七章。）

＊学について、朱熹がそれぞれ自己の内面の善性を開発していくものとするのに対し、徂徠は、あくまでも天下の民を安んずる先王の道を学ぶこととする。

第二章

有子曰、其為人也孝弟、而好犯上者鮮矣。不好犯上、而好作乱者、未之有也。［有子曰わく、其の人と為《な》りや孝弟にして、上を犯すことを好む者は鮮《すくな》し。上を犯すことを好まずして乱を作《な》すことを好む者は、未だ之れ有らざるなり。］

「弟」と「好」はともに去声。「鮮」は上声、以下、同じ。○有子は孔子の弟子で、名は若《じゃく》。父母にきちんと仕えられるのを「孝」と言う。兄など目上に仕えるのを「弟」とする。「上を犯す」とは、上位者を侵害することを言う。「鮮」は少ないことである。「乱を作す」というのは、逆らい争うことである。ここでは、人が孝弟でいられれば、その心は和順で、好んで上位者を侵害することなどほとんどなく、好んで逆らい争うことなどありえないことを言っている。

弟、好、皆去声。鮮、上声、下　弟、好は、皆な去声。[1] 鮮は、上声、下同じ。[2] ○有子は、

同。○有子、孔子弟子、名若。善事父母為孝、善事兄長為弟。犯上、謂干犯在上之人。鮮、少也。作乱、則為悖逆争闘之事矣。此言人能孝弟、則其心和順、少好犯上、必不好作乱也。

孔子の弟子、名は若。善く父母に事《つか》うるを孝と為す。善く兄長に事うるを弟（3）と為す。上を犯すは、上に在るの人を干《おか》し犯すを謂う。鮮は、少なり（4）。乱を作すは、則ち悖逆争闘の事為《た》り。此れ人能く孝弟なれば、則ち其の心は和順、上を犯すことを好むこと少なく、必ず乱を作すを好まざるを言うなり。

（1）「弟」の音は上声と去声があるが、この場合は後者。「悌」と同じで、兄をはじめ年長者に従順の意であることを示す。また「好」は上声と去声があるが、この場合は後者。「好む」という動詞であることを示す。なお漢字には四つのイントネーション（四声）があるが、当時と現代中国語の対応は、平声＝第一声・第二声、上声＝第三声、去声＝第四声、入声《にっしょう》＝歴史的仮名遣いで表記した日本漢字音でフ、ツ、チ、ク、キで終わる音、である。
（2）「鮮」の音には平声と上声があるが、この場合は後者で、「少ない」という意味であることを示す。なお平声の時は、「なま」や「あざやか」などの意。
（3）「悌」の道徳。
（4）『論語集解』の何晏《かあん》の注。

君子務本、本立而道生。孝弟也者、其為仁之本与。［君子は本《もと》を務む。本立ちて道生ず。孝弟なる者は、其れ仁を為すの本か、と。］

「与」は平声。○「務」は力を集中することである。「本」は根のようなものである。「仁」は愛の理、心の徳である。「仁を為す」とは、仁を行うというようなことである。「与」は、疑問を意味する辞である。謙遜してあえて断言を避けているのである。この語の意味はこうである。君子は万事において根本に力を注ぎ、根本が確立すれば、道は自然と立ち現れる。文の前の方に「孝弟」と言っているのは、これが「仁を行う根本」で、学ぶ者がこれに励めば、仁道はここから立ち現れてくるのである。○程子が言われた。「孝弟は、従順さの徳である。それゆえ上位者を侵害したがることがなければ、どうして道理に逆らい道徳を乱すことがあろうか。徳には本がある。本が確立すれば、道は充ち広がる。家の中で孝弟が実践された後で、仁愛は他者に及んでいく。「親族に親しんで他人に仁の思いやりをかける」と言われているのがそれである。それゆえ仁を行うには、孝弟を本とする。性という観点から論ずると、仁を孝弟の本とすることになる」。ある人が程子に質問した、「孝弟を仁の本とするのは、孝弟から仁に至れるということなのか」。答えられた、「そうではない。仁を具体的に行うのは孝弟から始めるということなのである。孝弟は仁の一事である。仁を行う本と言うのならよいが、仁の本と言ってしまえば誤りである。やはり仁は性であって、孝弟は用なのである。性の中には仁、義、礼、智の四つがあるだけだ。どうして孝弟があろうか。しかし仁は愛を主とし、愛は親を愛するのが最も重要である。それゆえ「孝弟とは、仁を行う本であろうか」と言うのである」。

与、平声。○務、専力也。本、猶根也。仁者、愛之理、心之徳也。為仁、猶曰行仁。与者、疑詞。謙退不敢質言也。言君子凡事専用力於根本、根本既立、則其道自生。若上文所謂孝弟、乃是為仁之本、学者務此、則仁道自此而生也。○程子曰、孝弟、順徳也。故不好犯上、豈復有逆理乱常之事。徳有本、本立則其

与は、平声。(1) ○務は、力を専らにするなり。本は、猶お(2)根のごときなり。仁は、愛の理、心の徳なり。(3) 仁を為すは、猶お仁を行うと曰うがごとし。与は、疑詞。謙退し敢えて質言せざるなり。言うこころは、君子は凡事に専ら力を根本に用い、根本既に立つれば、則ち其の道自ら生ず。上文の所謂孝弟の若《ごと》きは、乃ち是れ仁を為すの本、学者此に務むれば、則ち仁道此れ自《よ》り生ずるなり。○程子曰わく、(4) 孝弟は、順徳なり。故に上を犯すことを好まざれば、豈《あ》に復《ま》た理に逆らい常を乱すの事有らんや。徳に本有り、本立てば、則ち其の

道充大。孝弟行於家、而後仁愛及於物。所謂親親而仁民也。故為仁以孝弟為本。論性、則以仁為孝弟之本。或問、孝弟為仁之本、此是由孝弟可以至仁否。曰、非也。謂行仁自孝弟始、孝弟是仁之一事。謂之行仁之本則可、謂是仁之本則不可。蓋仁是性也、孝弟是用也、性中只有箇仁義礼智四者而已、曷嘗有孝弟来。然仁主於愛、愛莫大於愛親、故曰孝弟也者、其為仁之本与。

道充大。孝弟家に行われて、後に仁愛物に及ぶ。所謂親を親しみて民を仁にするなり。(5)故に仁を為すは孝弟を以て本と為す。性を論ずれば、則ち仁を以て孝弟を為すの本、と。或《ある》ひと問う、(6)孝弟は仁を為すの本、此れ是れ孝弟由り以て仁に至る可きや否や、と。曰わく、非なり。仁を行うは孝弟自り始むるを謂う。孝弟は是れ仁の一事。之を仁を行うの本と謂えば則ち可、是れ仁の本と謂えば、則ち不可。蓋し仁は是れ性なり、孝弟は是れ用なり。(7)性中に只だ箇の仁義礼智の四者有るのみ。曷《なん》ぞ嘗て孝弟有らん。(8)然れども仁は愛を主とし、愛は親を愛するよりも大なるは莫《な》し。故に曰わく、孝弟なる者は、其れ仁を為すの本か、と。

（1）「与」の音には平声、上声、去声がある。この場合は平声なので疑問を表す助字。

（2）朱子は、そのまま「言」を用いる場合は「直ちに此の如く訓み」、「猶」の場合は、「猶お是れ此の如し」ということとする（『朱子語類』一九）。

（3）有名な朱子の仁の定義。朱子は徳として「仁、義、礼、智」の四者を挙げて理とし、それぞれが「愛、宜、恭、別」という情として発現するとした。つまり、「仁は人の心に具わる四つの徳の中の一つで、四つの情のうち愛に相当する理」という意味である。朱子は「仁」を「性（＝理）」、「愛」を「情（＝気）」とし、両者の相関を説くとともに「仁」をそのまま「愛」とするような混同を戒める。

（4）程頤の語。『程氏経説』六「論語説」学而。

（5）『孟子』尽心上。ここの朱子の注に引く程頤の語からすると、「仁」は思いやり、「民」は民衆ではなく他人（『孟子集注』）。

（6）この質問に対する答えも程頤の語。『程氏遺書』一八。

（7）ここでは「仁」と「孝弟」を「性」と「用」に振り当てているが、朱子は両者は「性」と「情」、「体」と「用」の関係であると言う（『朱子語類』二〇）。「性」と「用」は混同できず、さらに「性」の方が本源的であるから、「孝弟なる者は、其れ仁を為すの本か」と読み、「孝弟なる者は、其れ仁の本為《た》るか」とは読まないのである。

（8）原文の「来」は文末の助字。

【補説】

［仁斎］朱子が体用論に基づき、道徳的実践である孝弟（用）を根拠づける理を仁（体）であるとして、「孝弟なる者は、其れ仁を為すの本か」と読んだのは誤り。仁はあくまでも日常における実践道

徳そのものであるから、孝弟であることが仁の実現につながっていくのである。それゆえここは「孝弟なる者は、其れ仁の本為るか」と読むべきである。（朱子は、「性」を「体」とするため、「仁」と「孝弟」は「体」と「用」の関係になる。朱子をはじめとした道学（宋学）の体用概念については、土田健次郎『道学の形成』（創文社、二〇〇二）第四章第三節六を参照。）「徂徠」仁斎は仁が天下統治の道であることを理解していない。孝弟の実践は天下全体の秩序維持なのであって、個人道徳のレベルの話ではない。本章でも孝弟によって「上を犯すことを好む者」、「乱を作すことを好む者」がなくなる効果を言っているではないか。

朱子が「仁」を「心の徳、愛の理」とするのは、孟子、漢儒、北宋の周敦頤《しゅうとんい》（周濂渓《れんけい》）らが言い出したことをもとにしているので本来の意味ではない。また仁斎が孝弟によって仁徳が成就すると言うのも『孟子』の誤読である。

なおこの条を含め、『論語』は文化的制度である礼楽の義を多く語っている。

＊仁に対する朱熹、仁斎、徂徠の解釈の差が鮮明に現れている。天と人に一貫する理の思想を背景に解釈するのが朱熹、このような宇宙論的意味づけを否定しあくまでも日常の実践道徳に限定していこうとするのが仁斎、仁斎のような個人道徳の問題ではないとし天下全体の統治の道を持ち出すのが徂徠である。また朱熹が体用論をもとに仁を解釈するのに対し、仁斎と徂徠は体用論自体を否定する。

第三章

子曰、巧言令色、鮮矣仁。［子曰わく、巧言令色、鮮《すくな》きかな仁、と。］

「巧」は見栄えを好くすること。「令」はとりつくろうことである。言葉を巧みにし、顔色をつくろって、うわべを飾りたて、一生懸命人の歓心を買おうとすれば、欲望は勝手放題に出まくり、本心の徳は亡んでしまう。聖人の言葉遣いは悠揚迫らない。「少ない」とだけ言っていても、実際には全く無いという意味であるのを知るべきである。これは学ぶ者が深く戒めるべきことである。○程子が言われた。「巧言令色が仁ではないのを知れば、仁を知っていると言える」。

巧、好。令、善也。好其言、善其色、致飾於外、務以悦人、則人欲肆而本心之徳亡矣。聖人辞不迫切、専言鮮、則絶無可知。学者所当深戒也。○程子曰、知

巧は、好くす(1)。令は、善くするなり(2)。其の言を好くし、其の色を善くし、飾を外に致し、務めて以て人を悦ばすれば、則ち人欲肆《ほしいまま》にして、本心(3)の徳亡ぶ。聖人の辞は迫切ならず。専ら鮮しと言えば、則ち絶えて無きこと知る可し。学者の当《まさ》に深く戒むべき所なり。○程子

巧言令色之非仁、則知仁矣。

曰わく、(4) 巧言令色の仁に非ざるを知れば、則ち仁を知るなり、と。

(1)『論語集解』に引く包咸の注で、「巧言」を「其の言語を好くす」と言う。
(2)『論語集解』に引く包咸の注で、「令色」を「其の顔色を善くす」と言う。
(3)「本心」は『孟子』告子上に見え、そこでは朱子は「義」の徳の現れである「羞悪の心」のことと言うが（『孟子集注』）、広く人間が本来所有する道徳心のこととしてもしばしば使用する。
(4) 程頤の語。『程氏経説』六「論語説」学而。

【補説】

［仁斎］ここで孔子が「徳」とか「道」とかではなく「仁」を持ち出しているように、「仁」こそ学問の宗旨である。「仁」は「誠」を本としているのであって、「誠」と「偽」を厳格に区別する態度が根底にある。

［徂徠］「巧言は令色」とは、巧言の人は必ず令色によって行うということ。孔子は「巧言」を佞人《ねいじん》のしわざとし、「佞」を強く否定した。君子は国家を安んずることに志があり、言語や顔色などには関心を持たないものである。そのような志を持たない者が、言語や顔色を気にする。朱子のように心の内面と外面の話にしてしまうのは、孟子以後の悪弊である。また「鮮し」を朱子は「無い」こ

とと解釈するが、天下には様々な気質（生まれつき）の人があり、絶対無いとは言い切れないから、このような表現をしているのである。

第四章

曾子曰、吾日三省吾身。為人謀而不忠乎。与朋友交而不信乎。伝不習乎。［曾子曰わく、吾日に吾が身を三省す。人の為《ため》に謀りて忠ならざるか。朋友と交わりて信ならざるか。伝えられて習わざるか、と。］

「省」は悉井の反。「為」は去声。「伝」は平声。○曾子は孔子の弟子、名は参《しん》、字は子輿《しよ》。自分の誠意を尽くすのを「忠」と言い、誠実さで対応するのを「信」と言う。「伝えられる」とは、師から伝授されることを言う。「習う」とは、自分が習熟することを言う。曾子はこの三点について毎日自省し、問題が有れば改め、無ければ無いでますます努力した。その自己修養に誠心誠意取り組んだことはこのようであった。学問を行う根本ができていたと言えよう。なおこの三点の順序は、「忠」と「信」を「伝習」の本としたものである。○尹氏が言った。「曾子は自己をしっかりと維持していたので、行為する時は必ず自分を反省した」。謝氏が言った。「諸子百家の学はみな聖人から出ているが、時とともに次第に真の道を失っていった。その中でひとり曾子の学だけが自己の内面に心を用いていた。それゆえその学を伝えていっても弊害は生じなかった。そのことは子思や孟子を見れば理解できる。ただ残念なのは、彼の立派な言行の全ては世に伝わらなかったことである。幸いに失われずに残っているものについては、学ぶ者は心を尽くさないでよかろうか」。

省、悉井反。為、去声。伝、平声。○曾子、孔子弟子、名参、字子輿。尽己之謂忠、以実之謂信。伝、謂受之於師。習謂熟之於己。曾子以此三者、日省其身、有則改之、無則加勉。其自治誠切如此。可謂得為学之本矣。而三者之序、則又以忠信為伝習之本也。○尹氏曰、曾子守約、故動必求諸身。謝氏曰、諸子之学、

省は、悉井の反(1)。為は、去声(2)。伝は、平声(3)。○曾子は(4)、孔子の弟子、名は参、字は子輿。己を尽くすを之れ忠と謂い、実を以てするを之れ信と謂う(5)。伝えらるとは、之を師より受くるを謂う。習うは之を己に熟するを謂う。曾子此の三者を以て(6)、日ゝ《ひび》其の身を省み、有れば則ち之を改め、無ければ則ち勉むるを加う。其の自ら治むるの誠切なること此の如し。学を為すの本を得たりと謂う可し。而して三者の序は、則ち又た(7)忠信を以て伝習の本と為すなり。○尹氏曰わく、曾子守ること約(8)、故に動けば必ず諸《これ》を身に求む、と。謝氏曰わく(9)、

皆出於聖人。其後愈遠、而愈失其真。独曾子之学、専用心於内。故伝之無弊。観於子思孟子可見矣。惜乎其嘉言善行、不尽伝於世也。其幸存而未泯者、学者其可不尽心乎。

諸子の学は、皆な聖人より出づ[10]。其の後愈〻遠くして、愈〻其の真を失う。独り曾子の学のみ、専ら心を内に用う。故に之を伝うるも弊無し[11]。子思、孟子を観れば見る可し[12]。惜しいかな、其の嘉言善行、尽《ことごと》くは世に伝わらず。其の幸に存して未だ泯《ほろ》びざる者は、学者其れ心を尽くさざる可けんや、と。

（1）『経典釈文』二四。ここでは「反省する」。『経典釈文』ではこの反切《はんせつ》のほかに「所景の反」もあるが、その時は「節約、省略する、省庁」の意。

（2）「為」は去声の時は「ために」の意。上声の場合は「為す」の意。

（3）「伝」は平声の場合は「伝える」の意。もう一つ去声の場合があり、その時は「注、伝記」の意。

（4）孔子の弟子であるが、『論語』では「子」という敬称をつけられている特別な存在。

（5）程顥の語。『程氏遺書』一一。なお「己を尽くすを之れ忠と謂う」については、程頤が「人謂う」としたり（『程氏遺書』二三）、朱子と門人の問答では程頤の語であることを前提としたりしている（『朱子語類』九五）。

（6）「三」を三回（あるいは「何回も」）の意ではなく三項目のこととするのは、程顥が邢七《けいしち》（邢恕）を批判した語（『上蔡語録』下及びそれを引く『程氏外書』一二）に由来すると徂徠は言う（『論語徴』甲）。

（7）尹焞の語。『論語精義』一上に引く。

（8）自分の制御のしかたが極めて適切であること。『孟子』公孫丑上に「孟施舎の気を守るは、曾子の守ること約なるに如かざるなり」とあり、そこで朱子は「曾子の身に反《かえ》り理に循《したが》い、守る所尤《もっと》も其の要を得るに如《し》かざるなり」と注している（『孟子集注』）。

（9）二程の弟子の謝良佐の語。『論語精義』一上に引く。

（10）『論語精義』一上所引の謝良佐の語を見ると、ここは「九流は皆な聖人より出づ」となっていて、続けて孔子の弟子の子夏《しか》の学は道家の荘子になったとしている。

（11）朱子は、『大学』を曾子が孔子の言葉を記録した部分（「経」の部分）と、曾子の弟子が曾子の言葉を記録した部分（「経」に対する解説である「伝」の部分）から成るとし、曾子を孔子の道を伝えた存在として尊んだ。

（12）朱子は、孔子の学は曾子に伝わり、さらにその弟子の子思、子思の孫弟子の孟子に伝わったとした。いわゆる「道統の伝」。

【補説】

［仁斎］「三省」は毎日三回反省すること。数字が文頭にある時は回数、文末にある時は項目数であるというのがその理由。また「伝不習乎」に対する朱子の解釈は誤りで、『論語集解』と同じように

「習わざるを伝えしか」と読むべきである。このように解釈すると、孔子から曾子、子思、孟子と道が伝授されたという朱子流の道統論は介入できない。また本章は、泰伯第八・第四章の「曾子疾有り」の章の内容と通じ合うことからすると、曾子晩年の語である。曾子はこのように孝弟（悌）忠信という日常道徳を終生尊重していた。朱子らが高遠に過ぎる議論を展開したのとは異なる。

［徂徠］「三省」の「三」は朱子のように三項目の意味ではなく、仁斎と同じく回数の意である（「三」を去声で読む）。また「伝不習乎」の「伝」も朱子のように「伝えられて習わざるか」ではなく、仁斎のように「習わざるを伝えしか」と読む（「伝」は弟子の方が軸ではなく、師の側について言う語）。先王の道はあくまでも天下を安んずる道であるが、その基礎は対人関係にあることから、曾子は人のためにはかり、朋友と交わることを心がけた。朱子の心学的解釈は誤りである。

＊曾子を道統の伝達者とする朱熹の立場がここに現れている。仁斎や徂徠はかかる道統論自体を否定する。

第五章

子曰、道千乗之国、敬事而信、節用而愛人、使民以時。［子曰わく、千乗《せんじょう》の国を道《おさ》むるには、事を敬して信、用を節して人を愛し、民を使うに時を以てす、と。］

「道」と「乗」はともに去声。〇「道」は治めるという意味である。馬氏が言った「八百家ごとに戦車一台を出す」。「千乗」とは諸侯の国のこと、戦車千台を出すべき規模の土地である。「敬」とは心を専一にして散乱させないという意味である。「事を敬して信」とは、物事に対して敬の心構えで接して、民には信義を尽くすことである。「時」は農閑期を言う。この語の意味は、国を治めるポイントは、この五点にあるということであって、それはまた「根本に力をそそぐ」ということでもある。〇程子が言われた。「この語は極めて表面的に見える。しかし当時の諸侯がこれらを実践できれば、国を治めるのには十分であった。聖人の言は極めて身近であるが、高遠にも身近にも通じている。この三つの語は、もし究極まで推していくのであれば、尭や舜の統治すらもまたこれを出るものではない。一般人が身近なことを言うようなのは、単なる卑近であるにすぎない」。楊氏が言った。「上に敬の心構えが無いならば下は慢《おご》り、信義によらないと下は疑念を持つ。下が慢って疑いを持てば、物事は成就しない。「事を敬して信」とは、自分がまずそれを実践するということである。『易経』に言う、「天地の節度に則って法度を制すれば、財を傷《そこな》わず、民を害《そこ》なわない」。やはり浪費すれば財産を損《そこ》ない、財産を損なえば必ず民に損害をあたえるようになるものである。それゆえに民を愛するには、出費に節度を持たせるということを先行させねばならない。しかし民を使役するにはしかるべき時期でなければ、根本に力を注いでも、十分に達成できない。また人を愛する心があっても、人民はその恩沢をこうむらない。しかしここでは心の持ち方を言っているだけである。まだ具体的政治にまで言い及んではいない。とはいえもしこの心が無ければ、政治を行っているつもりでも実効は得られない」。胡氏が言った。「これら数点は、みな敬を主としている」。私が思うに、五点が前後に依拠しあいながら、論理的には順序を持っている。読者はこの点を細かに推し測らねばならない。

道乗、皆去声。○道、治也。馬氏云、八百家出車一乗。千乗、諸侯之国、其地可出兵車千乗者也。敬者、主一無適之謂。敬事而信者、敬其事而信於民也。時、謂農隙之時。言治国之要、在此五者。亦務本之意也。○程子曰、此言至浅。然当時諸侯果能此、亦足以治其国矣。聖人言雖至近、上下皆通。此三言者、若推其極、

道、乗は、皆な去声。(1) ○道は、治むるなり。(2) 馬氏云う、八百家、車一乗を出《いだ》す、と。(3) 千乗は、諸侯の国、其の地兵車千乗を出す可き者なり。(4) 敬とは一を主として適くこと無しの謂なり。(5) 事を敬して信とは、其の事を敬して民に信なるなり。時は農隙の時を謂う。言うこころは、国を治むるの要は、此の五者に在り。亦た本を務むるの意なり。○程子曰わく、(6) 此の言至って浅し。然れども当時の諸侯果たして此を能くせば、亦た以て其の国を治むるに足るなり。聖人の言至近と雖も、上下皆な通ず。此の三言は、若し其の極を推せば、尭舜

堯舜之治、亦不過此。若常人之言近、則浅近而已矣。楊氏曰、上不敬則下慢、不信則下疑。下慢而疑、事不立矣。敬事而信、以身先之也。易曰、節以制度、不傷財、不害民。蓋侈用則傷財、傷財必至於害民。故愛民必先於節用。然使之不以其時、則力本者不獲自尽。雖有愛人之心、而人不被其沢矣。然此特論其所存而已。未及為政也。苟無是心、則雖有政不行焉。胡氏曰、凡此数者、又皆以敬為主。愚謂、五者反復相因、各有次第。読者宜細推之。

の治も、亦た此に過ぎず。常人の近きを言うが若《ごと》きは、則ち浅近のみ、と。楊氏曰わく、(7)上敬せざれば則ち下慢り、信ならざれば則ち下疑う。下慢りて疑えば、事立たず。事を敬して信とは、身を以て之に先んずるなり。易に曰わく、節以て度を制すれば、財を傷わず、民を害せず、と。(8)蓋し用を侈《ほしいまま》にすれば則ち財を傷い、財を傷えば必ず民を害するに至る。故に民を愛するには、必ず用を節するを先にす。然れども之を使うに其の時を以てせざれば、則ち本を力《つと》むる者、自ら尽くすことを獲ず。人を愛するの心有りと雖も、人其の沢を被らず。然れども此れ特《た》だ其の存する所を論ずるのみ。(9)未だ政《せい》を為すに及ばざるなり。苟《も》し是の心無ければ、則ち政ありと雖も行われず、と。胡氏曰わく、(10)凡そ此の数者、又た皆な敬を以て主と為す、と。愚謂えらく、五者反復相い因りて、各《おのおの》次第あり。読者宜《よろ》しく細かに之を推すべし。

（1）「道」が去声の時は動詞で、ここでは「治める」（上声の時は「みち」）。「乗」が去声の時は馬車の意味（平声の時は「乗る」）。
（2）『論語集解』に引く包咸の注。
（3）この「馬氏」の引用は無いテキストの方が多い。「馬氏」は馬融。朱子はこの馬融の説と包咸の説（八十家ごとに戦車一台を出す）との優劣を比較し、馬融の方を妥当とする（『論語或問《わくもん》』）。
（4）戦車（「乗」）の所有の数によって、万乗は天子、千乗は諸侯、百乗は卿大夫を表す。
（5）「敬」は程顥と程頤が行った修養法であるが、ここの「一を主として適くこと無し」は、程頤の語（『程氏遺書』一五の二つの条）をアレンジしてまとめたもので、朱子の「敬」の定義の中では最も有名。「敬」は特定の目的語を持たない。つまりあらゆる物事に対応する心の持ち方であって、ここでも「事」一般が対象。
（6）程顥、程頤いずれかの語。『程氏遺書』六。
（7）二程の弟子の楊時（亀山）の語。『論語精義』一上に引く。楊時には『論語義』があった（楊時「論語義序」、『楊亀山先生集』二五）。
（8）『易経』節卦・象伝。
（9）「夫れ君子の過ぐる所は化、存する所は神」（『孟子』尽心上）。
（10）胡寅《こいん》（致堂）の語。朱子は「胡氏」とは誰かとの質問に「胡明仲（胡寅）なり」と答えている（『朱子語類』一九）。胡寅は胡安国のいとこの子で、跡継ぎになった。胡氏一族が伝えた湖南学（道学の一派）の代表的人物の一人で、著書に『論語解』があった。朱子は、『語解（論語解）』は胡氏一族のうちの誰の著かという質問に対し、胡明仲（胡寅）であると答えている。なおそのおりに、以前張栻《ちょうしょく》（張南軒）はその説をとらなかったが、自分はそう思わない、確かに至らぬ点はあるが、よいところは廃すべきではないとしている（『朱子語類』一九）。

【補説】

［仁斎］「敬する」対象は「民事」であって、朱子のように「敬」を修養法とするのは誤りである。

［徂徠］「敬する」とはもともと天や鬼神を敬することであるから必ず対象を持ち、朱子のように物事全般に対する心の持ち方自体という考えは誤りである。また『論語集解』や朱子や仁斎は「道」を「治める」と読むが、これは「よる」という意味である。もともと道は天下全体を治めるためのものであるから、千乗の国の規模の問題ではないはずである。本章の内容は、天子が全国を視察し千乗の国に立ち寄る時の姿勢であって、「民を使うに時を以てす」は道路工事に民を徴用する時の話である。

＊朱子の「敬」の修養法は有名である。本章の「敬」についても朱子はそれによって解釈しているのに対して、仁斎や徂徠が強く反発している。

第六章

子曰、弟子入則孝、出則弟。謹而信。汎愛衆而親仁、行有余力、則以学文。

［子曰わく、弟子《ていし》入りては則ち孝、出ては則ち弟。謹《つつし》みて信。汎《ひろ》く衆を愛して仁に親しみ、行いて余力有れば、則ち以《もち》いて文を学ぶ、と。］

「弟子」の「弟」は上声。「則弟」の「弟」は去声。○「謹む」とは、行いがきちんとしていること。「信」とは、言葉が誠実であること。「汎く」は、広くということ。「衆」は衆人を言う。「親」は近づくこと。「仁」は仁者を言う。「余力」は、暇な日にということ。「以」は用いること。「文」は、『詩経』や『書経』など六経の文を言う。○程子が言われた。「子弟たるものの務めからすれば、あくまで余力がある時に文を学ぶものである。本来の務めを修めないで文の学習を先行させるというのは、自分を高めるための学ではない」。尹氏が言った。「徳行は本であり、学芸は末である。本末関係をきわめ、先後関係をわきまえれば、徳を身につけていける」。洪氏が言った。「余力が無いのに文を学べば、外側の文飾が中身を食ってしまう。しかし余力が有るのに文を学ばなければ、今度は中身ばかりが表に出て粗野になってしまう」。私が思うに、実践に努めるが文を学ばなければ、聖賢の完成された規範を考えたり、物事のあるべき道理を認識したりすることが欠け、行いも勝手になってしまうことがある。ただ粗野になってしまうだけではすまない。

弟子之弟、上声。則弟之弟、去声。〇謹者、行之有常也。信者、言之有実也。汎、広也。衆、謂衆人。親、近也。仁、謂仁者。余力、猶言暇日。以、用也。文、謂詩書六芸之文。〇程子曰、為弟子之職、力有余則学文。不修其職而先文、非為己之学也。尹氏曰、徳行、本也、文芸、末也。窮其本末、知所先後、可以入徳矣。洪氏曰、未有余力而学文、則文滅其質。有余力而不学文、則質勝而野。愚謂、力行而不学

弟子の弟は、上声。則弟の弟は、去声[1]。〇謹とは、行の常有るなり[2]。汎は広なり。衆は、衆人を謂う。親は、近づくなり。仁は、仁者を謂う。余力は、猶お暇日と言うがごとし。以は、用いるなり。文は、詩書六芸[3]の文を謂う。〇程子曰わく[4]、弟子の職為《た》るは、力余り有れば則ち文を学ぶ。其の職を修めずして文を先にするは、己の為《た》めにするの学[5]に非ざるなり、と。尹氏曰わく[6]、徳行は本なり、文芸は末なり。其の本末を窮め、先後する所を知れば、以て徳に入る可し、と。洪氏曰わく[7]、未だ余力有らずして文を学べば、則ち文其の質を滅す。余力ありて文を学ばざれば、則ち質勝ちて野なり[8]、と。愚謂えらく、力行して文を学ばざれば、則ち以て聖賢の成法を考え、

文、則無以考聖賢之成法、識事理之当然、而所行或出於私意。非但失之於野而已

事理の当然を識る無くして、行う所或《ある》いは私意に出づ。但だ之を野に失するのみに非ざるなり。

(1) 上声の「弟」は「おとうと」で「弟子」は子弟、つまり若者。去声の「弟」は「悌」と同じで兄をはじめ年長者に従順な徳。

(2) 「庸《つね》に言うも之れ信、庸に行うも之れ謹」(『易経』乾卦・文言伝)。

(3) 君子の必須教養である「礼、楽、射、御、書、数」と、経書である「礼、楽、書、詩、易、春秋」の二つの意味があるが、ここでは後者。

(4) 『程氏経説』六「論語説」学而。

(5) 「己の為めにするの学」とは、他人の評価を得るため(「人の為めにす」)ではなく、あくまでも自分を高めるためにする学。憲問第一四・第二五章に見える。

(6) 尹焞の語。『論語精義』一上に引く。

(7) 南宋初年に秦檜《しんかい》に逆らい流された洪興祖《こうこうそ》の語。朱子は「近世考訂訓釈の学、唯だ呉才老(呉棫《よく》)、洪慶善(洪興祖)を善と為す」(『朱子語類』一三八)と評価し、彼の『楚辞補注』を自著の『楚辞集注』の叩き台の一つにしている。

(8) 雍也第六・第一六章に「質、文に勝てば則ち野」とある。

【補説】

［仁斎］学問は徳行と一体であり、むしろ初学者は徳行に意を用いるべきであるのに、後世の俗儒や異端の学問は、「文」の学習を先行させてしまっている。（仁斎は、徳行の実践を後回しにし、経書の博識や文章の練達に血道をあげることを否定する。）

［徂徠］「文」とは詩書礼楽のことであって、これを学ぶというのは、朱子が言うような「聖賢の完成された規範」や「物事のあるべき道理」を考えることというよりも、具体的に詩書礼楽をきちんと学習することである。そしてこれを学ばなければ、いくら徳行を実践しても結局は郷人（田舎者）にとどまる。朱子が引く尹氏の「文芸は、末なり」などというのは論外である。

また「弟子」とは世の子弟一般を言い、本章は広く青年全般に対する心構えを説いているのに、仁斎は孔子の門に入門したての初心者のことに限っている。孔子当時にはまだ学派別の教派はなかった。（徂徠は「文」をむしろ尊重すべきであると考える。本章は世の子弟一般に対する教えであって、特に「文」を学ぶ儒者のこととは別なのである。）

＊徳行の実践と「文」の両立を言う朱熹、「文」よりも徳行を第一におく仁斎、「文」を学の中心におく徂徠の差が現れている。

第七章

子夏曰、賢賢易色、事父母能竭其力、事君能致其身、与朋友交、言而有信、雖曰未学、吾必謂之学矣。［子夏曰わく、賢を賢として色に易《か》え、父母に事《つか》えて能く其の力を竭《つく》し、君に事えて能く其の身を致し、朋友と交わるに、言いて信有れば、未だ学ばずと曰うと雖も、吾は必ず之を学びたりと謂わん、と。］

子夏は孔子の弟子、姓は卜《ぼく》、名は商《しょう》。賢者を賢者として尊ぶことを、女色を好むかわりにするというのは、善を心底好むということである。「致す」というのは「委《ゆだ》ねる」というようなこと。その身を委ねるというのは、自己の身を省みないことを言う。この四項目はみな人倫のうちでも重要なものであって、これを行うには誠を尽くすことが必須である。学とはかかることを求めるだけである。それゆえ子夏は、「もしこのようにできる人がいれば、それが生まれつきの美質のゆえでないのであれば、必ずや学に励んだ結果のはずであるから、まだ学んでいないと思われていても、私は必ずもう十分学んでいると言うであろう」と言ったのである。○游氏が言った。「三代の学はすべて人倫を明らかにするためのものであった。この四項目ができれば、人倫についてはかなりのものである。学問の道に、これ以上何を加える必要があろうか。子夏は学問で有名であったのに、このように言っていることから、古人が言う学というものを理解すべきである。つまり学而篇の一篇のほとんどには、根本（徳行）を務めることが書いてある」。呉氏が言った。「子夏の言葉は、その意味はよい。しかし言葉遣いは、抑揚に行き過ぎがある。その流弊としては、学を廃してしまうことにまでなりかねない。必ずや前章の孔子の言葉のようであってこそ、弊害が無いと言える」。

子夏、孔子弟子、姓卜、名商。賢人之賢、而易其好色之心、好善有誠也。致猶委也。委致其身、謂不有其身也。四者皆人倫之大者、而行之必尽其誠。学求如是而已。故子夏言、有能如是之人、苟非生質之美、必其務学之至、雖或以為未嘗為学、我必謂之已学也。○游氏曰、三代之学、皆所以明人倫也。能是四者、則於人倫厚矣。学之為道、何以加此。

子夏は孔子の弟子、姓は卜、名は商。人の賢を賢として、其の色を好むの心に易《か》うるは、善を好みて誠有るなり。致すは猶お委ぬるがごとし。其の身を委致するは、其の身を有せざるを謂うなり。四者は皆な人倫の大なる者にして、之を行うには必ず其の誠を尽くすなり。学は是《かく》の如きを求むるのみ。故に子夏、能く是の如きの人有れば、苟《も》し生質の美に非ざれば、必ず其れ学を務むるの至にして、或いは以て未だ嘗て学を為さずと為すと雖も、我は必ず之を已に学びたりと謂わんと言うなり。○游氏曰わく、[1]三代の学は皆な人倫を明らかにする所以なり。[2]是の四者を能くせば、則ち人倫

子夏以文学名、而其言如此、則古人之所謂学者可知矣。故学而一篇、大抵皆在於務本。呉氏曰、子夏之言、其意善矣。然辞気之間、抑揚太過。其流之弊、将或至於廃学。必若上章夫子之言、然後為無弊也。

に於けるや厚し。学の道為《た》る、何を以て此に加えん。子夏は文学を以て名ありて、(3) 其の言此の如ければ、則ち古人の所謂《いわゆる》学なる者を知る可きなり。故に学而の一篇は、大抵皆な本を務むるに在り、(4) と。呉氏曰わく、(5) 子夏の言、其の意善し。然れども辞気の間、抑揚太《はなは》だ過ぐ。其の流の弊、将に或いは学を廃するに至らんとす。必ず上章夫子の言の若《ごと》くにして、然る後に弊無しと為すなり、と。

(1) 二程の弟子の游酢《ゆうさく》（廌山《ちざん》）の語。『論語雑解』（『游廌山先生集』一）。
(2) 夏、殷、周の三王朝。これらの時代の草創期は、聖王によって道が実現していたとされる。
(3) 「文学」は学芸。先進第一一・第二章に「文学は子游、子夏」とあるように、子夏は学芸で知られていた。
(4) 『論語精義』一上のこの語の引用では、古えの学は末（学芸）ではなく本（徳行）を重視していた旨が記されている。
(5) 北宋から南宋にかけての呉棫《ごよく》（呉才老）の語（趙順孫『論語纂疏《さんそ》』一）。呉棫は、北宋末南宋初の人。朱子は、「建安の呉才老、論語十説を作り、世以《つく》て定夫（游酢）の作と為す者は非なり。其の功は浅く、其の害も亦た浅し。又た論語考異を為る。其の功の漸く深くして深き害有り」（『朱子語類』一九）と言う。朱子は先に引用されていた洪興祖とともに「近世考訂訓釈の学、唯だ呉才老（呉棫）、洪慶善（洪興祖）を善と為す」（『朱子語類』一三八）と評価する。また朱子は『詩経』の音韻についてもかなり彼の叶韻《きょういん》説を採用している。

【補説】

［仁斎］「易色」は、「色に易え（女色を好むかわりに）」ではなく、「色を易え（自分の顔色を改め）」と読み、賢人を尊び居住いを正す意味である。本章全体について言えば、子夏は孔子に親炙しその教えを守ったので、このように徳行を重視した。

［徂徠］仁斎と同じく「色を易え」と読むべきで、朱子と、朱子がもとにした『論語集解』に引く孔安国の注の解釈は誤りである。

また「君に事えて能く其の身を致し」とは、君主に仕える場合は、職務を遂行することでその官職がおのずと自分に添ってきて、まるでその官職を我が家のように感じるということである。（「致す」とは、おのずと至らせるという意味）。人々はとかく職務を果たすだけで、自分がその官職と一体化していない。なお朱子は君主に仕えて一身を省みないこととするが、これでは妾婦のやり方である。

朱子が引く游酢の語はけっこうだが、そのうち学而第一のほとんどが根本（徳行）を務める意であると言っている部分は誤りである。学は徳を育てるが、学問しても徳が無い者も多いので、子夏はこのように言ったのである。本章の解釈が学問の軽視につながってはならない。

第八章

子曰、君子不重則不威。学則不固。「子曰わく、君子重からざれば則ち威あらず。学べば則ち固からず。」

「重」は重厚。「威」は威厳。「固」は堅固ということである。外見が軽薄な者は、内面が堅固ではありえない。それゆえ重厚でなければ、威厳が無く、学んだ内容も堅固ではないのである。

重、厚重。威、威厳。固、堅固也。軽乎外者、必不能堅乎内。故不厚重、則無威厳、而所学亦不堅固也。　重は、厚重。威は、威厳。固は、堅固なり。(1) 外に軽き者は、必ず内に堅きこと能わず。(2) 故に厚重ならざれば、則ち威厳無くして、学ぶ所も亦た堅固ならざるなり。

（1）『論語集解』では孔安国の「固は、蔽なり」という注を引く一方で、「一に曰わく」として「既に威厳無ければ、学も又た堅固なること能わず」という解釈をあげる。
（2）北宋の范祖禹《はんそう》（范淳甫）の語。『論語精義』一上に引く。范祖禹は道学（宋学）に近い存在でその『唐鑑』は道学者にもよく読まれた。

主忠信、「忠信を主とし、」

人は自他に誠実でなければ、行う事には実質が無くなる。悪は安易に行えるが、善はなかなか行えないものである。それゆえ学ぶ者は誠実さに意を用いる必要がある。程子が言われた。「人としての道は、自他への誠実さにのみある。誠でなければ実質がない。そもそも出たり入ったりとりとめがなく、その大本がわからないのが、人の心である。もし自他への誠実さが無ければ、どうして実質がありえようか」。

人不忠信、則事皆無実。為悪則

人忠信ならざれば[1]、則ち事は皆な実無し。悪を為すは

易、為善則難。故学者必以是為主焉。程子曰、人道惟在忠信。不誠則無物。且出入無時、莫知其郷者、人心也。若無忠信、豈復有物乎。

則ち易く、善を為すは則ち難し。故に学者は必ず是を以て主と為す。程子曰わく(2)、人道は惟だ忠信に在り。誠ならざれば則ち物無し(3)。且つ出入時無く、其の郷を知る莫《な》きは、人心なり(4)。若し忠信無くば、豈に復た物有らんや。

(1)「忠」は、自分の誠意を尽くすこと、「信」は誠実さで対応すること（本篇第四章を参照）。「忠信」で、自他に誠実であること。

(2) 程顥の語。『論語精義』一上に引く。

(3)『中庸』第二五章の語で、朱子は「故に必ず是の理を得て、然る後に是の物あり」（『中庸章句』）と解釈する。誠であるということは、その事物の本来的あり方が全うされているということ、つまり理が発現している状態であって、かくあってこそ、事物はその事物としての意味を持つ。

(4)『孟子』告子上の語。

無友不如己者。［己に如《し》かざる者を友とすること無かれ。］

「無」は「毋」に通ずる。禁止の辞である。「友」は、仁の実現を助けてくれるためのものである。それなのに自分以下であるなら、益が無く損ばかりである。

無、毋通。禁止辞也。友所以輔仁。不如己、則無益而有損。

無は、毋に通ず。禁止の辞なり。友は仁を輔《たす》くる所以なり（1）。己に如かざれば、則ち益無くして損有り。

（1）顔淵第一二・第二四章の曾子（曾参《しん》）の語。

過則勿憚改。［過《あやま》てば則ち改むるに憚ること勿《な》かれ、と。］

「勿」もまた禁止の辞。「憚」はおそれはばかること。勇猛に自己陶冶に励まなければ、悪は日々成長する。それゆえ過ちがあればすぐに改めるべきである。躊躇していいかげんに放っておくべきではない。程子が言われた。「学問の道はほかでもない、不善を知れば、すぐに改めて善に依拠するだけなのである」。○程子が言われた。「君子の自己修養は、かくあらねばならない」。游氏が言った。「君子の道は、威厳重厚であることから始め、学によって完成させていくものだ。学のやり方は、忠信を主とするのが必須であり、さらに自分よりすぐれた者の助けをかりていくのである。しかし過ちを改むるのにやぶさかであれば、結局は徳に入ること無く、賢者の方も必ずしも喜んで善の道を教えてくれない。それゆえもし過てば、改めるのにはばかってはならないということで言葉を終えているのである」。

勿、亦禁止之辞。憚、畏難也。自治不勇、則悪日長。故有過則当速改。不可畏難而苟安也。程子曰、学問之道無他也。知其不善、則速改以従善而已。○程子曰、君子自修之道、当如是也。游氏曰、君子之道、以威重為質、而学以成之。学之道、必以忠信為主、而以勝己者輔之。然或吝

勿も、亦た禁止の辞。憚は、畏難するなり①。自ら治むること勇ならざれば、則ち悪日〻長ず。故に過有れば則ち当に速《すみや》かに改むべし。畏難して苟安《こうあん》す可からず。程子曰わく②、学問の道は他無し。其の不善を知れば、則ち速かに改め以て善に従うのみ、と。○程子曰わく③、君子の自修の道は、当に是の如くなるべし、と。游氏曰わく④、君子の道は、威重を以て質と為し、学以て之を成す。学の道は、必ず忠信を以て主と為して、己に勝《まさ》る者を以て之を輔く。然れども或いは過を改むるに

於改過、則終無以入徳、而賢者亦未必楽告以善道。故以過勿憚改終焉。

吝《やぶさか》なれば、則ち終《つい》に以て徳に入ること無くして、賢者も亦た未だ必ずしも善道を以て告ぐるを楽しまず。故に過てば改むるに憚ること勿れを以て終う、と。

（1）『論語集解』に引く鄭玄の注に、「憚は、難なり」。
（2）程頤の語。『易伝』復卦・初九象伝。
（3）程頤の語。『程氏経説』六「論語説」学而。
（4）游酢の語。『論語雑解』（『游廌山先生集』一）。

【補説】

［仁斎］ここでは、孔子は当時の賢士大夫に向かって説いたのであって、その中には「位に在るの人」が多いから、重厚威厳が有るか無いかの話から始めたのである。（朱子は、君子であれば重厚威厳が具わっているはずなのに、なぜか「重からざれば」と仮定になっていると言う〈『朱子語類』二一〉）。重厚でなければ威厳がなく、民は崇敬しなくなるからである。また次の「学べは則ち固からず」については、『論語集解』に引く孔安国の注が言うように、きちんと学ばないとおおわれて通じなくなってしまうことである。

そもそも『論語』には、一、一時の言葉、二、関係する異なった日の語を並べたもの、三、いくつかの語を綴り合わせて一章としたもの、があるが、本章は孔子の平生の格言を綴り合わせたものである。つまり朱子のように一連なりの言葉として解釈すべきではない。

孔子はここでも「忠信」を重んじている。朱子はこの「忠信」を主とせずに、自分が編み出した「敬」の修養法に固執したのは誤りである。（仁斎の「忠信」重視は、その「誠」の強調とリンクしている）。


［徂徠］まず「重からざれば則ち威せず」とは、重要な儀礼や行事でない場合は威厳を示す必要はなく、和気藹々《あいあい》とやっていればよい、という意味である。また次の「学べば則ち固せず」については、仁斎の解釈は誤りであって、特定の説に固執しないという意味である。さらに「忠信」は先王の道を学ぶ心構えであり、朱子の解釈は過剰であって、対他関係における誠実さという意味で足りる。先王の道は、天下を治める道であって、対他関係が当然前提になるから、このような心持ちで学ぶことが求められるのである。

「学べば則ち固せず」までとその後で本章は二つに分かれる。孔子はそれぞれ古言を唱えながら門弟を教えた。仁斎が孔子のいくつかの言葉を弟子たちが綴り合わせたとするのは誤りである。
＊本章を、朱子はそのまま孔子の一時の言葉として何とか意味を一貫させようとするが、仁斎は孔子の平生の格言をつなげたものとし、徂徠は以前から伝わる古言を孔子が唱えながら教えたものとする。徂徠からすれば、このように解釈することで、『論語』の中で意味の一貫性が認めづらい部分や、他の箇所と言葉の重複がある場合も説明がつくということになる。またここには孔子を祖述者として見る徂徠の孔子観も反映している。徂徠のかかる解釈は、彼の『論語徴』の随所に見える。

第九章

曾子曰、慎終追遠、民徳帰厚矣。［曾子曰わく、終わりを慎み遠きを追えば、民の徳厚きに帰す、と。］

「終わりを慎む」とは、親の喪に服する際に礼を尽くすことである。「遠きを追う」とは、祖先を祭る際に誠を尽くすことである。「民の徳は厚きに帰す」とは、民が感化され、その徳も厚くなっていくことを言う。葬礼は人がゆるがせにしがちなものであるが、謹んで行う。祭祀は人が忘れがちになるものであるが、誠意を尽くして行う。それが徳を厚くする道である。それゆえこのことに留意して修養すれば、自分の徳は厚くなるし、民もそれに感化されるので、彼らの徳もまた厚くなっていくのである。

慎終者、喪尽其礼。追遠者、祭尽其誠。民徳帰厚、謂下民化之、其徳亦帰於厚也。蓋終者、人之

終わりを慎むとは、喪に其の礼を尽くすなり。(1) 遠きを追うとは、祭に其の誠を尽くすなり。(2) 民の徳厚きに帰すとは、下民之に化し、其の徳も亦た厚きに帰すを謂

所易忽也。而能謹之。遠者、人之所易忘也。而能追之。厚之道也。故以此自為、則己之徳厚、下民化之、則其徳亦帰於厚也。

うなり。蓋し終りは、人の忽《ゆるが》せにし易き所なり。而して能く之を謹む。遠きは、人の忘れ易き所なり。而して能く之を追う。厚の道なり。故に此を以て自ら為《おさ》むれば、則ち己の徳厚く、下民之に化せば、則ち其の徳も亦た厚きに帰すなり。

（1）『論語集解』に引く孔安国の注で、「終わりを慎むとは、喪には其の哀を尽くす」と、喪のこととする。

（2）『論語集解』に引く孔安国の注で、「遠きを追うとは、祭には其の敬を尽くす」と、祭のこととする。

【補説】

［仁斎］「終わりを慎む」と「遠きを追う」とは、喪祭のことに特化すべきではなく、目前の効果を追わずに慎重に未来の結果を得ていくことと、世俗の安易さに溺れず古えを慕って忘れないことである。

［徂徠］仁斎のように解釈すべきではなく、ここはあくまで葬祭のことである。また「民の徳厚きに帰す」の「徳」とは顔淵第一二・第一九章の「小人の徳」と同じく「自然にそうなること」（『論語

徴』己）であり、「帰す」とは民が帰順することであって、朱子の「帰」字の解釈は誤りである。つまり本章の意味は、先王が葬祭の礼を制定したのは、民の気持ちをおのずと安定させるため、ということである。およそ後世の儒者は先王の道を知らず、『論語』各章を修身の方法とするものだから、理解を誤るのである。

第十章

子禽問於子貢曰、夫子至於是邦也、必聞其政。求之与、抑与之与。「子禽《しきん》、子貢《しこう》に問いて曰わく、夫子の是《こ》の邦に至るや、必ず其の政を聞く。之を求むるか、抑《そもそ》も之を与えられたるか、と。」

「之与」の「与」は平声である。以下、同じ。○子禽は、姓は陳、名は亢《こう》。子貢は、姓は端木《たんぼく》、名は賜《し》。ともに孔子の弟子である。ある人が言った。「亢は子貢の弟子である」。どちらが正しいかはわからない。「抑」は反語の辞である。

之与之与、平声。下同。○子禽、　　之与の与は、平声。下も同じ[1]。○子禽は、姓は陳、名

姓陳、名亢。子貢、姓端木、名賜。皆孔子弟子。或曰、亢、子貢弟子。未知孰是。抑、反語辞。

は亢。子貢は、姓は端木、名は賜。皆な孔子の弟子。或ひと曰わく、亢は子貢の弟子、と。未だ孰《いず》れか是なるかを知らず。抑は、反語の辞。

（1）「与」は、平声の場合は疑問や感嘆を表す助字。ちなみに上声の場合は「くみする」、「ともに」、「あたえる」、「……と」など、去声の場合は「あずかる」などの意味。

子貢曰、夫子温良恭倹譲以得之。夫子之求之也、其諸異乎人之求之与。「子貢曰わく、夫子は温良恭倹譲以て之を得たり。夫子の之を求むるや、其れ諸《こ》れ人の之を求むるに異なるか、と。」

「温」はおだやかなことである。「良」はまっすぐなことである。「恭」は威厳があり敬虔なことである。「倹」は節度があることである。「譲」は謙遜なことである。この五つは先生が人に接する際に見せた徳の輝きである。「其諸」は語辞である。「人」は他の人々のことである。この語の意味はこのようである。先生は政治の諮問にあずかることを求めたことなどなく、ただこのように高徳が姿に現れていた。それゆえ時の君主が敬い信じて、おのずと政治について諮問するようになっただけなのである。他の人々が必ずそうなることを求めて、その後でそれを得たのとは異なる。聖人の感化力や内面の精妙さが霊妙であることは、たやすく測り知られるものではない。しかしこの条からすれば、内面の徳が高く謙虚に礼を守り、外的なことを願わなかった姿は見ることができる。このことは学ぶ者が心を潜めて勉学すべき事柄である。○謝氏が言った。「学ぶ者には、聖人のたたずまいを見ることも徳を高めるよすがとなりうる。子貢も聖人をしっかりと見ているし、また徳行をきちんと語っていると言うことができる。今は聖人の時代から千五百年たっている。しかしこの五つから聖人の姿を思い浮かべれば、今でもなお向上心が起こる。まして直接聖人の謦咳《けいがい》に接した者の場合はなおさらだったであろう」。張敬夫が言った。「先生がどこかの国に着くと、必ず政治の諮問を受けた。しかし国政をまかそうという者は無かった。聖人の威儀風姿を見て、喜んで国政の状況を報告するのは、道にのっとり徳を好もうとする良心である。しかし私欲がそれを損なうのである。それゆえ結局は聖人を登用できなかったのである」。

温、和厚也。良、易直也。恭、　温は、和厚なり。良は、易直《いちょく》なり(1)。恭は、荘敬なり(2)。

荘敬也。倹、節制也。譲、謙遜　倹は、節制なり。譲は、謙遜なり。五者は夫子の盛徳

也。五者夫子之盛徳光輝接於人者也。其諸、語辞也。人、他人也。言夫子未嘗求之、但其徳容如是。故時君敬信、自以其政就而問之耳。非若他人必求之而後得也。聖人過化存神之妙、未易窺測。然即此而観、則其徳盛礼恭、而不願乎外、亦可見矣。学者所当潜心而勉学也。○謝氏曰、学者観於聖人威儀之間、亦可以進徳矣。若子貢亦可謂善観聖人矣。亦可謂善言徳行矣。今去聖人千五百年、以此五者想見其形容、尚能使人興起。而況於親炙之者乎。張敬夫曰、夫子至是邦、必聞其政。而未有能委国而授之

光輝、人に接する者なり。其諸は、語辞なり。(3)人は、他人なり。言うこころは夫子未だ嘗て之を求めず、但だ其の徳容是の如し。故に時君敬信し、自ら其の政を以て就きて之を問うのみ。他人の必ず之を求めて而《しか》る後に得るが若《ごと》きに非ざるなり。聖人の過化存神の妙、(4)未だ窺《き》測《そく》し易《やす》からず。然れども此に即《つき》て観れば、則ち其の徳盛んに礼恭しくして、(5)外を願わざるも、亦た見る可し。学者の当に心を潜めて勉学すべき所なり。○謝氏曰わく、(6)学者は聖人の威儀の間を観るも、亦た以て徳に進む可し。子貢の若きも亦た善く聖人を観ると謂う可し。亦た善く徳行を言うと謂う可し、と。今聖人を去ること千五百年、此の五者を以て其の形容を想見すれば、尚お能く人をして興起せしむ。而して況《いわん》や之に親炙する者に於てをや、と。張敬夫曰わく、(7)夫子の是の邦に至るや、必ず其の政を聞く。而れども未だ能く国を委ねて之に授くるに政を以てする者有らず。

以政者。蓋見聖人之儀刑、而楽告之者、秉彝好徳之良心也。而私欲害之。是以終不能用耳。

蓋し聖人の儀刑を見て、(8)之に告ぐるを楽しむは、彝《い》を秉《と》り徳を好む(9)の良心なり。而れども私欲之を害す。是を以て終に用うること能わざるのみ、と。

(1) まっすぐなこと。「楽を致し以て心を治むれば、則ち易直子諒《しりょう》の心油然として生ず」（『礼記』楽記、祭義）。孔穎達《くようだつ》の疏では、「易は、和易を謂う。直は、正直を謂う。子は子愛を謂う。諒は、誠信を謂う」と言う（『礼記正義』）。

(2) 「之に臨むに荘を以てすれば則ち敬」（為政第二・第二〇章）。

(3) 「其れ諸れ」と訓む語辞。しばしば文末の「乎」と呼応する。「其諸は、辞なり」（何休『公羊解詁』桓公六年）。

(4) 「夫れ君子過ぐる所の者は化し、存する所の者は神」（『孟子』尽心上）。

(5) 「徳には盛を言い、礼には恭を言う」（『易経』繫辞上伝）。

(6) 謝良佐の語。『論語精義』一上に引く。そこでは「亦た善く徳行を言うと謂う可し」までが同一文であるが、以下の部分もとりあえず謝良佐の語として訳しておいた。

(7) 朱子の同志であった南宋の張栻。『癸巳《きし》論語解』一。

(8) 「文王を儀刑す」（『詩経』大雅・文王）。そこで朱子は「儀は、象。刑は、法」と注す（『詩集伝』）。ここでは模範とすべき風姿。

（9）「民の秉彝《へいい》、是の懿徳《いとく》を好む」（『詩経』大雅・蒸民）。

【補説】

［仁斎］孔子はまことに謙譲の徳を持っていた。なお子禽は、子貢の弟子である。
［徂徠］朱子は温、良、恭、倹、譲を一律に人に接する際の様子としたが、「温」は当人の姿、「良」は当人の素質、「恭」は自分の処し方、「倹」は節倹すること、「譲」は人への接し方、というようにそれぞれの区別がある。その根拠の例としては、「良」が他の文献でも素質素材について言われていることがあげられる。また「抑」は「意」の字に通用する（「思うに」の意味）。

第十一章

子曰、父在観其志、父没観其行。三年無改於父之道、可謂孝矣。［子曰わく、父在《いま》せば其の志を観、父没すれば其の行いを観る。三年父の道を改むる無きを、孝と謂う可し、と。］

「行」は去声である。〇父が存命であれば、子は勝手な行いはできないが、その志は察することができる。父が没し、その後で子の行いがどうか見て取れるようになる。それゆえそこを観察すればその人が善か悪かを知るのに十分である。しかしさらに三年間父のやり方を改めないというようであってこそ、その人が本当に孝であることがわかるのである。そのようでなければ、その人の行う内容がいくら善であっても、孝とすることはできない。〇尹氏が言った、「道に合致していれば、一生改めなくてもよい。しかし道にはずれている場合は、どうして三年待つ必要があろうか。さすれば三年改めないというのは、孝子の気持ちとしては改めるのに忍びないということなのである」。游氏が言った、「三年間改めないというのは、改めなければならないものの中の、今はまだ改めなくてもすむ場合のことを言っているだけだ」。

行、去声。〇父在、子不得自専。而志則可知。父没、然後其行可見。故観此足以知其人之善悪。然又必能三年無改於父之道、乃見其孝。不然、則所行雖善、亦不得為孝矣。〇尹氏曰、如其道、

行は、去声(1)。〇父在せば、子自ら専らにするを得ず(2)。而れども志は則ち知る可し。父没して、然る後其の行を見る可し。故に此を観れば以て其の人の善悪を知るに足る。然れども又た必ず能く三年父の道を改むること無くして、乃ち其の孝を見る。然らざれば、則ち行う所善なりと雖も、亦た孝と為すを得ず。〇尹氏曰わ

雖終身無改可也。如其非道、何待三年。然則三年無改者、孝子之心、有所不忍故也。游氏曰、三年無改、亦謂在所当改而可以未改者耳。

く、(3)其の道の如きは、終身改むること無きと雖も可なり。其の道に非ざるが如きは、何ぞ三年を待たん。然れば則ち三年改むること無しとは、孝子の心、忍びざる所有る故なり、と。游氏曰わく、(4)三年改むる無しとは、亦た当に改むべき所に在りて、以て未だ改めざる可き者を謂うのみ、と。

（1）「行」には平声と去声がある。去声の場合は、「行い」の意味。「行く」とか「行う」などの場合は平声。
（2）『論語集解』に引く孔安国の注。
（3）尹焞の語。『師説』上（『和靖尹先生文集』六）。
（4）游酢の語。『論語雑解』（『游廌山先生集』三）。

【補説】

［仁斎］父にもよい点と悪い点があり、普通の人であれば必ずどこかはよいところもあるのだから、ここではそのよいところを維持していくことを言っている。三年という期間については、三年たてば改めるということではなく、三年経過後も永久に維持することである。三年間で区切るのは、そ

れまでは父の道であるが、三年以後は自分の道になるからである。

［徂徠］「父在せば其の志を観、父没すれば其の行いを観る」は古語であり、それ以下は孔子の補説であって、人物の鑑定法を言う。三年間改めないというのは、文字通り父の道を改めないことであって、父のよいところだけに限って維持するという仁斎などの解釈は誤り。父の道を遵守する人間は、義には当たらない場合があっても少なくとも孝なのであるから、それだけで十分評価に値する。孝は、それだけで完璧というわけではないが、徳の中でも別格のものである。なお「道」とは先王の道ばかりでなく、ここのように個々人が自覚的に善と見なして依拠するものも言う。後世の儒者が疑問を持ったのは、父に桀《けつ》や紂《ちゅう》のような悪行があった場合はどうするのかということを考えたからであるが、異端の教説を信じる者はともかく、桀や紂の暴虐などは当人も「道」とは見なしていなかったわけであるから、本章のケースからは除外される。

第十二章

有子曰、礼之用、和為貴。先王之道斯為美、小大由之。［有子曰わく、礼の用は、和を貴しと為す。先王の道、斯《これ》を美と為す、小大之に由る。］

「礼」は、天理の秩序に基づいた人事の規範である。「和」は、従容として迫らずという意味である。礼の本質は厳格だが、みな自然の理から出ている。それゆえその働きは、必ず従容として迫らない。そこで和を貴ぶべきものとするのである。これが、先王の道がこれを美《うる》わしいとした理由なのであって、小事も大事も、これによらないことはなかった。

礼者、天理之節文、人事之儀則也。和者、従容不迫之意。蓋礼之為体、雖厳、而皆出於自然之理。故其為用、必従容而不迫。乃為可貴。先王之道、此其所以為美、而小事大事、無不由之也。

礼は、天理の節文、人事の儀則なり(1)。和は従容として迫らざるの意なり。蓋し礼の体為《た》るは、厳なりと雖も、而れども皆な自然の理に出づ。故に其の用為るは、必ず従容として迫らず(2)。乃ち貴ぶ可しと為す。先王の道は、此れ其の美と為す所以にして、小事大事、之に由らざること無し。

（1）朱子の代表的な礼の定義。礼を、天理の分節的秩序に基づいた人事の規範とする。「礼の実は、斯の二者（親に事《つか》え兄に従う）を節文する是れなり」（『孟子』離婁上）に対して朱子は「節文は、品節文章」と注す。また「礼とは人の情に因りて之が節文を為し、以て民の坊と為す者なり」（『礼記』孔子間居）。

（2）ここでは、本文に「礼之用」と「用」の字があることをもとに、礼の本質と礼の具体的な作用とが体用概念に当てはめられている。

有所不行、知和而和、不以礼節之、亦不可行也。［行われざる所あり、和を知りて和すれども、礼を以て之を節せざれば、亦た行わる可からざるなり、と。］

上文を承《う》けて言う。このようにしてもまだ礼が行われない場合があるが、それは和が貴いことだけを知り、和することばかりに集中していて、礼でさらに節度を持たせないからである。これもまた礼の理の本来の姿に立ちかえるものではない。つまりいいかげんに流れて大本《おおもと》に復帰することを忘れ、礼を行うことができなくなる原因なのである。○程子が言われた、「礼が勝つと、ばらばらになってしまう。それゆえ礼を行う際は、和することを貴いとするのである。先王の道は、これを美しいとし、小事も大事もこれによった。しかし音楽が勝てば、今度は放逸になる。それゆえ礼が行われない場合が出てきてしまう。和の重要性を知って和しても、礼によって節度を持たせなければ、また本当に礼を行うことはできないのである」。范氏は言った、「なべて礼の本質は敬を主として、その運用には和を貴いものとするのである。敬は、礼が存立する根拠である。和は、音楽がそこから生ずるもとである。有子などは、礼楽の本質に達していたと言うことができる」。私が思うに、厳格であるが泰然とし、やわらいでいるが節度があるのは、道理としての本来の姿であり、礼の全貌が発揮された状態である。少しでもそれからずれることがあると、中正の状態を失って、それぞれ一辺にかたよってしまう。それでは礼を行わないのと同じである。

承上文而言。如此而復有所不行者、以其徒知和之為貴、而一於和、不復以礼節之。則亦非復理之本然矣。所以流蕩忘反、而亦不可行也。○程子曰、礼勝則離。故礼之用、和為貴。先王之道、以斯為美、而小大由之。楽勝則流。故有所不行者。知和而和、不以礼節之、亦不可行。范氏曰、凡礼之体主於敬、而其用則以和為貴。敬者、礼之所以立也。和

上文を承けて言う。此の如くにして復《ま》た行われざる所ある者は、其れ徒《た》だ和の貴為るを知りて、和に一にして、復た礼を以て之を節せざるを以てなり。則ち亦た①理の本然に復する②に非ず。流蕩して反《かえ》るを忘れて③、亦た行う可からざる所以なり。○程子曰わく④、礼勝てば則ち離る⑤。故に礼の用は、和を貴しと為す。先王の道は、斯を以て美と為して、小大之に由る。楽勝てば則ち流る⑥。故に行われざる所の者有り。和を知りて和すれども、礼を以て之を節せざれば、亦た行う可からず、と。范氏曰わく⑦、凡《およ》そ礼の体は敬を主として、其の用は則ち和を以て貴しと為す。敬は、礼の立つ所以なり。

者、楽之所由生也。若有子、可謂達礼楽之本矣。愚謂厳而泰、和而節、此理之自然、礼之全体也。毫釐有差、則失其中正、而各倚於一偏。其不可行均矣。

和は、楽の由りて生ずる所なり。(8) 有子の若きは、礼楽の本に達すと謂う可し、と。愚《ぐ》謂《おも》えらく、厳にして泰、和にして節は、(9) 此れ理の自然、礼の全体なり。毫釐《ごうり》も差《たが》うこと有れば、(10) 則ち其の中正(11)を失いて、各ゝ一偏に倚る。其れ行う可からざるに均し。

(1) 「理」を「礼」の字にしているテキストもある。
(2) 「己に克《か》ち礼に復すを仁と為す」(顔淵第一二・第一章)。
(3) 『晋書』礼志中。
(4) 程頤の語。『程氏遺書』一九。
(5) 『礼記』楽記。
(6) 『礼記』楽記。音楽は和の体現。
(7) 范祖禹の語。『論語精義』一上に引く。
(8) 「礼は民心を節し、楽は民声を和す」(『礼記』楽記)、「楽は、天地の和なり」(同上)。
(9) 「喜怒哀楽の未だ発せざるは、之を中と謂い、発して皆節に中るは、之を和と謂う」(『中庸』第一章)。
(10) 「毫釐」はほんのわずかなこと。「毫釐も差うこと有れば」は、ほんのわずかでも違っていれば、の意味。「差うこと若《も》し毫釐なれば謬《あやま》つに千里を以てす」（『礼記』経解に引く「易」の語）という類の言い方を二程子らは常用する。
(11) 偏りなく正しい位置にあること。

【補説】

［仁斎］朱子は、本文に「礼之用」とあることから体用概念を使用するが、このような概念は仏教からの影響によって宋代から起こったもので、本来の儒学にはなかった。そもそも本来の儒学はあくまでも日常の具体的な道徳的実践を尊ぶものであった。体用概念を使用するとどうしても用よりも体を重視し空虚に流れる弊害が出てくる。

［徂徠］朱子のように「礼の用は、和を貴しと為す」と読むのは誤りで、『礼記』儒行に「礼は之れ和を以て貴しと為す」とあることから「礼は之れ和を用《もっ》て貴しと為す」と読むべきである。これで朱子流の体用概念などは導入できなくなる。仁斎はせっかく『礼記』の語を引用しながら朱子と同じく読みを誤っている。また「行われざる所あり」は、皇侃《おうがん》や邢昺《けいへい》のように、上文につけるべきである。朱子のように下文につければ、文末の「亦た行わる可からざるなり」の「亦」の字が生きてこない。またここではあくまでも礼の本質が和にあることの話であって、程頤や范祖禹のように和ということから音楽を持ち出すのは不適切である。

なお礼とは先王が制作した道であって、漢儒や宋儒が言うような性でも、仁斎が言うような徳でもない。

＊朱子が礼について体用概念を導入したことに仁斎、徂徠は反発している。

第十三章

有子曰、信近於義、言可復也。恭近於礼、遠恥辱也。因不失其親、亦可宗也。［有子曰わく、信、義に近づけば、言復《ふ》む可し。恭、礼に近づけば、恥辱に遠ざかる。因るに其の親《しん》を失わざれば、亦た宗《そう》とす可し、と。］

「近」と「遠」はともに去声である。○「信」は約束を守ること。「義」は適切に事に当たること。「復」は言ったことを実践すること。「恭」は敬虔になりきること。「礼」は文化的秩序。「因」は「依る」という意味。「宗」は「主とする」という意味。この語の意味はこうである。約束してそれが適切であれば、言ったことは問題なく実践していける。敬虔な態度で礼節に従えば、恥辱から逃れられる。つきあう人が、本来親近すべき立派な人であれば、従っていっても問題は無い。これは、人の言行や交際は、その発端を慎重にし、結果を熟考しておくことが肝要であって、さもないと惰性や場当たりに引きずられ、後で後悔しても遅くなってしまう、ということを言っているのである。

近遠、皆去声。〇信、約信也。義者、事之宜也。復、践言也。恭、致敬也。礼、節文也。因、猶依也。宗、猶主也。言約信而合其宜、則言必可践矣。致恭而中其節、則能遠恥辱矣。所依者、不失其可親之人、則亦可以宗而主之矣。此言人之言行交際、皆当謹之於始、而慮其所終。不然、則因仍苟且之間、将有不勝其自失之悔者矣。

近、遠は、皆な去声。(1)〇信は、約信なり。(2)義は、事の宜《よろ》しきなり。(3)復は、言を践《ふ》むなり。(4)恭は、敬を致すなり。礼は、節文なり。(5)因は、猶お依るのごとし。宗は、猶お主のごとし。言うこころは、約信して其の宜しきに合えば、則ち言は必ず践む可し。恭を致して其の節に中れば、則ち能く恥辱に遠ざかる。依る所の者、其の親しむ可きの人を失わざれば、則ち亦た以て宗として之を主とす可し。此れ人の言行交際は、皆な当《まさ》に之を始めに謹みて、其の終わる所を慮《おもんぱか》るべし、然らざれば、則ち因仍苟且《いんじょうこうしょ》(6)の間、将に其の自失の悔に勝《た》えざる者有らんとするを言えるなり。

（1）「近」が去声の場合は「近づく」、「近づける」の意味。「近い」は上声。「遠」が去声の場合は「遠ざかる」、「遠ざける」の意味。「遠い」は上声。

（2）「約信を誓と曰う」（『礼記』曲礼下）。

（3）「義とは、宜なり」（『中庸』第二〇章）等。
（4）「身を修め言を践むは、之を善行と謂う」（『礼記』曲礼上）。
（5）本篇第一二章一〇五頁の注（1）を参照。
（6）「因仍」は惰性、「苟且」は場当たり。

【補説】

［仁斎］本章は、前章と同じく礼の話である。朱子とは異なり、「因りて其の親しみを失わざれば」と読む。前の二項が充たされても、かたくなで人情から遠くてはだめで、親しみを失わなくてこそ、模範となれるのである。本章も前章の「和」と同様の「親しみ」を説いている。

［徂徠］「信、義に近し」、「恭、礼に近し」、「因、其の親を失わず」は、古書に載せる古人の徳行を言う語、それぞれの下の「言復む可し」、「恥辱に遠ざかる」、「亦た宗とす可し」は有子がそれを解釈した語である。「義」は先王の義、「礼」は先王の礼。「因」も、「信」と「恭」と並ぶ徳行で、外族に親しむこと。「外族に親しんでも本家を疎略にしない」という古人の徳行について有子が「こうであれば親族がつき従う」と讃したのである。

第十四章

子曰、君子食無求飽、居無求安、敏於事、而慎於言、就有道而正焉。可謂好学也已。「子曰わく、君子は食飽くことを求むる無く、居安きことを求むる無く、事に敏にして、言を慎み、有道に就きて正す。学を好むと謂う可きのみ、と。」

「好」は去声である。○安住や飽食を求めない者は、志すところがあるから、そこにまで及ぶ暇などないのである。「物事に対して鋭敏にする」とは、不足の部分に対して努力することである。「言葉を慎重にする」とは、余計なことまで言わないようにすることである。それでもまだ満足しないで、道を体得した者のところで当否を正してこそ、学を好むと言うことができる。道というものはみな事物がかくあるはずの理であって、人がみな依拠するものを言う。○尹氏が言った、「君子の学としては、この四項目ができていれば、志を高くし努力している者と言うことができる。しかし道を体得した者の所で正さなければ、誤りがあるのを免れない。楊朱《ようしゅ》や墨翟《ぼくてき》などは、仁義を学んだが誤ってしまった者である。その学流は父をも君をも否定するまでに至った。このような者を学を好むと言ってよかろうか」。

好、去声。○不求安飽者、志有

好は、去声。(1)○安飽を求めざる者は、志在る有りて、

在、而不暇及也。敏於事者、勉其所不足。慎於言者、不敢尽其所有余也。然猶不敢自是、而必就有道之人、以正其是非、則可謂好学矣。凡言道者、皆謂事物当然之理、人之所共由者也。○尹氏曰、君子之学、能是四者、可謂篤志力行者矣。然不取正於有道、未免有差。如楊墨、学仁義而差者也。其流至於無父無君。謂之好学可乎。

及ぶに暇あらざるなり。[2] 事に敏とは、其の足らざる所を勉むるなり。言を慎むは、敢えて其の余り有る所を尽くさざるなり。[3] 然れども猶お敢えて自ら是とせずして、必ず有道の人に就きて、以て其の是非を正せば、則ち学を好むと謂う可し。凡そ道と言う者は、皆な事物当に然るべきの理、[4] 人の共に由る所の者を謂うなり。○尹氏曰わく、[5] 君子の学、是の四者[6]を能くすれば、篤志力行の者と謂う可し。然れども正を有道に取らざれば、未だ差《たが》うこと有るを免れず。楊墨[7]の如きは、仁義を学びて差える者なり。[8] 其の流は父を無《な》みし[9]君を無みするに至る。[10] 之を学を好むと謂いて可《か》ならんや。

（1）本篇第二章の注（1）（六一頁）参照。ここでは「好む」。
（2）『論語集解』に引く鄭玄の注に「学者の志、暇あらざる所あり」と言う。
（3）「庸《つね》の徳を之れ行い、庸の言を之れ謹み、足らざる所有れば、敢えて勉めずんばあらず。余り有れば、敢えて尽くさず」（『中庸』第一三章）。

（4）朱子は「天下の物に至りては、則ち必ず各〻然る所以の故と其の当に然るべき所の則有り、所謂《いわゆる》理なり」とした（『大学或問』）。

（5）尹焞の語。『論語精義』一上に引く。

（6）「食飽くことを求むる無く」、「居安きことを求むる無く」、「事に敏にして」、「言を慎み」の四つ。

（7）楊朱と墨翟《ぼくてき》（墨子）。両者の思想を孟子は批判した。

（8）墨翟の思想を伝える『墨子』では仁や義の語を肯定的に使っている。

（9）「無みする」とは、無視すること。

（10）「楊氏の為我（我の為《た》めにす）は是れ君を無みするなり。墨氏の兼愛（兼ねて愛す）は是れ父を無みするなり。父を無みし君を無みするは是れ禽獣なり」（『孟子』滕文公下）。楊朱の個人主義と墨翟の博愛主義は父や君の尊厳を否定すると孟子は批判した。

【補説】

［徂徠］冒頭に「君子」とあるように、本章は民の上に立つ君子について言う。「食飽くことを求むる無く」から「言を慎み」までは君子の行いの話であって学のことではない。小人（民）は衣食に関心が集中するが、君子はそうではなく、天職に励み、民が見ているから言葉も慎む。その君子が、道を理解している者の所で自己を正せば、そこで「学を好む」と言えるのである。なおこの道は先王の道であって、朱子が、「皆な事物当に然るべきの理」云々というような自然にあるべき道理な

どというものではない。また本文に「有道」とあるが、これと「有徳」は古書では意味が異なる。

＊朱子が形而上的な理を持ち出し、君子をその理の体得を目指す者とするのに対して、徂徠は「道」を天下統治の道、「君子」を社会的上位に立つ者として政治的に解釈する。この両者の差は全篇にわたって見られる。

第十五章

子貢曰、貧而無諂、富而無驕、何如。子曰、可也。未若貧而楽、富而好礼者也。［子貢曰わく、貧しくして諂《へつら》うことなく、富みて驕《おご》ることなきは、何如《いかん》。子曰わく、可なり。未だ貧しくして楽しみ、富みて礼を好む者には若《し》かざるなり、と。］

「楽」の音は洛。「好」は去声。〇「諂う」は卑屈である。「驕る」は驕慢である。常人は貧富の中に溺れて、自己の内面を守る方法を知らない。それゆえ必ずこの二つの病弊が出てくる。諂うことも驕ることもなければ、自己を守ることをわきまえているということになる。しかし貧富を超越することはできてはいない。おしなべて「可なり」と言うのは、よいことはよいが、尽くし切れていないところが残っている場合である。楽しめば心が広く体が豊かになり、貧しさを忘れる。礼を好めば安んじて常に善を行いさらには理に依拠するのを楽しみ、富んでいることも意識しない。子貢は利殖して富んだ。彼は先に貧しかったが後で富み、自己を守るのに力を用いた者であったのである。それゆえこのことを質問したのである。そこで孔子はこのように答えた。つまり既にできているところを認めて、そのうえでまだ至らないところを努めさせたのである。

楽、音洛。好、去声。○諂、卑屈也。驕、矜肆也。常人溺於貧富之中、而不知所以自守。故必有二者之病。無諂無驕、則知自守矣。而未能超乎貧富之外也。凡曰可者、僅可而有所未尽之辞也。楽則心広体胖、而忘其貧。好礼則安処善、楽循理、亦不自知其富矣。子貢貨殖。蓋先貧後富、而嘗用力於自守者。故以此

楽は、音洛(1)。好は、去声(2)。○諂うは、卑屈なり。驕るは、矜肆《きょうし》(3)なり。常人貧富の中に溺れて、自ら守る(4)所以を知らず。故に必ず二つの者の病あり。諂うこと無く驕ること無きは、則ち自ら守ることを知るなり。而して未だ貧富の外に超ゆること能わざるなり。凡そ可と曰えるは、僅かに可にして未だ尽くさざる所有るの辞なり。楽しめば則ち心広く体胖《ゆた》か(5)に、其の貧を忘る。礼を好めば則ち善に処《お》るに安んじ、理に循《したが》うを楽しみ(6)、亦た自ら其の富を知らず。子貢貨殖す(7)。蓋し先に貧しく後に富み、嘗て力を自ら守るに用うる者なり。故に

為問。而夫子答之如此。蓋許其所已能、而勉其所未至也。　此を以て問を為す。而して夫子之に答うること此の如し。蓋し其の已《すで》に能くする所を許して、其の未だ至らざる所を勉《つと》めしむるなり。

（1）本篇第一章の注（1）（五六頁）参照。ここでは「楽しむ」。
（2）本篇第二章の注（1）（六一頁）参照。ここでは「好む」。
（3）「ほこる」と「ほしいまま」。
（4）外的な富貴に左右されずに自己の内面の道徳心を守ること。
（5）「富は屋を潤し、徳は身を潤す。心広く、体胖かなり」（『大学』伝六章）。
（6）「礼節を重んじ、然る後に善に処るに安んず。善に処り然る後に理に循うを楽しむ。理に循うを楽しみ、然る後に之を君子と謂う」（『漢書』の董仲舒《とうちゅうじょ》伝に載せる董仲舒の「賢良対策」の語）。
（7）孔子の弟子の子貢は商才があり財を成した。「賜（子貢）は命を受けずして貨殖す」（先進第一一・第一八章）。

子貢曰、詩云、如切如磋、如琢如磨、其斯之謂与。［子貢曰わく、詩に云う、切るが如く磋《みが》くが如く、琢《う》つが如く磨《みが》くが如しと、其れ斯れを謂うか、と。」

「磋」は七多の反。「与」は平声。◯「詩」は衛風の淇《き》澳《いく》の篇。この語の意味はこのようである。骨角を加工する者は、切断した後でさらに研《と》ぎ、玉石を加工する者は、打ち叩いた後でさらに磨《みが》く。精密に加工した後でもますます精度を求めるのである。子貢は自分が諂《へつら》わず驕っていないことで足れりとしていたが、孔子の言を聞き、義理とは窮まることが無く、悟りえたところがあっても、すぐにそれで自足すべきではないことを理解した。それゆえこの詩を引いてそのことを明らかにしたのである。

磋、七多反。与、平声。◯詩、衛風淇澳之篇。言治骨角者、既切之、而復磋之、治玉石者、既琢之、而復磨之。治之已精、而益求其精也。子貢自以無諂無驕為至矣。聞夫子之言、又知義理之無窮、雖有得焉、而未可遽自

磋は、七多の反①。与は、平声②。◯詩は、衛風の淇《き》澳《いく》の篇③。言うこころは、骨角を治むる者は、既に之を切りて復た之を磋き、玉石を治むる者は、既に之を琢ちて復た之を磨く④。之を治むること已に精にして益〻其の精を求むるなり。子貢自ら諂う無く驕る無きを以て至れりと為すも、夫子の言を聞き、又た義理の窮まり無く、得ることありと雖も、未だ遽《にわ》かに自ら足れりとす

足也。故引是詩以明之。

可からざるを知るなり。故に是の詩を引きて以て之を明らかにす。

（1）『経典釈文』二四。
（2）ここでは、「……か」。本篇第一〇章の注（1）（九七頁）を参照。
（3）『詩経』衛風・淇澳。
（4）この詩は『大学』伝三章でも引かれているが、そこの注で朱子は「切は刀鋸を以てし、琢は椎（つち）鑿（のみ）を以てす。皆な物を裁して形質を成さしむるなり。磋は鑢（やすり）鍚（かんな）を以てし、磨は沙石を以てし、皆な物を治めて其をして滑沢ならしむるなり」と言う（『大学章句』）。

子曰、賜也、始可与言詩已矣。告諸往而知来者。「子曰わく、賜《し》や、始めて与《とも》に詩を言う可きのみ。諸《これ》に往《おう》を告げて来《らい》を知る者なり、と。」

「往」は既に言った内容である。「来」は、まだ言っていない内容である。〇私が考えるに、本章の問答について、何が浅いか深いかや高いか低いかはもとより解説を待つまでもなく明らかである。しかし切らなければ研ぎようもなく、打たなければ磨きようもない。それゆえ学ぶ者は小さな完成に安んじて道の極致に到達することを求めないというようではいけないが、同時に虚遠に馳せて自分に切実な日常の弊害を察しないというようでもいけないのである。

往者、其所已言者。来者、其所未言者。○愚按、此章問答、其浅深高下、固不待弁説而明矣。然不切則磋無所施、不琢則磨無所措。故学者雖不可安於小成、而不求造道之極致、亦不可鶩於虚遠、而不察切己之実病也。

往は、其の已に言う所の者なり。来は、其の未だ言わざる所の者なり。○愚按ずるに、此の章の問答、其の浅深高下、固《もと》より弁説を待たずして明らかなり。然れども切らざれば則ち磋《さ》の施す所無く、琢《う》たざれば則ち磨の措く所無し。故に学者は小成に安んじて道の極致に造《いた》ることを求めざる可からずと雖も、亦た虚遠(1)に鶩《は》せて、己に切なるの実病を察せざる可からざるなり。

（1）朱子は高遠な議論ばかりに集中することを否定する。その代表と朱子が見なしたのは、仏教や対立する陸九淵《りくきゅうえん》（象山）らの儒者たちであった。朱子の文献で「高」という形容は必ずしも肯定的とは限らないのである。朱子はあくまでも日常の道徳的行為の地道な実践から出発し、そのうえで高い境地に着実に進んでいくことを求める。その際に朱子がしばしば典拠とするのは、「故に君子は……高明を極め中庸に道《よ》る」（『中庸』第二七章）や「下学して上達す」（憲問第一四・第三七章）である。

【補説】

［仁斎］この子貢のように自分の問題意識や関心から『詩経』の詩を自由に解釈することこそ、本来の詩の読み方である。詩は活物であって、初めから定まった意味はない。であるから孔子は子貢を「ともに詩を語れる」と言ったのである。今の経学者は訓詁ばかりにかかずらわり、これを見失っている。（仁斎の詩の解釈方法と朱子との関係については、土田健次郎「伊藤仁斎の詩経観」、『詩経研究』三、一九八一）。

［徂徠］「貧しくして楽」の「楽」は「楽しみ」ではなく「音楽」である。子貢の言うように、政刑によって統治をすれば諂ったり驕ったりすることがなくなる程度だが、孔子の言うように、礼楽によって統治をすれば、貧しくても音楽を好むようになる。古えの学は礼楽なのであって、本章もこの学についてのやりとりである。子貢が詩を引いて、貧しくても楽を行い富んでも礼を好むように民を教化する道のもとは、学の切磋琢磨にあるとしたことで、孔子は彼を評価した。「往」とはそのような教化の効果、「来」とはそれをもたらす来源としての学であって、朱子の言うようなその場でのやりとりではない。子貢は孔子門下の高弟である。後世は心学が盛んになり、朱子らは道統の

伝を強調するために曾子ばかりを表彰し、それ以外の諸賢を軽視する誤りを犯している。なお詩の読み方については、仁斎の言うように、古人は解釈を固定化はしなかった。

第十六章

子曰、不患人之不己知、患不知人也。「子曰わく、人の己《おのれ》を知らざることを患《うれ》えず、人を知らざることを患う、と。」

尹氏は言った、「君子は自分の内面の充実を求める。それゆえ他人が自分を評価しないことなど気にかけない。ただ他人のことがわからなければ、是非や邪正を弁別できない場合も出てくる。それゆえ憂慮するのである」。

尹氏曰、君子求在我者。故不患人之不己知。不知人、則是非邪正、或不能弁。故以為患也。　尹氏曰わく、(1)君子は我に在る者を求む。故に人の己を知らざるを患えず。人を知らざれば、則ち是非邪正、或いは弁ずること能わず。故に以て患と為すなり、と。

（1）尹焞の語。『論語精義』一上に引く。

【補説】

［徂徠］そもそも学とは先王の道を学ぶことであって、学べば当然世に用いられることになるはずである。しかし人に評価されず用いられないこともあり、それを天命として受け入れるのが「人の己を知らざることを患えず」である。また天命を得て国家を統治する場合には人それぞれの個性を知って活かすことが求められるが、それができないことを気にかけるのが「人を知らざることを患う」である。道とは統治の道であって、朱子が引く尹氏の解釈などは、釈迦や達磨でもなければできないことで、孔子の本旨ではない。

為政第二

全二十四章。

凡二十四章。　　　　凡そ二十四章。

第一章

子曰、為政以徳、譬如北辰居其所、而衆星共之。［子曰わく、政《せい》を為すに徳を以てすれば、譬《たと》えば北辰《ほくしん》の其の所に居て、衆星《しゅうせい》之に共《むか》うが如し、と。］

「共」の音は拱、また「拱」とするテキストもある。○「政」の言葉の意味は「正す」である。人の不正を正す手段である。「徳」の言葉の意味は「得る」である。心に得て失わないことである。「北辰」は北極星で、天の枢《とぼそ》である。「其の所に居る」は、動かないということである。

「共」は向かうことである。この語の意味はこうである。多くの星は四方に旋回しながらこの北辰の方に向いていく。政治を行うのに徳によれば、殊更《ことさら》あれこれしなくても天下は己に帰してくるのであって、その姿がこのようなのである。○程子が言われた。「政治を行うのに徳によれば、動かないでも教化し、言わなくとも信じられ、殊更何もしなくともうまくいく。維持するものが簡略の極みであっても、繁多なものを御し、ずっと静かにしていても、多様な動きを制し、最少のことしかしなくても、多くのものを服させることができる」。

共、音拱、亦作拱。○政之為言正也。所以正人之不正也。徳之為言得也。得於心而不失也。北辰、北極、天之枢也。居其所、不動也。共、向也。言衆星四面旋繞而帰向之也。為政以徳、則無為而天下帰之。其象如此。○程子曰、為政以徳、然後無為。

共は、音拱、亦た拱に作る。(1)○政の言為《た》るは正なり。人の不正を正す所以なり。(2)徳の言為るは得なり。(3)心に得て失わざるなり。(4)北辰は、北極、天の枢なり。其の所に居るは、動かざるなり。共は、向かうなり。言うこころは、衆星の四面に旋繞《せんぎょう》して之に帰向するなり。政を為すに徳を以てすれば、則ち為すこと無くして天下之に帰す。其の象此の如し、(5)と。○程子曰わく、(6)政を為すに徳を以てし、然る後為すこと無し、と。范氏

范氏曰、為政以徳、則不動而化、不言而信、無為而成。所守者至簡、而能御煩、所処者至静、而能制動、所務者至寡、而能服衆。

曰わく(7)、政を為すに徳を以てすれば、則ち動かずして化し、言わずして信じ、為すこと無くして成る。守る所の者至簡にして、能く煩を御し、処《お》る所の者至静にして、能く動を制し、務むる所の者至寡にして、能く衆を服す、と。

(1)「共」は普通は去声であるが、ここは「拱」と同じ発音（上声）で、両手を組み合わせて拝礼すること。「鄭は、拱に作る。俱勇の反。拱手なり」（『経典釈文』二四）。
(2)「政とは、正なり。子帥《ひきい》るに正を以てすれば、孰《たれ》か敢えて正しからざらん」（顔淵第一二・第一七章）。「政は、正なり。政は、不正を正す所以の者なり」（『周礼』夏官司馬の鄭玄の注）。
(3)「徳とは、得なり」（『礼記』楽記）。
(4)ここの箇所はもと「道を行いて身に得ること有り」となっていたが、「身」の字が「心」に改められ（『朱子語類』二三）、今もそのようにしているテキストがある。しかし元・胡《こ》炳文《へいぶん》『四書通』によれば、その後さらに改められ、ここのようになったとする。
(5)「徳とは無為、猶お北辰の移らずして衆星の之に共するがごとし」（『論語集解』に引く包咸《ほうかん》の注）。
(6)程頤の語。『程氏外書』六。

（7）范祖禹の語。『論語精義』一下に引く。

【補説】

［仁斎］徳によって無為のうちに統治することが重要で、智力によって行うものではない。後世の政治経済の学を講ずる者は、このことを認識せず、末梢的な制度上の議論に汲々としている。

［徂徠］「政を為《と》るに徳を以てす」とは、政務を執る場合に有徳者を登用することを言う。これがかなえば労せずして治まることを示しているのが、北辰の譬喩である。ちなみに道芸である礼楽を学んで自分の身につけたのが徳であって、朱子のように、理を心に体現するというようなものではない。

第二章
子曰、詩三百、一言以蔽之。曰、思無邪。［子曰わく、詩三百、一言《いちげん》以て之を蔽《おお》う。曰わく、思い邪《よこしま》無し、と。］
『詩経』は三百十一篇ある。ここで三百と言っているのは、概数を挙げているのである。「蔽」

は「蓋《おお》う」という意味である。「思いに邪が無い」は、『詩経』魯頌《ろしよう》・駉《けい》の語句である。総じて『詩経』の辞句は、善い内容は人の善心を奮い起こさせられ、悪い内容は人の放恣《ほうし》な心を戒められるのである。その働きは、人に心持ちの正しさを得させるということに帰着する。しかしその言葉は微妙婉曲であり、また個別的な事柄によって発せられたものもある。そこで直接に全体を指す語を求めてみると、いまだこの語のように明確でまた周到なものは無かった。それゆえ孔子は、『詩経』は三百篇あるが、ただこの一言だけがその義を言い尽くすに足る、と言ったのである。それを人に示す配慮も、また懇切である。〇程子が言われた。「思いに邪が無い」とは、誠ということである」。范氏が言った。「学ぶ者は必ずポイントを理解することに努力するものだ。ポイントを理解すれば、それを身につけられる。ポイントを身につけられれば、広く覆い尽くすことができる。「基本的礼な三百、個別的な礼が三千」もまた次のように一言でおおいつくせられる。「敬虔でないことがないようにせよ」」。

詩、三百十一篇。言三百者、挙大数也。蔽、猶蓋也。思無邪、魯頌駉篇之辞。凡詩之言、善者可以感発人之善心、悪者可以懲

詩は、三百十一篇。(1)三百と言うは、大数を挙ぐるなり。蔽は、猶お蓋のごとし。思い邪無しは、魯頌の駉篇の辞。(2)凡そ詩の言は、善なる者は人の善心を感発す可く、悪なる者は以て人の逸志を懲創す可し。(3)其の用は人を

創人之逸志。其用帰於使人得其情性之正而已。然其言微婉、且或各因一事而発。求其直指全体、則未有若此之明且尽者。故夫子言、詩三百篇、而惟此一言、足以尽蓋其義。其示人之意、亦深切矣。○程子曰、思無邪者、誠也。范氏曰、学者必務知要。知要則能守約。守約則足以尽博矣。経礼三百、曲礼三千、亦可以一言以蔽之。曰、毋不敬。

して其の情性(4)の正しきを得さしむるに帰するのみ。然れども其の言微婉にして、且つ或いは各〻の一事に因りて発す。其の直《ただ》ちに全体を指すを求むれば、則ち未だ此《かく》の若《ごと》く明らかにして且つ尽くす者有らず。故に夫子は、詩三百篇、而して惟《た》だ此の一言のみ、以て其の義を尽くし蓋《おお》うに足ると言う。其の人に示すの意も、亦た深切なり。○程子曰わく(5)、思い邪無しとは、誠なり、と。范氏曰わく(6)、学者は必ず要を知るを務む。要を知れば則ち能く約を守る(7)。約を守れば則ち以て博を尽くすに足る。経礼三百、曲礼三千(8)、亦た以て一言以て之を蔽う可し。曰わく、敬せざる毋《な》かれ(9)、と。

（1）現在の『詩経』は三百十一篇の詩を収める。
（2）『詩経』魯頌・駉。
（3）『詩経』の中には男女の愛欲を詠じた淫奔の詩もあり、そのままでは道徳的に肯定し難いことを朱子は認めたうえで、このようにその教化としての意味づけを行う。つまり詩の内容には美《ほめ》る内容のものと刺《そし》る内容のものがあるという「美刺の旨」の議論を用い、そしる内容の詩でも、読者が道徳的心性を持っていればそこから戒める作用が出てくるとするのである。この議論はつきつめれば、『詩経』の道徳的意味は読者次第ということになるが、実際に朱子は「詩を作るの人の思い邪無きを言うに非ざるなり。……之《これ》を読む者の思い邪無きのみ」（『朱子語類』二三）とまで言う。ここには詩の本来の意味と読者の解釈との分離を促進する要素が孕まれていた。事実、後世になるとそのような議論も出てくる（一二二頁所引の土田健次郎「伊藤仁斎の詩経観」『詩経研究』三、一九八一）。

（4）「情性」はしばしば『詩経』について言われることがある。たとえば国の史官は詩によって「情性を吟詠し、以て其の上を風す」ることなど（『詩経』大序）。

（5）程顥か程頤どちらかの語。『程氏遺書』九。

（6）范祖禹の語。『論語精義』一下に引く。

（7）「孟施舎《もうししゃ》の気を守るは、又た曾子の守ること約なるに如《し》かざるなり」（『孟子』公孫丑上）の箇所の朱子の注に「守る所、尤《もっと》も其の要を得」と言う（『孟子集注』）。

（8）「故に経礼三百、曲礼三千、其れ一を致すなり」（『礼記』礼器）。

（9）「敬せざる毋かれ」（『礼記』曲礼上）。礼の全般に敬が貫通しているというのである。

【補説】

［仁斎］経書には経書それぞれのポイントがある。「思い邪無し」は「忠信を主とす」という意味で

あって、『詩経』のポイントである。またそれのみならず、聖人の道全般を貫くものである。

［徂徠］『詩経』には道徳的に問題のある淫奔の詩も含まれるのだから、朱子や仁斎のような解釈はおかしい。これは古えの詩の解釈の仕方で、「思い邪無し」とは、詩から意味をとる者は、心のおもむくままにしてあれこれ奇抜で不自然な解釈をしないという意味である。この「邪」とは「奇衺《きじゃ》」の「衺」で、無理な詐《いつわ》りの意味。

＊朱子、仁斎、徂徠の『詩経』観の差については、学而第一・第一五章の［補説］もあわせて参照のこと。これらの箇所では、経書である『詩経』の中になぜ不道徳な詩が存在するのかを、いかに説明するかが問題となっている。『詩経』の詩の読み方に関する仁斎や徂徠の朱子批判も、そのもとをたどれば、朱子が詩の作者と読者の微妙な関係（読者次第で経書本文の意義も変わる）を顕在化させたことに行き着く。

第三章

子曰、道之以政、斉之以刑、民免而無恥。［子曰わく、之を道《みちび》くに政《せい》を以てし、之を斉《ひと》しくするに刑《けい》を以てすれば、民免《まぬが》れて恥《はじ》無し。］

「道」の音は導。以下、同じ。○「道」は「引導」というようなこと。先導するという意味である。「政」は法制や禁令を言う。「斉」はそれによって一つに統率するということである。導いても従わない者は、刑罰によって統率することがある。「免れて恥無し」は、適当に刑罰を免れて恥じるところが無いことを言う。殊更に悪事を行わなくても、悪事を行おうという心は、なくなってはいないのである。

道、音導。下同。○道、猶引導。謂先之也。政、謂法制禁令也。斉、所以一之也。道之而不従者、有刑以一之也。免而無恥、謂苟免刑罰而無所羞愧。蓋雖不敢為悪、而為悪之心、未嘗亡也。

道は、音導(1)。下同じ。○道は、猶お引導のごとし。之に先んずるを謂うなり。政は、法制禁令を謂うなり。斉しくすは、之を一にする所以なり(2)。之を道けれども従わざる者は、刑以て之を一にすること有るなり。免れて恥無しは、苟《かりそ》めに刑罰を免れて羞愧する所無きを謂う。蓋し敢えて悪を為さずと雖も、而れども悪を為すの心、未だ嘗て亡びざるなり。

(1)「道」の音が「導」の時は去声で、「みちびく」の意。『経典釈文』二四。
(2)『斉は、一なり』(杜預『春秋経伝集解』成公一一年・伝)。『論語集解』に引く馬融の注では「斉」を「斉整す」とする。

道之以徳、斉之以礼、有恥且格。［之を道《みちび》くに徳を以てし、之を斉《ひと》しくするに礼を以てすれば、恥じ且つ格《いた》る有り、と。］

礼は制度や規定を言う。「格」は至るということである。この語の意味はこうである。自ら徳を実践して導けば、民はもとより感化されて発憤もする。民の間の浅深や厚薄の差については、礼によって一律にしていけば、民は不善を恥じて、さらに善に向かって進んでもいく。一説に、「格」は正すことと言う。『書経』には、「その邪心を正す」とある。○私が思うに、政策は統治するための道具、刑罰は統治を補佐する手だてである。一方、徳と礼は統治を行っていく際の根本であって、さらに徳は礼の根本である。これらは相互に関係し合い、片方だけ廃することはできないが、政策や刑罰は民を罪から遠ざけさせることができるだけである。徳や礼の効果は、民を知らず知らずのうちに日々善へと進ませることができることである。それゆえ民を統治する者は、末梢的な方に頼っているだけではだめで、根本の方を深く探求すべきなのである。

礼、謂制度品節也。格、至也。言躬行以率之、則民固有所観感而興起矣。而其浅深厚薄之不一者、又有礼以一之、則民恥於不善、而又有以至於善也。一説、格、正也。書曰、格其非心。◯愚謂、政者、為治之具、刑者、輔治之法。徳礼則所以出治之本、而徳又礼之本也。此其相為終始、雖不可以偏廃、然政刑能使民遠罪而已。徳礼之效、則有以使民日遷善而不自知。故治民者、不可徒恃其末、又当深探其本也。

礼は、制度品節を謂うなり。格は至るなり。(1) 言うこころは、躬行《きゅうこう》して以て之を率いれば、則ち民固より観感して興起する所有り。而して其の浅深厚薄の一ならざる者は、又た礼以て之を一にすること有れば、則ち民不善を恥じて、又た以て善に至ること有るなり。一説に、格は、正すなり。(2) 書に曰わく、其の非心を格《ただ》す、(3) と。◯愚謂《おも》えらく、政は治を為すの具、刑とは、治を輔《たす》くるの法なり。徳礼は則ち治を出す所以の本にして、徳も又た礼の本なり。此れ其の終始を相い為し、以て偏廃す可からざると雖も、然れども政刑は能く民をして罪より遠ざけしむるのみ。徳礼の效は、則ち以て民をして日ゝ善に遷《うつ》らせて自ら知らざらしむる有り。(4) 故に民を治むる者は、徒《ただ》に其の末を恃《たの》む可からず、又た当に深く其の本を探るべきなり。

（1）朱子は『大学』経一章の「物格」の「格」も、「至る」とする（『大学章句』）。

（2）「格は、正なり」（『論語集解』の何晏の注）。
（3）「其の非心を格す」（『書経』周書・冏《けい》命）。
（4）「民は日〻善に遷りて、之を為す者を知らず」（『孟子』尽心上）。

【補説】

［仁斎］（「格」を「正す」の意味にとるが、内容は朱子とほぼ同じである）。

［徂徠］「之を道くに徳を以てす」の「徳」は、有徳の人の意味で、自分の徳ということではない。民を感化するためには統治者が有徳者を登用するということである。また「格」は「いたる」が正しい。ただその意味は、感化されるということ。

第四章

子曰、吾十有五而志于学、［子曰わく、吾、十有五にして学に志《こころざ》し、］

古えは、十五歳で大学に入学した。心の向かうところを「志」と言う。ここで言う「学」とは、大学で教える道である。これに志せば、心は常にここにあって、学問に励んで倦むことがない。

古者十五而入大学。心之所之、謂之志。此所謂学、即大学之道也。志乎此、則念念在此、而為之不厭矣。

古えは十五にして大学に入る(1)。心の之《ゆ》く所は、之を志と謂う(2)。此に謂う所の学は、即ち大学の道なり。此に志せば、則ち念念此に在りて、之を為して厭《いと》わざるなり。

（1）「大学」は「太学《たいがく》」で、学校としての大学。「故に十五にして……、太学に入りて経術を学ぶ」（『白虎通』辟雍）。朱子は『大学章句』序でも、古えは十五歳で太学（大学）に入学すると言う。なお太学への入学を十八歳、二十歳とする文献もある。

（2）「詩とは、志の之く所なり。心に在るを志と為す」（『詩経』大序）。

三十而立、［三十にして立ち、］

自己が確立すれば、志は堅固になり、志すことすら特に意識しなくなる。

有以自立、則守之固、而無所事志矣。　以て自ら立つこと有れば、則ち之を守ること固くして、志を事とする所無し。

四十而不惑、［四十にして惑《まど》わず、］

事物の本来あるべき姿について、全く疑うことがなくなれば、物事の道理が手に取るようにわかり、守るということも特に意識しなくなる。

於事物之所当然、皆無所疑、則知之明、而無所事守矣。　事物の当《まさ》に然るべき所に於て、皆な疑う所無ければ、則ち之を知ること明らかにして、守るを事とする所無し。

五十而知天命、［五十にして天命《てんめい》を知り、］

「天命」は、天道が万物に行きわたって、それぞれの物に付与されたものであり、事物がそのようであるべき根拠である。これを理解するということは、知がその精髄を極めているということである。「惑わない」のは、言うまでもない。

天命、即天道之流行而賦於物者。乃事物所以当然之故也。知此、則知極其精。而不惑、又不足言矣。

天命は、即ち天道の流行して物に賦する者なり。乃ち事物の当に然るべき所以の故なり(1)。此を知るは、則ち知其の精を極めるなり。而《しか》して惑わざることは、又た言うに足りず。

（1）朱子は理に「当に然るべき所の則」と「然る所以の故」の二面を見る（『大学或問』など）。

六十而耳順、［六十にして耳順《みみしたが》い、］

人の話を聞けば心にそのまま入り、違和感が無い。知の働きの究極は、「特に意識しなくても、心が道理にかなうことである」。

声入心通、無所違逆。知之之至、不思而得也。

声入れば心通じ、違逆する所無し。之を知るの至りは、思わずして得るなり(1)。

(1)「誠とは、勉めずして中《あた》り、思わずして得。従容として道に中るは、聖人なり」(『中庸』第二〇章)。

七十而従心所欲、不踰矩。［七十にして心の欲する所に従えども、矩《のり》を踰《こ》えず、と。］

「従」はこの字の通常の意味である。〇「従」は「したがう」である。「矩」は標準を定める道具で、四角形を作るためのものである。心が望むままに従っても、おのずと規範からはずれず、心静かなままに行為でき、努力しないでも適切な状態になることである。〇程子が言われた。「孔子は生まれながらにして知の働きが完全な者である。それなのに学問によって到達したと言うのは、後世の人々を督励し前進させるためである。「立つ」とは、この真実の道に立つことである。「惑わず」とは、疑うことが無いことである。「天命を知る」とは、物の理を推し窮《きわ》め、本性を理解し尽くすことである。「耳が順う」とは、聞いた内容がみな心に通ずることである。「心が望むままに従っても、おのずと規範からはずれない」とは、努力しないでも適切な状態になるということである」。また言われた。「孔子がみずから有徳者へと進んでいく階梯をこのように言うのは、聖人が必ずしもそうであったわけではない。ただ学ぶ者のために、標準を立てて、穴を満たしながら水が流れていくように、蓄積したものが順次形になっていくようにして、前進させようとしているのである」。胡氏が言った。「聖人の教え方は、多様である。しかしそのポイントは、人に本来の心を失わないようにさせるということだけなのである。この心を得ようと望む者は、ただ聖人が示す学に志し、その順序に従って進み、少しも傷も残さず、全ての理がことごとく明らかになるようになれば、その後で日々の生活の中で、本来の心が輝きわたり、気持ちの望むままに従っても、究極の理にかなわないことはなくなる。つまりここの「心」は本来の姿であり、「欲す」とはその働き、その本来の姿とは道そのものであり、その働きとは義に則った状態なのである。声は韻律にかない、動作は規範通りとなるのである」。また言った。「聖人がこのことを言うのは、一つには学ぶ者に対し、じっくりと玩味すべきであって、段階を飛ばして進んではならないことを示し、二つには学ぶ者に対し、毎日毎月前進すべきであって、道半ばにしてやめてはならいことを示しているのである」。私が思うに、聖人は生まれつき知の働きが完全で行為にも問題が無いのであって、もともと徐々に積み上げて進んでいくという必要はなかった。しかし心の中では自分が既にこの境地に至っているとは思ってはいなかった。それは日々の生活の中で、自分が進歩しているという感覚が確かにあったからであり、それは他人が測り得ぬものであった。それゆえそれに近いことを言葉で具体化し、学ぶ者がこれを模範として努力するようにと期待したのである。心の中では自分を聖人と見なしていたが、とりあえずはこのようなポーズをとったというのではないのである。以下謙譲の言葉とする類は、全てこのような意味あいのものである。

従、如字。○従、随也。矩、法度之器、所以為方者也。随其心之所欲、而自不過於法度、安而行之、不勉而中也。○程子曰、孔子生而知之也。言亦由学而至、所以勉進後人也。立、能自立於斯道也。不惑、則無所疑矣。知

従は、字の如し①。○従は、随なり。矩は、法度の器にして、方を為る所以の者なり。其の心の欲する所に随いて、自ら法度に過《あやま》たず、安んじて之を行い②、勉《つと》めずして中《あた》るなり③。○程子曰わく④、孔子は生まれながらにして⑤之を知るなり⑥。亦《ま》た学に由りて至ると言うは、後人を勉め進むる所以なり⑦。立つとは、能く自ら斯《こ》の道⑧に立つなり。惑わずとは、則ち疑う所無し。天命を知

天命、窮理尽性也。耳順、所聞皆通也。従心所欲不踰矩、則不勉而中矣。又曰、孔子自言其進徳之序如此者、聖人未必然、但為学者立法、使之盈科而後進、成章而後達耳。胡氏曰、聖人之教亦多術。然其要使人不失其本心而已。欲得此心者、惟志乎聖人所示之学、循其序而進焉、至於一疵不存、万理明尽之後、則其日用之間、本心瑩然、随所意欲、莫非至理。蓋心即体、欲即用。体即道、用即義。声為律、而身為度矣。又曰、聖人言此、一以示学者当優游涵泳、不可躐等而進、二以示学者当日就月将、

るとは、理を窮め性を尽くすなり⑨。耳順うとは、聞く所皆通ずるなり。心の欲する所に従いて矩を踰えずとは、則ち勉めずして中るなり、と。又た曰わく⑩、孔子自ら其の徳に進むの序を言うこと此の如き者は、聖人未だ必ずしも然らず。但《た》だ学者の為めに法を立て、之をして科《あな》に盈《み》ちて後進み、章を成して後達せしむるのみ⑪、と。胡氏曰わく⑫、聖人の教も亦た術多し⑬。然れども其の要は、人をして其の本心を失わざらしむのみ⑭。此の心を得んと欲する者は、惟《た》だ聖人の示す所の学に志し、其の序に循《したが》いて進み、一疵《し》も存せず、万理明尽の後に至れば、則ち其の日用の間、本心瑩然《えいぜん》として、意の欲する所に随いて、至理に非ざるは莫《な》し。蓋し心は即ち体、欲は即ち用なり。体は即ち道、用は即ち義なり⑮。声は律と為《な》りて、身は度と為る⑯、と。又た曰わく⑰、聖人の此を言うは、一は以て学者に当に優游涵泳《ゆうゆうかんえい》すべく、等《とう》を躐《こ》えて進む可からざるを示し⑱、二は以て

不可半途而廃也。愚謂、聖人生知安行、固無積累之漸。然其心未嘗自謂已至此也。是其日用之間、必有独覚其進、而人不及知者。故因其近似以自名、欲学者以是為則而自勉。非心実自聖、而姑為是退託也。後凡言謙辞之属、意皆放此。

学者に当に日に就《な》り月に将《すす》むべく(19)、半途(20)にして廃す(21)可からざるを示すなり、と。愚謂《おも》えらく、聖人は生まれながにして知り安んじて行う、固より積累の漸無し。然れども其の心未だ嘗て自ら已に此に至ると謂わざるなり。是れ其の日用の間、必ず独り其の進むを覚りて、人知るに及ばざる者有り。故に其の近似に因りて以て自ら名づけ、学者の是を以て則と為して自ら勉むるを欲す。心実に自ら聖として、姑《しばら》く是の退託を為すに非ざるなり。後の凡そ謙辞と言うの属は、意皆な此に放《なら》う。

(1)「字の如し」とは、その字の最も通常の意味ということ。ここでは、「従う」。
(2)「或いは安んじて之を行い、或いは利して之を行い、或いは勉強して之を行うも、其の功を成すは一なり」(『中庸』第二〇章)。無理に意識しないでも行為が完璧であること。
(3)「誠とは、勉めずして中《あた》り、思わずして得。従容として道に中るは、聖人なり」(『中庸』第二〇章)。無理をしないでも妥当な所にはまること。つまり無為のうちに完璧であること。

（4）程頤の語。『程氏経説』六「論語説」為政。

（5）「之」はテキストによっては「者」になっている。

（6）「或いは生まれながらにして之を知り、或いは学びて之を知り、或いは困《くる》しみて之を知る。其の知るに及びては一なり」（『中庸』第二〇章）、「生まれながらにして之を知る者は上なり。学びて之を知る者は次なり。困しみて之を学ぶは又た其の次なり。困しみて学ばず、民斯れを下と為す」（季氏第一六・第九章）。これらは生まれつき知の働きが完璧な存在があることを言うが、それが孔子をはじめとした聖人であることは言うまでもない。しかし一方では、「我は生まれながらにして之を知るに非ず」（述而第七・第一九章）と、孔子自身が自分は生まれつき完璧ではないと言う語がある。程頤や朱子は、聖人は生まれつき心も行為も完璧であって、学問は必要が無いはずなのだが、聖人自身はそれをそのまま追認せず、学ぶ者のためにみずからになぞらえて学問による向上を説いたとするのである。なお『論語』には、孔子が自分が学を好んだことを強調する語が複数見える（この問題については、土田健次郎「孔子に学問は必要だったのか」『孔子全書』月報第三号、明徳出版社、二〇〇〇）。

（7）この箇所と類似の語は、『程氏遺書』一八、『程氏外書』三にも見える。

（8）儒教の説く道のこと。「予は将に斯の道を以て斯の民を覚せんとするなり」（『孟子』万章上）、「何ぞ斯の道に由ること莫き」（雍也第六・第一五章）。

（9）「理を窮め性を尽くし以て命に至る」（『易経』説卦伝）。

（10）程頤の語。『程氏遺書』一五。

（11）『孟子』尽心上。
（12）胡寅の語。
（13）『孟子』告子下。
（14）「此を之れ其の本心を失うと謂う」（『孟子』告子上）。
（15）ここの「心」と「欲」は、「心の欲する所」の「心」と「欲」であって、聖人の境地の場合である。であるから「体」が道であるのみならず、「用」も「義」なのである。
（16）『史記』夏本紀、『大戴礼』五帝徳、『孔子家語』五帝徳。なお程顥は、「心は是れ理、理は是れ心。声は律と為り、身は度と為すなり」と近似した言い方をする（『程氏遺書』一三）。
（17）胡寅の語。
（18）踏むべき段階を飛ばして進まないこと。「学は等を躐《こ》えざるなり」（『礼記』学記）。
（19）『詩経』周頌・敬之。
（20）「途」はテキストによっては「塗」になっている。
（21）『中庸』第一一章。『中庸』では「途」が「塗」になっている。

【補説】

［仁斎］朱子のように聖人は生まれつき完璧であるとするのは誤りである。朱子が引用する胡氏の説などは禅宗の影響を受けている。そもそも道は無窮であり、それゆえ学も無窮である。また人は少壮の時期と老年では智のあり方が異なる。それは四季があるようなものであって、それに自然に

沿っていくことこそ、「生まれながらにして之を知り」、「安んじて之を行う」の意味である。

つまり本章では、孔子がこのように自分の来し方をふりかえっているのである。十五歳で学に志し、三十歳で学を身につけ、四十歳で心が落ち着き、五十歳で自分の修養にのみ励むべきであることを悟るがそれでも他人の毀誉褒貶が耳に入ってき、六十歳になると相手さえも全く意識しなくなり、七十歳で心の動きが道にかない、道と自己が一体となった。

［徂徠］孔子の当時は十代半ばで将来の道を進み始めるのが原則であった。士大夫の子は士大夫に、農工商の子は農工商になることを志すことになるが、孔子もそうであって、十五歳で士大夫となるために学に志を持った。その後、三十歳で一人前になり、四十歳で迷いなく提言し、五十歳で爵位を得て道を政治に具現できる年になったのにそうならなかったので、後世に先王の道を伝えるという天命を知り、六十歳で老成したので耳に逆らうような他人の言も気にならなくなり、七十歳で老人ゆえの心身の弛緩がありながらも規範から逸脱しないですんでいた。以上は孔子自身がこう言っているのであるが、このようなことは常人もできることとである。聖人は人々からかけ離れた内容を道とはしないからである。朱子たち宋儒はやたらに高遠な内容にしすぎていて、仏教や道家・道教の方向に流れてしまっている。
＊本章は孔子が自分の来し方をふりかえった語であるが、ここの解釈に朱子、仁斎、徂徠の孔子観、聖人観の差がよく出ている。朱子は聖人を生まれつき完璧な存在とするが、仁斎はそれを否定しながら聖人を無限に向上していく存在とし、徂徠は聖人にも普通の人間と同じ成長と老衰の軌跡があるとする。また官僚としての孔子の履歴をここに読み込もうとしているのも徂徠らしい。

第五章
孟懿子問孝。子曰、無違。［孟懿子《もういし》、孝を問う。子曰わく、違《たが》うこと無し、と。］

孟懿子《もういし》は魯の大夫の仲孫《ちゅうそん》氏、名は何忌《かき》。「違うことがない」は、理に背かないことを言う。

孟懿子、魯大夫仲孫氏、名、何忌。無違、謂不背於理。
孟懿子は、魯の大夫の仲孫氏⑴、名は、何忌⑵。違うこと無しとは、理に背かざるを謂う。

（1）「仲孫氏」は、「孟孫氏」。当時魯の国では桓公の庶子から出た孟孫氏、叔孫氏、季孫氏の三家が権勢をふるっていた。桓公の子には、嫡子の荘公のほかに、庶子である慶父、叔牙、季友がいた。この三氏は仲氏、叔氏、季氏と称していたが、次の世代になって「孫」の字を加えた。またこのような言い方は荘公を長男（「孟」）とすることを前提にしていて、庶子の身でありながら荘公と兄弟として同じ場に並ぶことになってしまうことから、庶子の中だけで序列をつけるために、「仲」を「孟」に改めた。つまり「孟懿子」は、「孟孫氏」であり、「仲孫氏」なのである。

（2）孔子が著したとされる『春秋』には、「仲孫何忌」と表記されている。

樊遅御。子告之曰、孟孫問孝於我。我対曰、無違。［樊遅《はんち》御《ぎょ》たり。子之に告げて曰わく、孟孫《もうそん》、孝を我に問う。我対《こた》えて曰わく、違うこと無し、と。］

樊遅は孔子の弟子で、名は須《しゅ》。「御」は、孔子のために、車を操《あやつ》ることである。「孟孫」はつまり仲孫である。孔子は、懿子がわかってもいないのに質問もなしえず、言いたい本旨を誤解して、親の命令に従うことが孝であると解釈することを懸念した。それゆえ樊遅に告げて、内容をはっきりさせておこうとしたのである。

樊遅、孔子弟子、名須。御、為孔子御車也。孟孫、即仲孫也。夫子以懿子未達而不能問、恐其失指、而以従親之令為孝。故語

樊遅は、孔子の弟子、名は須。御は、孔子の為めに車を御するなり。孟孫は、即ち仲孫なり[1]。夫子、懿子の未だ達せずして問うこと能わざるを以て、其の指を失いて、親の令に従うを以て孝と為すを恐る[2]。故に樊遅

樊遲以発之。　　　　　　　　　　　　　に語《つ》げ、以て之を発す。

（1）「孟孫」は孟懿子であり、『春秋』の「仲孫何忌」のこと。
（2）「違うこと無し」という孔子の語を、孟懿子が「親の命令に違うな」の意味に誤解することを孔子が懸念したこと。

樊遲曰、何謂也。子曰、生事之以礼、死葬之以礼、祭之以礼。［樊遲曰わく、何の謂いぞや、と。子曰わく、生きては之に事《つか》うるに礼を以てし、死しては之を葬るに礼を以てし、之を祭るに礼を以てす、と。］

生時の奉仕と死後の葬祭で、親に仕える全てが網羅される。礼とは、天理に基づいた文化的秩序である。人が親に仕えるには、始めから終わりまでに、一貫して礼に従い疎略にしないことこそ親を尊ぶ至極である。この時、三家は礼を犯していた。それゆえ孔子はこの言葉によって戒めたのである。しかし言葉の意味が渾然としていて、三家に向かって発せられただけではないように見える。これこそ聖人らしい言葉遣いである。〇胡氏が言った。「人が自分の親に孝行しようとする場合、その思いには限りが無いものの、為すべき役割には限りが有る。できるのに行わないのと、できないのに行おうとするのは、不孝ということでは等しい。ここで「礼を以てす」と言っているのは、できることを行うということにほかならない」。

生事葬祭、事親之始終具矣。礼、即理之節文也。人之事親、自始至終、一於礼而不苟、其尊親也至矣。是時三家僭礼。故夫子以是警之。然語意渾然、又若不専為三家発者。所以為聖人之言也。○胡氏曰、人之欲孝其親、心雖無窮、而分則有限。得為而不為、与不得為而為之、均於不孝。所謂以礼者、為其所得為者而已矣。

生事葬祭は、親に事うるの始終具《そな》われり。礼は、即ち理の節文なり①。人の親に事うるは、始め自《よ》り終わりに至るまで、礼に一にして苟《かりそ》めにせず。其の親を尊ぶや至れり。是の時三家②礼を僭す。故に夫子是を以て之を警《いまし》む。然れども語意渾然として、又た専ら三家の為めにのみ発せざる者の若《ごと》し。聖人の言為《た》る所以なり。○胡氏曰わく③、人の其の親に孝せんと欲するや、心窮まり無しと雖も、而して分は則ち限り有り。為すことを得て為さざると、為すことを得ずして之を為すは、不孝に均し。所謂礼を以てすとは、其の為すことを得る所の者を為すのみ、と。

（1）学而第一・第一二章の注（1）（一〇五頁）を参照。

（2）本章の前の注（1）（一四八頁）に出てくる孟孫氏、仲孫氏、季孫氏の三家。当時、魯の君主をさしおき、国政を壟断していた。

（3）胡寅の語。

【補説】

［仁斎］「違うこと無し」とは礼にはずれるなということ。孟懿子は魯の名門なので、民が注目する。それゆえ孔子はこのように言ったのである。

［徂徠］「違うこと無し」とは、親の心に背くなということ。朱子が理にはずれるとし、仁斎が礼にはずれるとするのは誤り。これは孝行の常道だが、孟孫氏は礼を犯す家であったので、親の意向に従うと人臣の道にはずれることが出てくる。そこで孔子は孟懿子に答えた後、樊遅に向かって孝の準則としてさらに礼を挙げたのである。なぜ最初から礼を言わなかったかというと、孝の場合はまずその志を養うことが重要で、それが無いのに礼を持ち出すべきではないからである。孔子はこのように順序正しく人を教えている。それに対して後の儒者たちは見識も浅く、性急である。

第六章

孟武伯問孝。子曰、父母唯其疾之憂。［孟武《もうぶ》伯《はく》、孝を問う。子曰わく、父母は唯《た》だ其の疾《やまい》を之れ憂う、と。］

武伯は懿子の子で、名は彘《てい》。この語の意味はこのようである。父母が子を愛する心は、すみずみまで行きわたっている。とりわけ疾病があるのを恐れ、いつもそれを心配している。子たる者はそれを体して、父母の気持ちを念頭におけば、自分の身体を守るために、おのずと慎むようにならざるをえない。これを孝としえないわけがあろうか。旧説ではこのように言う。子たる者は、自分が悪に身を染めることを父母に心配させること無く、病気になることだけが心配であるようにさせられれば、それこそ孝と言うことができる。これもまた解釈として通ず。

武伯、懿子之子、名彘。言父母愛子之心、無所不至、唯恐其有疾病、常以為憂也。人子体此、而以父母之心為心、則凡所以守

武伯は、懿子の子、名は彘《てい》。言うこころは、父母の子を愛するの心、至らざる所無し。唯だ其の疾病有るを恐れ、常に以て憂いと為すなり。人の子此を体して、父母の心を以て心と為せば、則ち凡そ其の身を守る所

其身者、自不容於不謹矣。豈不可以為孝乎。旧説、人子能使父母不以其陥於不義為憂、而独以其疾為憂、乃可謂孝。亦通。

以は、自ら謹まざる容《べ》からず。豈《あ》に以て孝と為す可からざらんや。旧説に、(1)人の子の能く父母をして其の不義に陥ることを以て憂いと為さしめず、独り其の疾を以て憂いと為さしむれば、乃ち孝と謂う可し、と。亦た通ず。

（1）『論語集解』に引く馬融の注に「孝子は妄《みだ》りに非を為さず。唯だ疾病有るのみ。然る後に父母をして之を憂えしむるのみ」と言う。

【補説】
[仁斎] この場合の疾病は、父母の疾病のことである。父母は老いているから孝行する時間も限られている。そこで父母の病気を気にするようにすれば、その限られた時間の中で精一杯孝行しようという気持ちになる。孟武伯父子は魯の名門であるので、父の孟懿子に告げたのは特に深い内容であり、普通の人では理解し難いため、かさねて樊遅に懇切に解説した（前章）。子の孟武伯に告げた本章の内容の方は、それに対して具体的かつ切実なものである。
[徂徠] 孟武伯の人となりがわからないので明言できないが、行いを慎み親に心配をかけるのは病

気だけにするように心がけるという何晏『論語集解』の解釈と、父母は子の病気を心配するから身を慎むという朱子の解釈を比較すると、前者の方が正しいようである。というのは、孝について質問しているのであるから、親の気持ちで答えるのはおかしいし、孟武伯の程度がどのようであれ、朱子の言う内容は答えとしてそぐわない。

第七章

子游問孝。子曰、今之孝者、是謂能養。至於犬馬、皆能有養。不敬何以別乎。［子游《しゆう》、孝を問う。子曰わく、今の孝は、是れ能く養うを謂う。犬馬《けんば》に至るまで、皆な能く養うこと有り。敬せざれば何を以て別《わか》たんや、と。］

「養」は去声。「別」は彼列の反。○子游は孔子の弟子で、姓は言《げん》、名は偃《えん》。「養」は飲食奉仕を言う。犬や馬は、人によって飲食する。これもまた「養う」と言える。この語の意味はこうである。人が犬や馬を飼育する場合も、「養う」ことではある。親を養う場合も、敬う気持ちが行きわたらなければ、犬や馬を養うということと違いがあろうか。不敬の罪を厳しく言い、これで深く戒めているのである。○胡氏が言った。「世俗で親に仕えるのは、養いさえすればそれで十分としている。親からの恩に狎《な》れ親に対する愛ばかりですませ、次第に不敬に流れてしまうのを自覚しないのは、小さな過失ではない。子游は聖門の高弟ではあるが、必ずしもここまで認識していなかった。聖人は愛が敬を超えてしまうのを懸念した。それゆえこの語で深く警発したのである」。

養、去声。別、彼列反。○子游、孔子弟子、姓言、名偃。養、謂飲食供奉也。犬馬待人而食、亦若養然。言人畜犬馬、皆能有以養之。若能養其親、而敬不至、則与養犬馬者何異。甚言不敬之罪、所以深警之也。○胡氏曰、世俗事親、能養足矣。狎恩恃愛、而不知其漸流於不敬、則非小失也。子游、聖門高弟、未必至此。聖人直恐其愛踰於敬。故以是深

養は、去声。[1] 別は、彼列の反。[2] ○子游は、孔子の弟子、姓は言、名は偃。養は、飲食供奉を謂うなり。犬馬は人を待ちて食うも、亦た養うが若く然り。言うこころは、人の犬馬を畜うも、皆な能く以て之を養うこと有り。若し能く其の親を養うも、敬至らざれば、則ち犬馬を養う者と何ぞ異ならん。甚だしく不敬の罪を言い、深く之を警《いまし》むる所以なり。○胡氏曰わく、[3] 世俗の親に事うるは、能く養えば足れり。恩に狎れ愛を恃《たの》みて、[4] 其の漸《ようや》く不敬に流るるを知らざるは、則ち小失に非ざるなり。子游は聖門の高弟なれども、未だ必ずしも此に至らず。聖人直《た》だ其の愛の敬を踰《こ》ゆるを恐る。[5] 故に

警発之也。　　是を以て深く之を警発するなり、と。

（1）去声の場合は「目上が目下につかえる」という意。普通の「やしなう」は上声。
（2）『経典釈文』二四。『広韻』ではこの反切の発音以外に「方別の反」をのせる。
（3）胡寅の語。
（4）親の子に対する「恩」については、父の死に際して最も重い斬衰《ざんさい》三年の喪に服する理由として、「其の恩厚き者は、其の服重し」として、親の恩をあげる例がある（『礼記』喪服四制）。子の親に対する「愛」を言うものでは、「父に事うるに資《と》りて以て母に事えて愛同じ」（『孝経』）などがある。
（5）「故に母は其の愛に取りて、君は其の敬に取る。之を兼ぬる者は父なり」（『孝経』）。つまり母に対しては「愛」、君に対しては「敬」、そして父に対しては「愛」と「敬」の両方を尽くすことが要求されるのである。

【補説】

［仁斎］孔子が弟子の質問に答える場合には、その人の持つ弊害を戒める場合と、その質問をきっかけに広く世を戒める場合があるが、ここは後者である。

［徂徠］「犬馬に至るまで、皆な能く養うこと有り」は、「犬は番をし、馬は人のかわりに労働し、人

を養ってくれる」という『論語集解』に引く包咸の説が正しい。『論語集解』に引くもう一つの説で、「犬や馬を養う」と解釈するのでは（朱子や仁斎もこれと同じ）、親を犬や馬に比していることになってしまう。

第八章

子夏問孝。子曰、色難。有事、弟子服其労、有酒食先生饌。曾是以為孝乎。［子夏《しか》孝を問う。子曰わく、色難《いろかた》し。事有れば、弟子《ていし》其の労に服し、酒食《しゅし》有れば先生に饌《せん》す。曾《かっ》て是《こ》れ以て孝と為さんや、と。］

「食」の音は嗣。○「色難し」は、親に仕える際、顔つきが難しいということである。「食」はご飯である。「先生」は父兄である。「饌」は飲食させることである。「曾」は「嘗《かっ》て」ということである。やはり「孝子で深い愛を持っている者は、必ず和気が出てくる、和気がある者は、必ず楽しい顔つきとなる、楽しい顔つきをする者は、必ずたおやかな様子となるものである」。それゆえ親に仕える際には、ただ顔色が難しいとするのである。労働し奉養するだけでは、まだ孝とするには不十分である。旧説では、父母の顔色を見てそれに従順に対応するのは難しいとしているが、これもまた意味が通ずる。○程子が言われた。「懿子に告げたのは、広く人々に告げる内容である。武伯に告げたのは、当人に懸念されることが多かったからである。子游は親を奉養できているが、時に敬う心に欠ける。子夏は義にきちんと従っているが、時に温潤の態度に欠ける。それぞれの素質の高低と、欠点に応じて告げている。それゆえ告げる内容が同じではないのである」。

食、音嗣。○色難、謂事親之際、惟色為難也。食、飯也。先生、父兄也。饌、飲食之也。曾、猶嘗也。蓋孝子之有深愛者、必有和気、有和気者、必有愉色、有愉色者、必有婉容。故事親之際、惟色為難耳。服労奉養、未足為孝也。旧説、承順父母之色為難。亦通。○程子曰、告懿子、告衆人者也。告武伯者、以其人多可

食は、音嗣。①○色難しは、親に事うるの際、惟だ色を難しと為すを謂うなり。食は、飯なり。先生は、父兄なり。②饌は、之に飲食せしむるなり。③曾は、猶お嘗《しょう》のごときなり。蓋し孝子の深愛有る者は、必ず和気有り、和気有る者は、必ず愉色有り、愉色有る者は、必ず婉容有り。④故に親に事うるの際、惟だ色を難しと為すのみ。労に服し奉養するは、未だ孝と為すに足らざるなり。旧説に、父母の色に承順するを難しと為す。⑤亦た通ず。○程子曰わく、⑥懿子に告ぐるは、衆人に告ぐ者なり。武伯に告ぐるは、其の人の憂う可き事多きを以

憂之事。子游能養、而或失於敬。子夏能直義、而或少温潤之色。各因其材之高下、与其所失而告之。故不同也。

てなり。子游は能く養いて、或いは敬を失う。子夏は能く義に直《なお》くして、或いは温潤の色少なし。各ゝ其の材の高下と、其の失う所とに因りて之を告ぐ。故に同じからざるなり、と。

（1）『経典釈文』二四。この場合の「食」は日本漢字音では「シ」で去声。「飯（ご飯）」や「食べさせる」の意。普通の「くらう」や「食べ物」は入声で「ショク」（『経典釈文』では「字の如し」）。
（2）『論語集解』に引く馬融の注。「先生」とは、先に生まれた父や兄を指す。
（3）『論語集解』に引く馬融の注。
（4）「孝子の深愛有る者」からここまでは、『礼記』祭義。
（5）『論語集解』に引く包咸の注。
（6）程顥か程頤どちらかの語。『程氏遺書』九。

【補説】

［仁斎］孝は愛と敬を本とするが、敬は努めればできるものである。しかし楽しい顔つきというのは、本当に深く、衰えぬ愛が無くてはできない。道が空虚であればあるほど言は高遠になり、徳が本当

であればあるほど言は卑近になる。ここまでの孝を説いた三章の言はこれより無いほど卑近であり、それは孔子だからこそ言えたのである。

［徂徠］朱子の解釈でよく、包咸の説は誤りであるが、「曾」は「乃（すなわち）」と読む方がニュアンスが正しく伝わる。

第九章

子曰、吾与回言終日、不違如愚。退而省其私、亦足以発。回也不愚。「子曰わく、吾と回《かい》と言うに、終日違《たが》わざること愚《ぐ》なるが如し。退きて其の私《し》を省《み》れば、亦た以て発するに足る。回や愚ならず、と。」

回は孔子の弟子、姓は顔、字は子淵。「違わない」とは、心の動きが背くこと無く、そのまま聞き入れ、異議を唱えることが無いことである。「私」は一人でくつろいでいる時を言い、孔子にお会いして質問している時のことではない。「発する」とは、孔子が語った理の内容をわかっていることを言う。私は李先生からこう聞いている。「顔子は深潜かつ純粋で、聖人としての風姿はもう具わっていた。孔子の言葉を聞くと、沈黙のうちに会得し、接するものには闊達に応対するが、それがおのずと理に沿っていた。それゆえ一日中あれこれ言っても、それを従順に受け入れる様子は愚者のようにすら見えた。しかし孔子の前から退いて一人でくつろいでいる時を見ると、日々のあらゆる起居動作が、みな孔子の道を明らかに理解していることを示していて、安らかにそれに依拠し、疑いの心など起こっていなかった。このようだから顔回が愚かではないということがわかったのである」。

回、孔子弟子、姓顔、字子淵。不違者、意不相背、有聴受而無問難也。私、謂燕居独処、非進見請問之時。発、謂発明所言之理。愚聞之師。曰、顔子深潜純粋、其於聖人、体段已具。其聞夫子之言、黙識心融、触処洞然、自有条理。故終日言、但見其不違如愚人而已。及退省其私、則見其日用動静語黙之間、皆足以

回は、孔子の弟子、姓は顔、字は子淵①。違わずとは、意相い背かず、聴受有りて問難無きなり。私は、燕居独処を謂い②、進見請問の時に非ず。発するは、言う所の理を発明するを謂う。愚之を師に聞けり③。曰わく、顔子は深潜純粋、其の聖人に於て、体段④已に具わる。其の夫子の言を聞くや、黙識⑤心融し、触処《そくしょ》洞然⑥として、自ら条理有り。故に終日言いて、但だ其の違わざること愚人の如きを見るのみ。退きて其の私を省《み》れば、則ち其の日用動静語黙の間、皆な以て夫子の道を発明するに足り、坦然として之に由《よ》りて疑うこと無きを見る。

発明夫子之道、坦然由之而無疑。然る後其の愚ならざるを知るなり、と。
然後知其不愚也。

（1）顔回は、孔子が最も期待したが夭折した弟子。朱子をはじめ後世の儒者からは聖人に最も近い賢人として重視された。
（2）内容を明確にすること。
（3）朱子の師の李侗《りとう》（延平）の語。『延平答問』。
（4）「すがた」という意味の口語。
（5）「黙して之を識る」（述而第七・第二章）。朱子は「黙識」を、だまって記憶することと、言葉を超えて了解することの両方の意味で使用するが、ここでは後者。
（6）「洞然」は全く滞りが無いこと。「触処洞然」は、接する全ての対象に対して自然かつ適切に対応すること。

【補説】

［徂徠］学問というものは、ひたすら先生の教えを受けとめ、自分の智力を恃まず、積み重ねの中から沸き起こってくるものを待つのである。顔回も、学問を好み積み重ねて、このようになったのである。それを顔回の聡明さばかりに言及し、好学を讃えないのは誤っている。なお「退きて其の私

を省ければ」以下については、「私」は「一人でくつろいでいる」ことではなく「私語」、「発す」は「わかっている」ではなくて「啓発する」ということであって、『論語集解』に引く孔安国の注のように、「顔回が孔子の前から退いた後、他の弟子たちと私語して彼らを啓発しているのを見ると、きちんと本質を理解しているのがわかる」と解釈するのがよい。朱子は、道というものは先王の統治の道であるのを知らず、理を明らかにする云々というような心学的解釈で孔子や顔回を見ているので、誤解するのである。

第十章

子曰、視其所以、［子曰わく、其の以《な》す所を視《み》、］

「以」は行うことである。善を行う者は君子、悪を行う者は小人である。

以、為也。為善者為君子、為悪者為小人。
以は、為なり。善を為す者は君子為《た》り、悪を為す者は小人為り。

観其所由、［其の由《よ》る所を観《み》、］

「観」は「視」に比べれば詳細である。「由」は「よる」である。具体的に善行を行っても、奥底の動機が、善でないことがあれば、君子であることはできない。ある人が言った。「「由」は「行う」である」。これはそのような行為をした根拠を言っているのである。

観、比視為詳矣。由、従也。事雖為善、而意之所従来者、有未善焉、則亦不得為君子矣。或曰、由、行也。謂所以行其所為者也

観は、視に比せば詳《つまび》らかと為す。由は、従なり。事、善を為すと雖も、而して意の従《よ》りて来《きた》る所の者、未だ善ならざること有れば、則ち亦た君子為《た》るを得ず。或ひと曰わく(1)、由は行なり、と。其の為す所を行う所以の者を謂うなり。

（1）范祖禹は「其の由る所の者を観るは、其の行う所の帰趣を考うるなり」と言う（『論語精義』一下）。

察其所安、［其の安んずる所を察すれば、］

「察」は、さらに詳細さを加えたのである。「安んず」は、楽しむ内容である。動機が善であっても、心からこれを楽しんでいるのでなければ、また偽りにすぎない。どうして長い間に変わらないことがあろうか。

察、則又加詳矣。安、所楽也。所由雖善、而心之所楽者、不在於是、則亦偽耳。豈能久而不変哉。

察は、則ち又た詳らかを加うるなり。安んずとは、楽しむ所なり。由る所善なりと雖も、心の楽しむ所の者、是に在らざれば、則ち亦た偽のみ。豈に能く久しくして変わらざらんや。

人焉廋哉。人焉廋哉。［人焉《いずく》んぞ廋《かく》さんや。人焉んぞ廋さんや、と。］

「焉」は於虔の反。「廋」は所留の反。○「焉」は「いずくんぞ」である。「廋」は「かくす」

である。同じ語を繰り返しているのは、深くこのことを明らかにしているのである。○程子が言われた。「自分の側が全ての言葉の内容を理解し事物の理を窮めるようであれば、これによって聖人のように他人のことをわかることができる」。

焉、於虔反。廋、所留反。○焉、何也。廋、匿也。重言以深明之。○程子曰、在己者能知言窮理、則能以此察人如聖人也。

焉は、於虔の反。(1) 廋は、所留の反。(2) ○焉は、何なり。廋は、匿なり。(3) 重言するは以て深く之を明らかにす。○程子曰わく、(4) 己に在りて能く言を知り(5)理を窮むれば、(6) 則ち能く此を以て人を察すること聖人の如し、と。

（1）『経典釈文』二四。「焉」は、『経典釈文』では「於虔の反」と、「字の如し（その字の通常の意義）」の二つの発音を記す。前者は、「いずくんぞ」。後者は、文末の助辞。
（2）『経典釈文』二四。「廋」には平声と上声があるが、ここの反切では平声。
（3）『論語集解』に引く孔安国の注。
（4）程顥の語。『程氏外書』六。
（5）「我、言を知る」（『孟子』公孫丑上）の注で、朱子は「言を知るとは、心を尽くし性を知り、凡そ天下の言に於て以て其の理を究極すること有らざる無くして、其の是非得失の然る所以を識るなり」（『孟子集注』）と言う。

（6）『易経』説卦伝。

【補説】

［徂徠］本章は、賢者がどのように国君を選ぶのかを、次のように言っているのである。「国を統治するためにいかなる人を用いるかを視る。つまり賢者か否かである。次にいかなる道によって統治するかを観る。つまり先王の道か、五伯（覇）の道か、夷狄の道か、刑名の道かである。そしていかなることに心を落ち着かせるかを察す。つまり仁義か、財利か、音楽女色か、狩猟かである。このようにすればどのような君主かがわかる」。ここでの「視」、「観」、「察」はその対象によって使い分けられているのであって、朱子の言うような単なる詳と略の差ではない。

＊朱子が一般的な人物鑑定として解釈するのに対して、徂徠は賢者が国君を選ぶ際の留意事項とする。徂徠の政治的解釈がここによく現れている。

第十一章

子曰、温故而知新、可以為師矣。［子曰わく、故《ふる》きを温《たず》ねて新しきを知れば、以て師と為《な》る可し、と。］

「温」は復習して習熟すること。「故」は以前聞いていたこと。「新」は今知ること。この語の意味はこうである。学ぶ際に以前聞いていた内容を反復学習し、常に新たに悟ることがあれば、学んだ内容は自分のものになり、窮まり無い効果をもたらす。それゆえ人の師となることができるようになる。暗唱して博識を誇るだけの学問などは、心に悟ることも無く、知る範囲にも限界がある。それゆえに「学記」に、「人の師となるには不十分である」と批判しているのである。これはまさにこの語の内容と照射しあうものである。

温、尋繹也。故者、旧所聞。新者、今所得。言学能時習旧聞、而毎有新得、則所学在我、而其応不窮。故可以為人師。若夫記問之学、則無得於心、而所知有限。故学記譏其不足以為人師。正与此意互相発也。

温は、尋繹なり(1)。故は、旧《もと》聞く所。新は、今得る所。言うこころは、学びて能く時に旧聞を習いて、毎《つね》に新たに得ること有れば、則ち学ぶ所我に在りて、其の応窮まらず。故に以て人の師と為る可し。夫《か》の記問の学(2)の若きは、則ち心に得ること無くして、知る所限り有り。故に学記に、其の以て人の師と為るに足らざるを譏《そし》れり(3)。正に此の意と互いに相い発するなり。

（1）何回も復習して習熟すること。「尋繹」には他に「たぐり出す」意もある。「温は、尋なり。故き者を尋繹し、又た新しき者を知る」（『論語集解』の何晏の注）。なお『中庸』第二七章の「温故」の「温」については朱子は鄭玄により「燖《じん》温（あたためる）」とする（『中庸章句』）。

（2）あらかじめ質問だの論難などを受けることを想定してあれこれ記憶しておくような学問。つまり人の目を意識して博識を誇る類の学問のこと。

（3）「記問の学は、以て人の師と為るに足らず」（『礼記』学記）。

【補説】

［仁斎］古いことを尋ねないと、今までできたことを活かせない。新しく得ようとしないと、今まで無かったことに対応できない。天下の事象や変化は限り無いのであって、それに対応していってこそ師である。その師たる者は人の模範であって、人君と並び称されるべきものであり、それゆえ責任は重い。

［徂徠］「温」を「尋」とするのは古来相伝の説であって、「習う」という意味である。朱子は何晏をもとに「尋繹す」とするのは粗漏の説である。「故」は以前から伝えてきたもので、自分が学ぶもの。「新」は古人が言わず先師が伝えなかったこと。

第十二章

子曰、君子不器。［子曰わく、君子は器《うつわ》ならず、と。］

「器」はそれぞれ個別の用途にかなうものの、どれにも役立つというわけではない。徳が完成している士は、本質的なものが全うされている。それゆえ具体的な働きもあまねく行きわたる。一つの才能、一つの能力だけしか働かせられないというのではないのである。

器者、各適其用、而不能相通。成徳之士、体無不具。故用無不周、非特為一才一芸而已。

器は、各〻其の用に適《かな》えども、(1)相い通ずること能わず。成徳の士は、体具わらざる無し。故に用周《あまね》からざる無し。(2)特《た》だ一才(3)一芸を為すのみに非ざるなり。

（1）「器とは、各〻其の用に周《あまね》し」（『論語集解』に引く包咸の注）。

（2）体用概念を使用している。体（大本）が完備しているので、用（具体的働き）もあらゆることに対応できるのである。

（3）「才」は、テキストによっては「材」になっている。

【補説】

［仁斎］「器」は、用途に応じて用いるということで、君子にはこの方面の完璧性を求めてはならない。孔子とても軍事は学ばず（『史記』孔子世家）、外交交渉もできなかった（『孟子』公孫丑上）。広く諸芸に通ずるのは人が喜ぶことだが、君子に期待することではない。

［徂徠］「器」は生まれつきの素質によって人ごとに異なり、学はこれを活かし切るためのものである。君子はこの「器」を使う立場にあるため、「器ならず」と言う。「器」は官僚たちであって、それを統括するのが「君子」である君や卿なのである。
＊朱子は君子の全能性を言うが、仁斎は君子に能力の完全性を期待してはならないとし、君子を日常の人間に近づける。さらに徂徠となると、各種の人材を統括する能力を君子に求めるという政治的解釈になる。

第十三章
子貢問君子。子曰、先行其言、而後従之。［子貢《しこう》、君子を問う。子曰わく、先ず其の言を行いて、而《しか》る後《のち》之に従う、と。］
周氏が言った。「「先ず言を実践する」というのは、まだ言わない前に実践することである。

「その後でこれに従う」というのは、実践した後で言うということである」。○范氏が言った。「子貢について懸念されたのは、言うことが難しいのではなく、実践することが難しいということであった。それゆえ彼にこのことを告げたのである」。

周氏曰、先行其言者、行之於未言之前。而後従之者、言之於既行之後。○范氏曰、子貢之患、非言之難、而行之難。故告之以此。

周氏曰わく⑴、先ず其の言を行うは、之を未だ言わざるの前に行うなり。而る後に之に従うは、之を既に行うの後に言うなり、と。○范氏曰わく⑵、子貢の患《うれ》いは、之を行うことの難きに非ずして、之を言うことの難《かた》きなり。故に之に告ぐるに此を以てす、と。

【補説】

（1）程頤の弟子の周孚先《ふせん》の語。周孚先は毘陵《ひりょう》の人で、朱子は『論語精義』と『孟子精義』の前身の『語孟要義』の跋文で「又た毘陵周氏の説四篇有半を建陽の陳焞《ちんとん》明仲に得、復た以て本章に付す」と言う（「書語孟要義序後」、『朱子文集』八一）。

（2）范祖禹の語。『論語精義』一下に引く。

［徂徠］君子は民に長たる徳があり、仁の実践という任務があるから、このように言った。

第十四章

子曰、君子周而不比、小人比而不周。［子曰わく、君子は周《しゅう》して比《ひ》せず、小人《しょうじん》は比して周せず、と。］

「周」はあまねくいきわたる。「比」は偏っていて党派的。ともに人と親しくつきあうという意。しかし「周」は公であって「比」は私なのである。○君子と小人とでは行う内容が異なるのは、陰と陽、昼と夜のようであり、ことごとに反対である。しかしその分岐点を探求してみると、公と私との違いであって、それはほんのわずかの差なのである。それゆえ聖人が、「周」と「比」、「和」と「同」、「驕」と「泰」の類について、常に対立的に両者を挙げるのは、学ぶ者にこの両者を意識させて、その取捨の機微を詳細にわからせようとしたからである。

周、普偏也。比、偏党也。皆与　　周は、普偏なり。(1) 比は、偏党なり。(2) 皆な人と親厚する

人親厚之意。但周公而比私耳。○君子小人所為不同、如陰陽昼夜、毎毎相反。然究其所以分、則在公私之際、毫釐之差耳。故聖人於周比和同驕泰之属、常対挙而互言之、欲学者察乎両間、而審其取舍之幾也。

の意。但だ周は公にして比は私なるのみ。[3] ○君子小人[4]の為す所同じからざること、陰陽昼夜の如く、毎毎相い反す。然れども其の分るる所以を究むれば、則ち公私の際、毫釐《ごうり》の差に在るのみ。[5] 故に聖人の周比、和同、驕泰[6]の属に於けるや、常に対挙して互言するは、学者の両間を察して、其の取舎の幾を審《つまび》らかにせんことを欲すればなり。

（1）「偏」は「遍」で「あまねし」。なお、この語の前に「比は必二の反」の語があるテキストもある。この「比」は去声。「したしむ」の意。「くらべる」などの時は上声。
（2）「偏」は「かたよる」。
（3）「周」も「比」もともに人と親しむことであるが、前者は公の精神に則っているのに対し、後者は党派性を持つ。なお朱子が「公」と「私」の概念を使用する時は、心の動きが普遍的であることと（公）、普遍性を失っていること（私）というように、心の問題に還元する傾向がある。
（4）「小人」は徳の少ない人。君子と対立的に用いられる。
（5）「毫釐」はほんのわずかなこと。学而第一・第一二章の注（10）（一〇八頁）参照。
（6）「和」と「同」、「泰」と「驕」はともに子路第一三・第二三章と第二六章に見え、本章の「周」

と「比」を含めてみな「君子」と「小人」に振り当てられている。これらは近似する二つの概念を並べることで、逆に両者の本質的な差を際立たせる効果を持っている。

【補説】

［仁斎］学問の要は、このように君子と小人の方向性の違いを弁別することである。

［徂徠］人と親しむ以上、誰にも同じに接するとは言えないのであって、人に対して誠実に対応し、できる限り私心による偏りがないようにするということである。朱子は心の用い方として「公」と「私」を持ち出して解釈しているが、そもそも君子は上位者であり、民を安んずることに意を用いるがゆえに「公」であり、小人は庶民であって自分のためだけを考えるがゆえに「私」なのである。

第十五章

子曰、学而不思則罔、思而不学則殆。［子曰わく、学びて思わざれば則ち罔《くら》く、思いて学ばざれば則ち殆《あや》うし、と。］

心でわかることを求めなければ、暗愚なままで得るものが無い。学習しなければ、危うくて不安定である。○程子が言われた。「博く学ぶこと、詳しく問うこと、慎重に思索すること、明晰に弁ずること、篤実に行うこと、この五点のうち一つでもないがしろにすれば、もう学ではない」。

不求諸心、故昏而無得。不習其事、故危而不安。○程子曰、博学審問慎思明弁篤行、五者廃其一非学也。

諸《これ》を心に求めず、故に昏くして得ること無し。其の事を習わず、故に危うくして安からず。○程子曰わく、(1)博学、審問、慎思、明弁、篤行、(2)五者其の一を廃すれば学に非ざるなり、と。

(1) 程頤の語。『程氏外書』六。
(2) 「之を博く学び、之を審らかに問い、之を慎みて思い、之を明らかに弁じ、之を篤く行う」（『中庸』第二〇章）。

【補説】
［仁斎］思うことと学ぶことの両方が相い俟ってこそ完全であるが、古えの学ぶ者は思う方が学ぶよりも多く、今の学ぶ者は学ぶ方が思うよりも多い。

［徂徠］「罔」は「誣《し》いる（欺く）」こと、「殆」は「疑う」こと。学んで思わないと、非礼や不義を礼や義と見なすことになり、古えの聖人や同時代人を欺くことになる。またいくら精思して得るものがあっても、学ばないと先王の道に疑いを持つようになる。

第十六章

子曰、攻乎異端、斯害也已。［子曰わく、異端を攻《おさ》むるは、斯れ害のみ、と。］

范氏が言った。「「攻」は集中して取り組むことである。それゆえ木石金玉を加工する作業を「攻」と言うのである。「異端」は、聖人の道ではなく、それとは別の一角を形成するものである。楊朱や墨子の思想などがそれである。これらが広く天下に影響を及ぼすと、父や君を無視するまでに至る。それに集中して取り組んで精しくなろうとすれば、大きな害となる」。○程子が言われた。「仏氏の言説は、楊朱や墨子に比べれば、とりわけ理に近いと言える。これがその害が極めて大きいとする理由である。学ぶ者は淫らな音楽や女性のように遠ざけなければならない。そうでないと徐々に心の中に染みこんでくる」。

范氏曰、攻、専治也。故治木石金玉之工曰攻。異端、非聖人之道而別為一端。如楊墨是也。其率天下、至於無父無君。専治而欲精之、為害甚矣。○程子曰、仏氏之言、比之楊墨、尤為近理。所以其害為尤甚。学者当如淫声美色以遠之。不爾、則駸駸然入於其中矣。

范氏曰わく(1)、攻は、専ら治むるなり(2)。故に木石金玉を治むるの工を攻と曰う(3)。異端は、聖人の道に非ずして、別に一端を為すなり。楊墨(4)の如き是れなり。其の天下を率いるや、父を無《な》みし君を無みするに至る(5)。専ら治めて之に精ならんと欲すれば、害を為すこと甚だし、と。○程子曰わく(6)、仏氏の言、之を楊墨に比すれば、尤も理に近きと為す(7)。其の害尤も甚だしと為す所以(8)なり(9)。学者当に淫声美色の如くにして以て之を遠ざくべし。爾《しか》らざれば、則ち駸駸《しんしん》然として其の中に入らん、と(10)。

(1) 范祖禹の語。『論語精義』一下に引く。
(2)「攻は、治なり」(『論語集解』の何晏の注)。
(3)『周礼』冬官・考工記に「攻木の工」、「攻金の工」が見える。
(4) 孟子が批判した楊朱と墨子(墨翟《てき》)の思想。
(5)「無みする」とは、無視すること。

（6）程顥の語（『程氏遺書』一三）と、程顥か程頤の語（『程氏遺書』二上）をつなぎ合わせている。
（7）仏教は楊朱や墨子の思想に比べて、真実の理に近い。それゆえまぎらわしいので害も大きいという意味。
（8）「所以」は口語風に「ゆえに」とも文語風に「ゆえん」とも解釈しうるが、この箇所を含むもとの『程氏遺書』一三全体が文語風なので、「ゆえん」としておく。
（9）ここまでが程顥の語。
（10）「学者当に」からここまでが程顥か程頤の語。

【補説】

［仁斎］「異端」とは朱子の注で程子が持ち出しているような仏教や道家・道教ではない。孔子の時代にはこれらは無かったし、そもそもこれらはわざわざ学ばなくとも害があるのは明らかである。ここの「異端」とは末端のことであって、根本を学ばないで末端を学ぶようでは害があるということ。

［徂徠］「異端」については明解は無い。ただ「善道」に対するものなので、朱子は諸子百家を持ち出したが、孔子の時代にまだ諸子百家はいなかった。また朱子の注に「攻」は「治む」とするのは『周礼』に基づくが、その用例を見ると金属や木を加工することであって、学ぶ者については使用できても経書など道芸には用いられず、ましてや諸子百家には当てはまらない。

「異端」は異心を抱く者の意、「攻」は「攻《せ》める」の意である。謀反の心を持つ者を急に攻め立てれば、混乱するのは必至であるので、孔子はそれを戒めたのである。ちなみに『論語集解』は何晏の個人的著作ではなく、何晏の序文によれば魏の皇帝の勅を受けて制作された公的な注釈書である。魏はそれこそ漢の帝位を奪い異端を攻め立てていたのであって、そこであえて「異端を治める」と解釈する新説を立てざるをえなかった。それが後世の朱子たちを誤らせたのである。

＊孔子の時代に「異端」が何を指すかについて明確な傍証が得られないために諸家の解釈が大きく分かれる。「攻乎異端」を、朱子が異端的思想にかまけることとし、仁斎が末端を学ぶこととしたのに対し、徂徠は謀反の心を抱く者を討伐するという極めて個性的な解釈を行っている。

第十七章

子曰、由、誨女知之乎。知之為知之、不知為不知。是知也。［子曰わく、由《ゆう》、女《なんじ》に之を知ることを誨《おし》えんか。之を知るを之を知ると為し、知らざるを知らざると為す。是れ知れるなり、と。］

「女」の音は汝。○「由《ゆう》」は孔子の弟子、姓は仲、字は子路《しろ》。子路は勇を好んだ。たぶん知りもしないことを無理に知ったふりをすることがあったのであろう。それゆえ孔子は彼にこのように告げたのである。「私は汝に知っているとするやり方を教えよう。知っていることについては知っているとし、知っていないことについては知らないとするだけだ」。このようであれば、全てを知りえない場合でも、自分をごまかす弊害は無く、また知っているとしても差し支え無い。ましてここから推求していけば、さらに知ることができるという道理もあるのだから。

女、音汝。○由、孔子弟子、姓仲、字子路。子路好勇。蓋有強其所不知以為知者。故夫子告之曰、我教女以知之之道乎。但所知者、則以為知、所不知者、則以為不知。如此則雖或不能尽知、而無自欺之蔽、亦不害其為知矣。況由此而求之、又有可知之理乎。

女は、音汝。[1]○由は、孔子の弟子、姓は仲、字は子路。子路勇を好む。[2]蓋し強いて其の知らざる所を以て知ると為す者有らん。故に夫子之に告げて曰わく、我女に教うるに之を知るの道を以てせん。但《た》だ知る所の者は、則ち以て知ると為し、知らざる所の者は、則ち以て知らずと為すのみ、と。此《かく》の如ければ、則ち或いは尽《ことごと》く知る能わずと雖も、自《みずか》ら欺くの蔽《へい》無く、亦た其の知ると為すを害さず。況《いわん》や此に由りて之を求むれば、又た知る可きの理有るをや。

（1）　発音が「汝」の時は、「なんじ」の意味。
（2）　孔子門下では豪傑で直情径行の人物。勇武を好む子路は、また負けず嫌いであったという推測。

【補説】

［仁斎］天下の事は無窮だが、一人の知は限りがある。そもそも全ての事を知るなどは無理であり、重要でないことを知ろうとするのは無意味である。後世の儒者たちは、天下の事を全て知ろうとするが、「尭舜の知にして物に偏《あまね》からざるは、先務を急にするなり」（『孟子』尽心上）とあるように、尭舜のような聖人もできなかったことであって、知の意味を知らないのである。

［徂徠］本章は人材を知る方法を述べているので、自分の学問の話ではない。子路第一三・第二章で孔子が仲弓に汝の知る人材を登用すればよいと言っているケースと同じである。人材を知るのは政治の急務である。またもし学問のこととするならば、知ろうとするのはむしろ重要であって、これを否定すれば、学問の道は成り立たないはずである。それに自分の知の話ならば、「之を知る」という言い方は穏やかではない。
＊本章は孔子の弟子に対する訓戒であるが、仁斎は、朱子の解釈が聖人の全知を前提にしていると見なして反発し、聖人を一般人の知のあり方に近づけようとする。また徂徠は、ここでもそうであ

るが、知の話題が出てくる時、朱子や仁斎が一般的な知の話にするのに対し、人材を見抜くという意味に取ることが多い。

第十八章

子張学干禄。［子張禄《しちようろく》を干《もと》めんことを学ぶ。］

「子張」は、孔子の弟子、姓は顓孫《せんそん》、名は師。「干」は求めることである。「禄」は仕える者に対する俸禄である。

子張、孔子弟子、姓顓孫、名師。干、求也。禄、仕者之奉也。　子張は、孔子の弟子、姓は顓孫、名は師。「干」は、求むるなり。(1)「禄」は、仕うる者の奉なり。

（1）『論語集解』に引く鄭玄の注。

子曰、多聞闕疑、慎言其余、則寡尤。多見闕殆、慎行其余、則寡悔。言寡尤、行寡悔、禄在其中矣。［子曰わく、多く聞きて疑わしきを闕《か》き、慎みて其の余を言えば、則ち尤《とがめ》寡《すくな》し。多く見て殆《あや》うきを闕き、慎みて其の余を行えば、則ち悔《く》い寡し。言、尤寡く、行、悔い寡ければ、禄《ろく》其の中《うち》に在り。］

「行寡」の「行」は去声。○呂氏が言った。「「疑」とは、まだ信じられない内容。「殆」は、まだ不確かな内容である」。程子が言われた。「「尤」は、非難が外部からやってくる場合。「悔」は、その気持ちが内面から必然的に出てくる場合である」。私が思うに、聞いたり見たりすることが多い者は学ぶ内容が該博であり、疑わしいところや不確かなところをそれと認めて保留にしておく者は選択が精密であり、言行を慎む者は自分の制御の仕方が極めて適切である。「その中にある」と言う場合は全て、求めないでもおのずとやってくる場合の表現である。これを言うことで子張の欠点を矯正し、さらに進歩させたのである。○程子が言われた。「天爵（道徳的行為）を修めれば、人爵（地位）はやってくる。君子は、言行を慎むということが俸禄を得る道なのである。子張は俸禄を求めることを学んでいた。それゆえ彼にこのことを告げて、その心を安定させて利禄のために動揺させないようにしたのである。顔回や閔《びん》子騫《しけん》などは、このような質問を発することはあり得ない。ある人が疑った。このようにしても、俸禄を得られない者がいるのではないか。孔子はだからこう言ったのだ、「耕作しても、飢えることはある」。道理として行うべきは、行うだけなのである」。

行寡之行、去声。○呂氏曰、疑者、所未信。殆者、所未安。程子曰、尤、罪自外至者也。悔、理自内出者也。愚謂、多聞見者、学之博、闕疑殆者、択之精、慎言行者、守之約。凡言在其中者、皆不求而自至之辞。言此以救子張之失而進之也。○程子曰、修天爵則人爵至。君子言行能謹、得禄之道也。子張学干禄、故告之以此、使定其心而不為利禄動。若顔閔則無此問矣。或疑、如此亦有不得禄者。孔子蓋曰、耕也

行寡の行は、去声。①○呂氏曰わく、②疑とは、未だ信ぜられざる所。殆とは、未だ安んぜざる所なり、と。程子曰わく、③尤は、罪の外自《よ》り至る者なり。悔は、理の内自り出ずる者なり、と。愚謂えらく、聞見多き者は学ぶこと博、④疑殆を闕く者は⑤択ぶこと精、⑥言行を慎む者は守ること約。⑦凡そ其の中に在りと言う者は、皆な求めずして自ら至るの辞なり。此を言いて以て子張の失を救いて之を進むるなり。○程子曰わく、⑧天爵を修むれば、則ち人爵至る。⑨君子の言行を能く謹むは、禄を得るの道なり。子張禄を干《もと》むるを学ぶ、故に之に告ぐるに此を以てし、其の心を定めて利禄の為《た》めに動かざらしむ。⑩顔閔の若《ごと》きは則ち此の問い無し、⑪と。或《ある》ひと疑う、此の如くしても亦た禄を得ざる者有らん、と。

餒在其中。惟理可為者為之而已矣。

孔子蓋し曰わく、耕すや、餒《うえ》其の中に在り、と(12)。惟だ理の為す可き者は、之を為すのみ、と(13)。

(1) 去声の場合は「行い」。「行う」などの場合は平声。
(2) 張載や二程子の弟子の呂大臨の語。『論語精義』一下に引く。ただそこでは「信」が「達」になっている。
(3) 程頤の語。『程氏外書』六。
(4) 「博く之を学ぶ」(『中庸』第二〇章)。
(5) 「疑殆を闕く」とは、疑わしい点や不確かな点があった場合は、知ったかぶりをしないでそのことを認め、問題点として保留しておくこと。
(6) 「之を誠にする者は、善を択びて固く之を執る者なり」(『中庸』第二〇章)。
(7) 自分の制御のしかたが極めて適切であること。学而第一・第四章の注(8)(七二頁)参照。
(8) 程頤の語(『程氏外書』六)と程顥の語(『程氏遺書』一一)をつなぎ合わせている。
(9) 「仁義忠信、善を楽しみて倦まざるは、此れ天爵なり。公卿大夫、此れ人爵なり」(『孟子』告子上)。
(10) ここまでが程頤の語。
(11) 顔回と閔子騫は、孔子の門人では特に徳行で聞こえた。「徳行は、顔淵(顔回)、閔子騫、冉《ぜん》伯牛、仲弓」（先進第一一・第二章）。

(12)「耕すや餒其の中に在り。学ぶや禄其の中に在り」（衛霊公第一五・第三一章）。耕作する場合、時には飢えることも出てくるものだ。そのように、学問をする場合も、俸禄を得られることがある。

(13)「顔閔の若きは」からここまでが程顥の語。

【補説】

［仁斎］「禄其の中に在り」とは、人に無視されず衣食も足りるという意味。必ずしも俸禄として米穀を受け取ることを言っているわけではない。

［徂徠］本章は、あくまでも俸禄を求める時の話である。士は一定の収入がなければやっていけないから、先王も俸禄制度を作ったのである。ここで孔子は子張を責めているのではない。子張としても世俗的な俸禄追求の方法など当然知っているのであって、それに不満だから、君子として俸禄を得る道があるかを聞いたのである。孔子はそれに対し、君子の言行をよく見聞し、君子の言行に疑い危ぶむところがあれば留保して理解が熟するのを待つ慎重さが必要であることを言い、それを自分の言行に活かすことが君子の俸禄を求める道であることを示したのである。朱子たち宋儒は人情に遠く、功利的要素を忌むあまり、むやみに道徳主義的な解釈をしている。君子は道に従って行い、それで俸禄を得られなければ、命として受け入れるまでなのである。

＊朱子が道義尊重の立場から俸禄に対する関心自体を否定するのに対し、徂徠はこのような経済的

な関心を人間に必須の問題として認める。

第十九章

哀公問曰、何為則民服。孔子対曰、挙直錯諸枉、則民服。挙枉錯諸直、則民不服。［哀公《あいこう》問いて曰わく、何を為せば則ち民《たみ》服せん。孔子対《こた》えて曰わく、直《なお》きを挙げて諸《もろもろ》の枉《まが》れるを錯《お》けば、則ち民服せん。枉れるを挙げて諸の直きを錯けば、則ち民服せず、と。］

「哀公」は魯の君で、名は蔣《しょう》。君が質問した時にはみな「孔子がお答えして言った」と表現するのは、君を尊んでいるのである。「錯」は捨て置くことである。「諸」は多いということである。程子が言われた。「取捨が義にかなっていれば、人心は悦服する」。〇謝氏が言った。「まっすぐなのを好んで曲がっているのを嫌うのは、天下共通の至情である。これに順えば民が服し、逆らえば民が去るのは、必然の理である。しかし道をもとに道理を照らすことが無いと、まっすぐなものを曲がれるとし、曲がったものをまっすぐとすることが多くなってしまう。それゆえ君子は敬を維持するのを重要と見なし、理を窮めることを貴ぶのである」。

哀公、魯君、名蔣。凡君問皆称孔子対曰者、尊君也。錯、捨置也。諸、衆也。程子曰、挙錯得義、則人心服。○謝氏曰、好直而悪枉、天下之至情也。順之則服、逆之則去、必然之理也。然或無道以照之、則以直為枉、以枉為直者多矣。是以君子大居敬、而貴窮理也。

哀公は、魯の君、名は蔣。凡そ君問うに皆な孔子対えて曰くと称するは、君を尊ぶなり。[1]錯は、捨て置くなり。[2]諸は、衆なり。程子曰わく、[3]挙錯、義を得れば、則ち人心服す、と。○謝氏曰わく、[4]直きを好みて枉れるを悪《にく》むは、天下の至情なり。之に順えば則ち服し、之に逆えば則ち去るは、必然の理なり。然れども或いは道を以て之を照らすこと無ければ、則ち直きを以て枉れると為し、枉れるを以て直しと為す者多し。是を以て君子敬に居るを大として、[5]理を窮むるを貴ぶなり、と。[6]

（1）ここで「孔子対えて曰わく」とあり、「子曰わく」と書いてないのは君主が問答の相手だから。「対」は君主に対する応答の場合に使用される。

（2）捨て置いて登用しないこと。「錯は、置くなり。正直の人を挙げて之を用い、邪枉の人を廃置すれば、則ち民其の上に服す」（『論語集解』に引く包咸の注）。

（3）程頤の語。『程氏経説』六「論語説」為政。
（4）謝良佐の語。『論語精義』一下に引く。その文と全く同じではなく、論旨からして「直しと為す者多し」までが謝氏の語である可能性もある。
（5）「敬」の修養を持続すること。学而第一・第五章の注（5）（七七頁）を参照。
（6）事物に具わっている理を徹底的に理解することで、『大学』に見える「物に格《いた》る（格物）」と同義とされる。「理を窮め性を尽くし以て命に至る」（『易経』説卦伝）。「居敬」と「窮理（格物）」が、朱子学の学問修養の二本柱である。

【補説】

［徂徠］「諸」は「これ」、「錯」は「置く」という意味で、「直きを挙げて諸《これ》を枉れるに錯《お》く」と、「枉れるを挙げて諸を直きに錯く」と読むが、ともに古言であって、孔子がそれにコメントしているのである。これは材木を積み上げて置く方法であって、曲がった木材の上にまっすぐな木材を置くと、その圧力で曲がったものも矯正されてまっすぐになるということ（徂徠は明・張鼎思『琅邪《ろうや》代酔編』一一「挙錯」に引く孫継和の解釈も同じとするが、もとは南宋・王応麟『困学紀聞』七に載せる孫季和の説）。つまり善で仁なる者が上にたてば、悪なる者も矯正されて善に赴くがゆえに、「民が服す」るのである。もともと天下には善が有って悪は無く、現実の悪は善の未完成なものであって、先王の道はその悪を教化して善にするものである。またここでもそうだが朱子など宋儒は、「居敬」だの「窮理」だのを持ち出す。「居敬」は雍也第六・第一章に見えるが、それを「窮理」の

本とすれば自己の会得に頼る取りとめのないものとなり、また「窮理」の典拠として彼らがあげる『易経』説卦伝の原義は、万人に要求するものではなく、聖人を讃える表現である。

第二十章

季康子問、使民敬忠以勧、如之何。子曰、臨之以荘則敬。孝慈則忠。挙善而教不能、則勧。［季《き》康子《こうし》問う、民をして敬忠にして以て勧ましむるには、之を如何せん。子曰わく、之に臨むに荘《そう》を以てすれば則ち敬す。孝慈《こうじ》なれば則ち忠なり。善を挙げて不能を教うれば、則ち勧む、と。］

「季康子」は魯の大夫の季孫氏、名は肥《ひ》。「荘」は、容貌の端厳であることを言う。威厳をもって民に臨めば、民は自分を敬う。親に対して孝であり、民に対して慈愛が深ければ、民は自分に忠実である。善行がある者を登用し、善行ができない者を教導すれば、民は励まされて、善行を行うことを楽しむようになる。○張敬夫が言った。「これはみな自分の問題で、自分が行うべきことである。民に敬わせ忠を尽くさせることを励ますためにこれを行うのではない。しかしこのようにできれば、その結果は求めなくてもそうなるものである」。

季康子、魯大夫季孫氏、名肥。荘、謂容貌端厳也。臨民以荘、則民敬於己。孝於親、慈於衆、則民忠於己。善者挙之、而不能者教之、則民有所勧、而楽於為善。○張敬夫曰、此皆在我、所当為。非為欲使民敬忠以勧而為之也。然能如是、則其応蓋有不期然而然者矣。

季康子は、魯の大夫季孫氏(1)、名は肥。荘は、容貌の端厳なるを謂うなり。民に臨むに荘を以てすれば、則ち民、己を敬す。親に孝に、衆に慈なれば、則ち民、己に忠(2)なり。善者は之を挙げて、不能者は之を教うれば、則ち民勧むる所有りて、善を為すを楽しむ。○張敬夫曰わく(3)、此れ皆な我に在りて、当に為すべき所なり。民をして敬忠にして以て勧めんと欲するが為めにして之を為すに非ざるなり。然れども能く是の如くなれば、則ち其の応、蓋し然るを期せずして然る者有り、と。

（1）魯の実力者の三桓氏のうちの一つの家柄。本篇第五章の注（1）（一四八頁）を参照。
（2）「忠」に忠義の意味が出てくるのは『荀子』からと言われるが、ここでは忠実と訳しておく。
（3）朱子の友人の張栻（張南軒）の語。『癸巳論語解』一。

【補説】

［徂徠］君子は天道を奉じて民に臨むから、「荘」なのであって、それゆえ民も「敬」するのである。前章で哀公に対してただ「直きを挙ぐ」と言ったが、ここでは季康子に「善を挙げて不能を教う」とより詳しくなったのは、両者の間に君と大夫の分があるからである。なお朱子が引く張栻などは、自分の務めの問題とするが、文脈を見ればわかるように、あくまで民をそうさせる話である。

第二十一章

或謂孔子曰、子奚不為政。［或ひと孔子に謂いて曰わく、子奚《なん》ぞ政《せい》を為さざる、と。］

定公の初年で、孔子は仕えていなかった。それゆえある人がなぜ政務をとらないのかと疑ったのである。

定公初年、孔子不仕。故或人疑其不為政也。　定公の初年、孔子仕えず。(1) 故に或る人其の政を為さざるを疑うなり。

（1）「定公元年壬辰、孔子年四十三にして、季氏強僭、其の臣陽虎乱を作して政を専にす。故に孔子仕えずして退き、詩書礼楽を修め、弟子弥〻《いよいよ》衆し」（本書の「論語序説」、二四頁）。

子曰、書云孝乎。惟孝友于兄弟、施於有政。是亦為政。奚其為為政。［子曰わく、書《しょ》に孝を云えるか。惟《こ》れ孝は兄弟に友に、有政《ゆうせい》に施す、と。是も亦《ま》た政を為すなり。奚《いずくん》ぞ其れ政を為すを為さん、と。］

「書」は、『書経』周書の「君陳」の篇。「書経に孝を言えるか」とは、「『書経』で孝をこのように言っている」ということである。兄弟と仲がよいのを「友」と言う。『書経』では、君陳は親孝行だから、兄弟に親しめ、さらにこの心を推し広めて、それで一家を治められる、と言っている。孔子はこれを引いて、このようであれば、これもまた政治を行うことであり、必ずしも位につくことだけが政治を行うことではない、と言ったのである。孔子が仕えなかったことについては、質問した人に説明するのには難しいところがあった。それゆえこれに託して告げたのである。要するに、最終的な道理もまたこれを超えるものではないのである。

書、周書、君陳篇。書云孝乎者、　書は、周書の君陳の篇。(1) 書に孝を云えるかとは、書の

言書之言孝如此也。善兄弟曰友。書言君陳能孝於親、友於兄弟、又能推広此心、以為一家之政。孔子引之、言如此則是亦為政矣、何必居位乃為為政乎。蓋孔子之不仕、有難以語或人者。故託此以告之。要之至理亦不外是。

孝を言えること此の如きを言うなり。兄弟に善きを友と曰う。(2) 書に言う、君陳能く親に孝なれば、兄弟に友にして、又た能く此の心を推し広め、以て一家の政を為す、と。(3) 孔子之を引きて、此の如ければ則ち是れも亦た政を為すなり、何ぞ必ずしも位に居るを乃ち政を為すと為さんやと言う。蓋し孔子の仕えざるは、以て或人に語り難き者有り。故に此に託し以て之に告ぐ。之を要するに至理も亦た是に外ならず。

（1）『書経』周書の「君陳」の篇。周の成王が君陳に対して言った言葉を記録している。
（2）『爾雅』釈訓。
（3）「惟《こ》れ孝なれば兄弟に友に、克《よ》く有政に施す」(『書経』周書・君陳)。「有政」の「有」は単なる語辞。『書経』では成王が君陳を東郊の尹（長官）に任命する時の語で「政」は国政であるが、朱子は一家を治めることとする。仕えていなくとも、道徳を実践して家を斉《ととの》えることは、天下への貢献につながるのであって、直接統治にあずかることばかりを求める必要はないとしているのである。

【補説】

［徂徠］朱子や仁斎は定公の初年で孔子が仕えなかった時のこととするがそうではなく、この時孔子は大夫であったが官僚としての権力を得ていなかったために、かかる質問が出てきたのである。つまり「政を為す」とは「柄を秉《と》る（権力を得る）」という意味で、本文の「為為政」は「柄を秉るを為す」ということである。それを朱子たちのように解釈すると、「為」の字が単に重複するだけである。また孔子が引く『書経』は「孝なるか惟れ孝」と読み、孝を讃嘆しているのである（『書経』の方に「孝乎」がないのは脱文）。孝友の道は自然に深く政治に影響し、それは政治の実権を握るのに等しいのである。

第二十二章

子曰、人而無信、不知其可也。大車無輗、小車無軏、其何以行之哉。［子曰わく、人として信無ければ、其の可《か》を知らざるなり。大車輗《げい》無く、小車軏《げつ》無ければ、其れ何を以て之を行らんや《や》、と。］

「輗」は五《ご》兮《けい》の反。「軏」の音は月。○「大車」は、平地で大きな荷物を積載する車を言う。「輗」は、轅《ながえ》の端の横木、軛《くびき》をしばって牛にかけるものである。「小車」は、田車、兵車、人が乗る車を言う。「軏」は、轅《ながえ》の端が曲がっていて、衡《よこぎ》を引っかけて馬につなぐ部分。車にこの二つがなければ、（牛馬と連結できず、）車を動かすことはできない。人であるのに信がなければ、それもまたこのようなものである。

輗、五兮反。軏、音月。○大車、謂平地任載之車。輗、轅端横木、縛軛以駕牛者。小車、謂田車、兵車、乗車。軏、轅端上曲、鉤衡以駕馬者。車無此二者、則不可以行。人而無信、亦猶是也。

輗は、五兮の反。[1] 軏は、音月。[2] ○大車は、平地任載の車を謂う。[3] 輗は、轅端《えんたん》の横木、軛《あく》を縛して以て牛に駕す者。[4] 小車は、田車、兵車、乗車を謂う。[5] 軏は、轅端の上に曲がり、衡を鉤《こう》し以て馬に駕する者。[6] 車に此の二つの者無ければ、則ち以て行る可からず。人にして信無くば、亦た猶お是のごときなり。

（1）『経典釈文』二四。
（2）直音（同音の漢字で発音を直接示す）。「五忽の反。又た音月」（『経典釈文』二四）。
（3）大型の車で、平地で大きな積荷を載せる車で、牛が引く。

（4）牛車には二本の轅《ながえ》があり、この二本の突端にある軛《くびき》に「輗《げい》」という横木を縛りつけ、それを牛にかける。「輗とは、轅端の横木、以て軛を縛る」（『論語集解』に引く包咸の注）。
（5）耕作用の車、兵車、人を乗せる車の類で、馬が引く。
（6）馬車には轅《ながえ》が一本で、その先は弧をえがくように曲がっている。その部分が「軏」であって、そこに衡《よこぎ》を引っかけて馬につなぐ。「軏とは、轅端の上曲して、衡を鉤す」（『論語集解』に引く包咸の注）。

【補説】

［仁斎］「信」がなければ、君臣父子それぞれが君臣父子らしくあることができなくなる。「信」こそは、一日も欠けてはならぬものである。

［徂徠］「信」とは、自分と他人が接する時に言われるものであり、だから車と牛馬をつなぐ「輗」と「軏」が比喩として持ち出されたのである。孔子と弟子たちの間には「信」があったから、孔子は多言ではなかった。それに対して孟子は、自分を信じていない者に自分を信じさせようとした。それゆえむやみに議論が多いのである。

第二十三章

子張問、十世可知也。［子張《しちょう》問う、十世《じゅっせい》知る可きや、と。］

陸氏は言った。「「也」は、一つのテキストには「乎」になっている」。○王者が天命を受けて王家の姓が変わる区切りを、一世とする。子張はたずねた。「これから後、十の王朝の先も、あらかじめわかることができますか」。

陸氏曰、也一作乎。○王者易姓受命為一世。子張問、自此以後、十世之事、可前知乎。

陸氏曰わく、也は一に乎に作る、と。(1)○王者姓を易《か》え命を受くるを一世と為す。(2)子張問う、此《これ》自《よ》り以後、十世の事、前知す可きか、と。

（1）「陸氏」は陸元朗（陸徳明）。『経典釈文』二四。「乎」であると、疑問文であることがはっきりする。

（2）「一世」は一つの王朝。例えば夏、殷、周はそれぞれが「一世」。各王朝は天命を受けて新たに政権をとったので、それぞれの姓は異なる。

子曰、殷因於夏礼、所損益可知也。周因於殷礼、所損益可知也。其或継周者、雖百世可知也。「子曰わく、殷《いん》は夏《か》の礼に因《よ》り、損益する所知る可し。周《しゅう》は殷の礼に因り、損益する所知る可し。其の或いは周を継ぐ者は、百世と雖《いえど》も知る可きなり、と。」

馬氏が言った。「継承するものとは、三綱と五常の道徳を言う。増減するものとは、文飾と内実に置く重点の差が三王朝にわたって変化したことを言う」。私はこう考える。「三綱」は、君は臣の規範であり、父は子の規範であり、夫は妻の規範であるのを言う。「五常」は、仁、義、礼、智、信を言う。「文質」については、夏は忠を尊び、商（殷）は質を尊び、周は文を尊ぶを言う。「三統」は、夏の正月は北斗七星の尾が寅《とら》の方角（ほぼ東北東）を指す月（一月）であって人統、商（殷）の正月は同じく丑《うし》の方角（ほぼ北北東）を指す月（十二月）であって地統、周の正月は同じく子《ね》の方角（北）を指す月（十一月）であって天統であるのを言う。「三綱五常」は、礼の基本理念に関わる部分であって、三王朝にわたって継承され、いつでもこれを踏襲して変えることができないものである。増減する内容は、礼の具体的規定や制度のうち行きすぎや足りないことが出てきた部分にすぎない。そして今まで変化してきた具体的痕跡は、今でもみなたどれるから、今後も周を継承して王たる者が出てくれば、百世の先であっても、継承する内容も変える内容もまたこれを超えるものはない。どうして十世だけでとどまるものであろうか。聖人が未来を予測できる理由はやはりこのようことなのであって、後世の予言や神秘学のようなものではないのである。○胡氏は言った。「子張の問いは、未来を知りたいということであって、聖人は過去のことをあげてこれを明らかにした。そもそも我が身の修養から天下の統治に至るまで、一日も礼がないわけにはいかない。天があたえた道徳と秩序は、人がみな依拠するものであって、礼の本である。商（殷）は夏のやり方を改められなかったし、周は商のやり方を改められなかった。これが「天地の常経」ということである。制度や礼義などは、あまりに行きすぎることがあれば減らすべきであり、足りないことがあれば増やすべきである。増やしたり減らしたりして、それが時宜にかない、その依拠する根本が崩れることがない。これが「古今の通義」である。過去をもとにして未来を推測すれば、百世の先であっても、かくあるにすぎない」。

馬氏曰、所因、謂三綱五常、所損益、謂文質三統。愚按、三綱、謂君為臣綱、父為子綱、夫為妻綱。五常、謂仁義礼智信。文質、

馬氏曰わく[1]、因る所[2]は、三綱[3]五常[4]を謂う、損益する所[5]は、文質[6]三統[7]を謂う、と。愚按ずるに、三綱は、君は臣の綱為《た》り、父は子の綱為り、夫は妻の綱為るを謂う[8]。五常は、仁義礼智信を謂う[9]。文質は、夏は忠を尚《とうと》び、

謂夏尚忠、商尚質、周尚文。三統、謂夏正建寅為人統、商正建丑為地統、周正建子為天統。三綱五常、礼之大体、三代相継、皆因之而不能変。其所損益、不過文章制度小過不及之間。而其已然之迹、今皆可見、則自今以往、或有継周而王者、雖百世之遠、所因所革、亦不過此。豈但十世而已乎。聖人所以知来者、蓋如此、非若後世讖緯術数之学也。○胡氏曰、子張之問、蓋欲知来、而聖人言其既往者以明之也。夫自修身以至於為天下、不可一日而無礼。天叙天秩、人所共由、礼之本也。商不能改乎夏、

商は質を尚び、周は文を尚ぶを謂う(10)。三統は、夏正は寅を建《おざ》して人統と為し、商正は丑を建して地統と為し、周正は子を建して天統と為すを謂う(11)。三綱五常は、礼の大体にして、三代相い継ぎ、皆な之に因りて変ずること能わず。其の損益する所は、文章制度の小過不及の間に過ぎず。而して其の已《すで》に然るの迹《あと》は、今皆な見る可ければ、則ち今自り以往、或いは周に継ぎて王たる者有れば、百世の遠きと雖も、因る所革むる所も、亦た此に過ぎず。豈《あ》に但だ十世のみならんや。聖人の来を知る所以の者は、蓋し此の如く、後世の讖緯《しんい》術数(12)の学の若きに非ざるなり。○胡氏曰わく(13)、子張の問いは、蓋し来を知るを欲して、聖人は其の既往の者を言い以て之を明らかにす。夫れ身を修むる自り以て天下を為《おさ》むるに至るまで、一日として礼無かる可からず。天叙天秩は(14)、人の共に由る所にして、礼の本なり。商は夏を改むること能わず、周は商を改むること能わず。

周不能改乎商。所謂天地之常経也。若乃制度文為、或太過、則当損。或不足、則当益。益之損之、与時宜之、而所因者不壊、是古今之通義也。因往推来、雖百世之遠、不過如此而已矣。

所謂天地の常経なり(15)。乃ち制度文為(16)の若き、或いは太《はなは》だ過ぐれば、則ち当に損すべし。或いは足らざれば、則ち当に益すべし。之を益し之を損し、時と之を宜しくして、因る所の者壊れざるは、是れ古今の通義(17)なり。往に因りて来を推せば、百世の遠きと雖も、此の如きに過ぎざるのみ、と。

(1)『論語集解』に引く馬融の注。
(2)「因る」は、そのまま継承すること。基本的道徳は変更しないで永久に継承するということ。
(3)「三綱」は、君臣関係、父子関係、夫婦関係と、そこに求められる道徳をいう。「三綱とは何を謂えるや。君臣父子夫婦を謂うなり。……故に君は臣の綱為り、父は子の綱為り、夫は妻の綱為り」(『白虎通』三綱六紀)。「三綱は、父子夫婦君臣を謂う是《これ》なり」(『経典釈文』二四)。なお「三綱」の語は、董仲舒の作と伝えられる『春秋繁露《ばんろ》』深察名号、基義にも見える。
(4)「五常とは何を謂えるや。仁義礼智信なり」(『白虎通』情性)。「五常は、仁義礼智信を謂う」(『経典釈文』二四)。
(5)「損益」とは減らしたり増やしたりすること。具体的な制度は時代とともに変更するところがあるということ。

(6) 夏、殷、周それぞれの王朝では尊ぶものが変化した。「質」は内実、「文」は外に現れた文飾のこと。

(7) 「三統」は、天統(夏)、地統(殷)、人統(周)で、それぞれ正月を子の月、丑の月、寅の月に定め、暦を統一したこと。

(8) 注(3)を参照。

(9) 注(4)を参照。

(10) 「夏は忠を上《とうと》び、殷は敬を上び、周は文を上ぶ」(『漢書』董仲舒伝)、「殷は夏に因りて質を尚び、周は殷に因りて文を尚ぶ」(『漢書』杜欽伝)。

(11) 注(7)を参照。「天統の正始、子半に施す。……地統之《これ》を丑初に受く。……人統之を寅初に受く」(『漢書』律暦志一上)。「夏正」は夏の正月。「三統は、天地人の三正を謂う」(『経典釈文』二四)。「建」は「おざす(尾指す)」と読み、北斗七星の尾の部分が指すこと。北斗七星は北極星の周囲を一年かけて回り、その尾が指す方角(十二支で示す)で月を表す。寅の方角を指すのは一月、丑の方角は十二月、子の方角は十一月である。つまり夏、殷、周で正月が一箇月ずつずれるのである。

(12) 讖緯は、漢代に盛行した予言と経書の神秘的解釈。術数は、占いとそのもとになる神秘学。

(13) 胡寅の語。

(14) 「天叙」は、天が定める人間関係の秩序。「天秩」は、天が定める尊卑の秩序。「天、有典を叙す。我が五典を勅して五惇《とん》ならんか。天、有礼を秩す。我が五礼を自《もち》いて有庸ならんか」(『書経』虞書・皐陶謨《こうようぼ》）。「叙」は、「君臣、父子、兄弟、夫婦、朋友の倫叙なり」（蔡沈《さいちょう》『書集伝』）。「秩」は「尊卑、貴賤、等級、隆殺《さい》の品秩なり」（同上）。

(15)「春秋大一統とは、天地の常経、古今の通誼なり」（『漢書』董仲舒伝）。「天地の常経、古今の通義なり」（『漢書』楚元王伝の中の劉向《りゅうきょう》の伝）。

(16) 大綱としての制度と、細目規定の文飾。「子曰わく、制度、礼に在り。文為、礼に在り。之を行うは其れ人に在るか、と」（『礼記』仲尼燕居）。その鄭玄の注に「文為は、文章の為す所」とある。

(17) 注(15)に引いた『漢書』で、「天地の常経」と並べている。

【補説】

［仁斎］子張の質問の中には、未来予知というような尋常でないものへの志向が隠れている。それに対して孔子は、冠はかぶり、靴ははき、船は水をわたり、車は陸を行き、君は尊く臣は卑しく、父は年とり子はその跡を継ぐといったことは、遥かな過去も遠い未来も同じであって、礼とはこれによって増減するだけなのだ、ということを教えて、そのような志向を斥けたのである。

［徂徠］「十世知る可きなり」とは古書の語であって、子張はそれに疑問を抱き、孔子にたずねたのである。この「十世」とは朱子が言うような「十の王朝」ではなく、「父子十代」の意味である。先王は数百年先までをも見通したからこそ礼楽を制作できたのである。事実、殷の礼も周の礼も前王朝で制作され、それを数百年も守らせた。それゆえもし聖人が周を継いで興れば、そこで制作され

た礼は「十世」どころではなく、「百世と雖も知る可き」なのである。朱子は損益するのは「文章制度の小過不及の間に過ぎず」であり、その内容は今でもたどれるとしたが、三代（夏・殷・周）と秦漢以後では事情が異なるから、これでは孔子の言葉は結果が得られなかったことになってしまう。子張は礼を質問していないのに、孔子は礼について答えたのは、聖人が予知できるのは礼だけだからである。

第二十四章

子曰、非其鬼而祭之諂也。［子曰わく、其の鬼《き》に非ずして之を祭るは諂《へつら》えるなり。］

「その鬼ではない」とは、祭るべき霊魂ではないことを言う。「諂《へつら》う」は、下心があって媚を売ることである。

非其鬼、謂非其所当祭之鬼。諂、求媚也。

其の鬼①に非ずとは、其の当に祭るべき所の鬼に非ざるを謂う②。諂うとは、求め媚びるなり。

（1）「鬼」は、霊魂。
（2）自分の父祖の霊魂以外の霊魂を祭ること。また天子、諸侯、大夫はそれぞれ天地、山川、五祀を祭ることが礼で規定されているが、それを犯して祭るべきではない対象も祭ることや、仏教や道教で仏や神を祭るのもこれに入る（『朱子語類』二四）。

見義不為無勇也。［義《ぎ》を見て為さざるは勇《ゆう》無きなり、と。］

わかっていても行わないのは、勇が無いのである。

知而不為、是無勇也。　知りて為さざるは、是れ勇無きなり。

【補説】
［仁斎］「諂《へつら》う」とは鬼神に対して言っているのである。孔子が別のところで「民の義を務め、鬼神を敬して之を遠ざく」（雍也第六・第二〇章）と言うように、人は不可知の鬼神に諂うよりも、人道を重んじ民のために力を用いるべきなのである。

［徂徠］孔子は何か批判することがあって、このように言ったのであろうが、はっきりしない。

論語集注巻二

八佾《はちいつ》第三

全二十六章。前篇末を合わせて、みな礼楽の事を論じている。

凡二十六章。通前篇末二章、皆論礼楽之事。

凡そ二十六章。前篇の末二章を通じて、皆な礼楽の事を論ず。

第一章

孔子謂季氏八佾舞於庭。是可忍也、孰不可忍也。

「孔子、季氏《きし》の八佾《はちいつ》を庭に舞わしむを謂う。是《これ》をも忍ぶ可くんば、孰《いず》れをか忍ぶ可からざらん、と。」

「佾」の音は逸。○「季氏」は、魯の大夫の季孫氏である。「佾」は、舞の列である。天子は八、諸侯は六、大夫は四、士は二であって、佾ごとの人数は、その佾の数と同じである。ある人が言った。「佾ごとに八人」。どちらが正しいかは、はっきりしない。季氏は大夫であるのに僭越にも天子の楽舞を用いた。孔子は言われた。「このような所業すらあえてするのであれば、するのを我慢できないということなど何があろうか」。ある人が言った。「「忍」は、許すことである」。やはり深くこの所業を厭う語である。○范氏が言った。「楽舞の数は、上から下へ向かって、ひたすら数を二つずつ減らしていく。それゆえこの二つずつということについては、いささかも侵犯してはならないのである。孔子は政治を行う際に、礼楽を正すのを優先させたのであるから、季氏の罪は誅殺《ちゅうさつ》されてもその罪を免れないものである」。謝氏が言った。「すべきでないことについては君子はわずかでもたずさわろうとしないのは、とてもそうすることを受け入れられないからである。しかし季氏はこのような所業を平気で行った。この調子では父と君の弑殺《しいさつ》であっても、実行を憚《はばか》ることなどないであろう」。

佾、音逸。○季氏、魯大夫季孫氏也。佾、舞列也。天子八、諸

佾は、音逸。(1)○季氏は、魯の大夫季孫氏なり。(2)佾は、舞の列なり。天子は八、諸侯は六、大夫は四、士は二、

佾六、大夫四、士二、毎佾人数、如其佾数。或曰、毎佾八人。未詳孰是。季氏以大夫而僭用天子之楽。孔子言、其此事尚忍為之、則何事不可忍為。或曰、忍、容忍也。蓋深疾之之辞。○范氏曰、楽舞之数、自上而下、降殺以両而已。故両之間、不可以毫髪僭差也。孔子為政、先正礼楽、則季氏之罪、不容誅矣。謝氏曰、君子於其所不当為、不敢須臾処、不忍故也。而季氏忍此矣。則雖弑父与君、亦何所憚而不為乎。

佾毎《ごと》の人数は、其の佾の数の如し。③或ひと曰わく、佾毎に八人、と。④未だ孰れの是なるかを詳《つまび》らかにせず。季氏、大夫を以て僭して天子の楽⑤を用う。孔子言えらく、其れ此の事すら尚お之を為すを忍べば、則ち何事を為すを忍ぶ可からざらん、と。或ひと曰わく、忍は、容忍するなり⑥、と。蓋し深く之を疾《や》むの辞なり。○范氏曰わく⑦、楽舞の数、上自《よ》りして下り、降殺《さい》するに両を以てするのみ。故に両の間、以て毫髪も僭し差《たが》う可からざるなり。孔子政《せい》を為すに、先ず礼楽を正せば、則ち季氏の罪、誅に容《い》れず、と。謝氏曰わく⑧、君子其の当《まさ》に為すべからざる所に於ては、敢えて須臾《しゅゆ》も処《お》らざるは、忍びざる故なり。而れども季氏此を忍ぶ。則ち父と君とを弑すと雖《いえど》も、亦た何ぞ憚《はばか》りて為さざる所あらんや、と。

（1）『経典釈文』二四。

（2）季孫子は三桓氏の一つ。三桓氏については為政第二・第五章の注（1）（一四八頁）を参照。

（3）天子は八人で八列、諸侯は六人で六列、大夫は四人で四列、士は二人で二列。『春秋左氏伝』隠公五年の「天子八を用う。諸侯六を用う。大夫は四。士は二」に対する杜預の注に「八八《はちばち》六十四人、六六三十六人」と言う（『春秋経伝集解』）。また『春秋公羊伝』隠公五年の何休の注では「八人列を為し、八八六十四人、八風に法《のっと》る。六人列を為し、六六三十六人、六律に法る。四人列を為し、四四十六人、四時に法る」と言う（『公羊解詁』）。

（4）天子は八人で八列、諸侯は八人で六列、大夫は八人で四列、士は八人で二列。孔穎達《くようだつ》『春秋左氏伝正義』隠公五年に、注（3）の何休の説をあげた後で、「服虔、六を用うるを以て六八四十八と為し、大夫四を四八三十二と為し、士二を二八十六と為す」という服虔の説を引く。なお邢昺《けいへい》『論語正義』でも服虔の説を引く。

（5）「楽」はテキストによっては「礼楽」になっている。

（6）「人の僭礼、皆な当に罪責すべくして容忍す可からず」（邢昺『論語正義』）。

（7）范祖禹《はんそう》の語。『論語精義』二上に引く。

（8）謝良佐《しゃりょうさ》の語。『論語精義』二上に引く。

【補説】

［仁斎］今から見れば切実な問題でないように見えるが、孔子は、抽象的な議論よりも、具体的事柄に即して教えることが多かった。これは孔子が著した具体的な魯の歴史を記した『春秋』の精神と

表裏する。

［徂徠］「八佾舞於庭」は、「八佾の舞、庭に於てす」と読む。舞う人数については、服虔《ふくけん》よりも杜預《どよ》の説の方が優れている。また朱子は『孟子』をもとに「不忍」を教とするが、古言では「忍」が美徳であって、「不忍」を教とすることはない。

本章は孔子が魯の昭公のために発したもので、「これを我慢することができたら、何でも耐えられるでしょう」という意味である。もし朱子が引く范祖禹《はんそう》（邢昺《けいへい》に基づく）らのように解釈したら、小人が教唆し煽動する時の口ぶりになってしまう。魯の昭公は忍耐が乏しく、季孫氏を攻撃して敗れ、晋《しん》の乾侯《かんこう》の地で没すという禍を招いた。季氏の僭上沙汰は前からあったが、歴代の君主はそれを我慢した。以前の君主も耐えたことは我慢した方がよいのであって、魯の昭公もこれを忍べば、我慢できないことはなく、結果的には季氏の僭上も正せ魯は治まる。このように聖人の言葉はみな具体的な効果を考えている。朱子など宋儒が、理を心とするといった議論に終始するのは誤りである。

＊朱子や仁斎が道義的な筋を通す孔子像を描くのに対して、徂徠は現実を見据えて対応する孔子の政治的リアリストとしての面を持ち出す。

第二章

三家者以雍徹。子曰、相維辟公、天子穆穆、奚取於三家之堂。［三家《さんか》は雍《よう》を以て徹す。子曰わく、相《たす》くるは維《こ》れ辟公《へきこう》、天子は穆穆《ぼくぼく》たり、と、奚《なん》ぞ三家の堂に取らんや、と。］

「徹」は直列の反。「相」は去声。○「三家」は魯の大夫、孟孫《もうそん》、叔孫《しゅくそん》、季孫《きそん》の家である。「雍」は、『詩経』周頌の篇の名。「徹」は、祭が終わって俎《まないた》を撤去すること。天子の宗廟の祭では、「雍」の詩を歌って俎を撤去する。この時に三家は僭越にもこのやり方を用いた。「相」は、助けるという意味。「辟公」は、諸侯のこと。「穆穆」は、深遠の意味、天子の風姿である。これは「雍」の詩の語句である。孔子はこれを引いて、三家の堂にはこの詩が歌われるのにふさわしい状況はなかったし、またいかなる理由でかかる意義のもとにこの詩を歌うのか、と言ったのである。これは三家が無知で勝手な振る舞いをし、僭上の罪を犯しているのを譏《そし》ったのである。○程子が言った。「周公の功は、もとより偉大である。しかしそれはみな臣下として行うべき範囲であった。魯だけがどうして天子の礼楽を用いることができようか。成王が特別にはからったこと、伯禽がそれを受けたことは、みな誤っている。それを踏襲した弊害が、結果的に季氏にまで八佾を舞わせたり、三家に「雍」を歌いながら俎を撤去させたりするという僭上沙汰を犯させた。それゆえ孔子はこれを非難したのである」。

徹、直列反。相、去声。○三家、魯大夫孟孫叔孫季孫之家也。雍、周頌篇名。徹、祭畢而収其俎也。天子宗廟之祭、則歌雍以徹。是時三家僭而用之。相、助也。辟公、諸侯也。穆穆、深遠之意、天子之容也。此雍詩之辞。孔子引之、言三家之堂、非有此事、亦何取於此義而歌之乎。譏其無知妄作、以取僭窃之罪。○程子曰、周公之功固大矣。皆臣子之分所当為。魯安得独用天子礼楽哉。成王之賜、伯禽之受、皆非也。其因襲之弊、遂使季氏僭八佾、三家僭雍徹。故仲尼譏之。

徹は、直列の反[1]。相は、去声[2]。○三家は、魯の大夫、孟孫、叔孫、季孫の家なり[3]。雍は、周頌の篇の名[4]。徹は、祭畢《お》わりて其の俎を収むるなり[5]。天子の宗廟の祭には、則ち雍を歌いて以て徹す[6]。是の時三家僭して之を用う。相は、助なり。辟公は、諸侯なり[7]。穆穆は深遠の意、天子の容なり[8]。此れ雍の詩の辞なり[9]。孔子之《これ》を引きて、三家の堂、此の事有るに非ず、亦た何ぞ此の義を取りて之を歌わんやと言う。其の無知妄作、以て僭窃《せんせつ》の罪を取るを譏るなり。○程子曰わく[10]、周公の功、固《もと》より大なり。皆な臣子の分の当に為すべき所なり。魯安《いずく》んぞ独り天子の礼楽を用うるを得んや[11]。成王の賜、伯禽の受、皆な非なり[12]。其の因襲の弊、遂に季氏をして八佾を僭し、三家をして雍徹を僭せしむ[13]。故に仲尼之を譏る、と。

（1）『経典釈文』二四。
（2）去声の時は「たすける」。「たがいに」の時は平声。
（3）三桓氏。為政第二・第五章の注（1）（一四八頁）を参照。
（4）『詩経』周頌・雝（雍）。
（5）神に供える犠牲をのせるもの。
（6）「天子、宗廟に祭るに之を歌いて以て祭を徹す。今三家も亦た此の楽を作す」（『論語集解』に引く馬融の注）。なお『礼記』仲尼燕居では、雍は客を送る時に歌い、徹する時は別の詩句を歌うことになっている。
（7）『論語集解』に引く包咸の注。
（8）同前。
（9）「雝（雍）」の詩句。
（10）程頤の語。『程氏遺書』四。
（11）武王の弟の周公は、周の制度や文化を作った偉人であり、魯の国に封ぜられたが、それだからといって天子の振る舞いをしてよいはずはないのである。
（12）成王は魯の国に、周公を天子の礼楽で祭るようにという特命を賜った。「成王、周公を以て天下に勲労ありと為す。是《ここ》を以て周公を曲阜地方七百里、革車千乗に封ず。魯公に命ずるに世世周公を祀るに天子の礼楽を以てせしむ」(『礼記』明堂位)。伯禽は、周公の子。成王の命を受け入れて、天子の礼楽で周公を祭った。なおこの「成王の賜、伯禽の受、皆な非なり」は程頤のもとの語にはなく、あるいは朱子が補ったのかもしれない。これがあると、周公に非は無く(周公が没した時のことだから当然であるが)、成王とその子の伯禽が誤ったことが明確になる。

(13) 魯公が礼を犯していたことの弊害が、家臣の三家にまで及んだというのである。

【補説】

[仁斎] 世の人は三家が行う礼を見て糾《ただ》すどころか美談としたが、孔子はそれが僭上沙汰であることを明らかにし、三家がそれを聞いて改めることを期待した。季氏は位が高かったが、位が高い者は責務もそれだけ重いのであって、学を知らないと、このような弊害をもたらすことになる。

[徂徠] 古えの歌詩は、必ずそれを使用する必然性を持っているが、この「雍」の詩は三家の堂において詠ずる意味が見当たらない。孔子は直接非礼を批判せず、そのことに疑問を持ったかのような形で暗に諭したのである。「雍」の詩の意味は、諸公が案内係など補佐を務め、天子は特にすべきこともなく、ただその麗しさが見える、ということ。また礼は一代ごとの規範であって、成王や伯禽は周公から親しく礼を受けていたのであるからその時に礼にはかない、朱子が引く程頤のようにそれを非礼とするのは誤りである。孔子が非礼としたのは、それより後代についてである。

第三章

子曰、人而不仁、如礼何。人而不仁、如楽何。［子曰わく、人として不仁なれば、礼を如何《いかん》。人として不仁なれば、楽《がく》を如何、と。］

游氏《ゆうし》が言った。「人となりが不仁であれば、人本来の心が亡んでしまう」。「礼楽《れいがく》をどうするのか」とは、それを用いようと望んでも、礼楽が役に立たないということを言っているのである。〇程子が言った。「仁は天下の正理である。正理を失えば、秩序も無くなり調和もしない」。李氏が言った。「礼楽はしかるべき人があってこそ本当に行える。もししかるべき人がするのでなかったならば、贈り物の玉や白絹が積まれ、鐘や鼓が鳴り響いていても、それをどうしようというのだ。記録者が本章を「八佾」「雍徹」の章の後に並べたのは、たぶん礼楽の秩序を犯す者を意識したのであろう」。

游氏曰、人而不仁、則人心亡矣。其如礼楽何哉、言雖欲用之、而游氏曰わく(1)、人にして不仁なれば、則ち人心亡ぶ、と。其れ礼楽を如何とは、之を用いんと欲すと雖も、礼楽

礼楽不為之用也。○程子曰、仁者天下之正理。失正理、則無序而不和。李氏曰、礼楽待人而後行。苟非其人、則雖玉帛交錯、鐘鼓鏗鏘、亦将如之何哉。然記者序此於八佾雍徹之後、疑其為僭礼楽者発也。

之れが用を為さざるを言うなり。○程子曰わく、(2)仁は天下の正理なり。正理を失えば、則ち序無くして和せず、と。李氏曰わく、(3)礼楽は人を待ちて後行わる。苟《いやし》くも其の人に非ざれば、則ち玉帛《ぎょくはく》交錯し、(4)鐘鼓鏗鏘《しょうこうこうしょう》たりと雖も、(5)亦た将に之を如何せんとするや。然れども記す者、此を八佾、雍徹の後に序するは、疑うらくは其れ礼楽を僭する者の為めに発するなり、と。

（1）游酢《ゆうさく》の語。『論語精義』二上に引く。
（2）程頤の語。『程氏経説』六「論語説」八佾。
（3）楊時（楊亀山）の女婿の李郁《りいく》の語。朱子は『論語集注』中の「李氏」とは李光祖（李郁）であると言う（『朱子語類』一九）。なお朱子は彼の墓表（「西山先生李公墓表」、『朱子文集』九〇）を書いている。
（4）玉や帛（白い絹）は諸侯が天子に拝謁する時の贈り物。
（5）鏗鏘《こうしょう》は、鐘や鼓の鳴る音。

【補説】

［仁斎］仁は『孟子』に見えるような慈愛惻怛《そくだつ》（哀惜）の心であって、礼楽を含めたあらゆるものの根本である。ここで朱子が引く「仁は天下の正理」という語は、『論語』の字面から臆断した誤った解釈である。『孟子』の内容がわかってこそ、『論語』は十全に解釈できる。

［徂徠］この語は上に立つ者に対する言葉であって、ここの「仁」とは「仁人」の意味である。つまり上に立つ人が仁者でなければ、礼楽は用に立たないということである。礼楽とは先王の道であり、先王の道は人を安んずる道である。また仁は人を安んずる徳である。このように統治の問題なのであるのに、朱子たち宋儒や仁斎はみなそのことを理解していないし、仁斎は礼楽の意義をわかっていない。

第四章

林放問礼之本。［林放《りんぼう》、礼の本《もと》を問う。］

林放は魯の人。彼は世の中で礼を行う者がやたらに煩瑣な外見ばかりに集中するのを見て、礼の本質はここにはないのではないかと疑った。それゆえ質問した。

林放、魯人。見世之為礼者、専事繁文、而疑其本之不在是也。故以為問。

林放は、魯の人。世の礼を為す者の、専《もっぱ》ら繁文《はんぶん》を事とするを見て、其の本の是《これ》に在らざるを疑うなり。故に以て問いを為す。

子曰、大哉問。［子曰わく、大なるかな問いや。］

孔子は時代の趨勢が末梢的なものを追う中で、林放だけが根本的なものに志を持っていたがゆえに、その質問を高く評価した。やはり根本を得れば、礼の全体はその中にある。

孔子以時方逐末、而放独有志於本、故大其問。蓋得其本、則礼之全体、無不在其中矣。

孔子時方《まさ》に末を逐うに、放の独り本に志有るを以て、故に其の問いを大とす。蓋し其の本を得れば、則ち礼の全体、其の中《なか》に在らざること無し。

礼与其奢也寧倹。喪与其易也寧戚。［礼は其の奢《おご》らん与《よ》りは、寧《むし》ろ倹《けん》せよ。喪は其の易《おさ》めん与りは寧ろ戚《いた》めよ、と。］

「易」は去声。○「易」は治める意。孟子には「田畑を易（治）めさせ」とある。喪礼においては、細目の規定に習熟すれば、哀痛落胆する心情の誠が無くなっていく。痛む気持ちが溢れれば、哀しみの情に支配されて、礼の文飾が不足してしまう。礼は中庸を得るのを尊ぶ。二者はともに礼に合致しない。しかし物の理は、みな先ず実質があってその後で文飾があるのだから、実質こそが礼の本なのである。○范氏が言った。「そもそも祭については、敬虔な気持ちが足りなくて礼が過剰なのよりは、礼が足りなくて敬虔さが過剰な方がよい。喪については、哀惜の情が足りなくて礼が過剰なのよりは、礼が足りなくて哀惜が過剰な方がよい。礼については豪奢が欠点となり、喪については完備しているのが欠点になるのは、ともに根本に立ち帰れず、末梢本位になってしまうためである。礼は、それが豪奢で完備しているよりも、倹約で不備な方が優っているのである。喪は、それが完備していて文飾が具わっているよりも、哀惜の情に満ちて文飾が目立たない方が優っているのである。「倹す」とは物事の実質を重視することであり、「戚《いた》む」とは心の誠である。それゆえ礼の本とするのである」。

楊氏が言った。「礼は飲食から始まる。そこで穴を掘って酒樽にしたり、手ですくって飲んでいたが、さらに簠《ほ》や簋《き》、籩《へん》や豆《とう》、罍《るい》や爵《しゃく》といった装飾のある祭器を作製するようになったのは、文飾を加えるためである。ただその根本は慎ましさである。喪は直情径行にすべきではなく、衰《さい》や麻のような喪服や「哭」や「踊」の儀礼をそろえるのは、それに文飾をあたえるためである。ただその根本は哀悼の気持ちである。周が衰え、世の中は文飾に依存して実質を滅した。しかし林放だけはその礼の根本を問うた。それゆえ孔子はこれを高く評価して、この内容を告げたのである」。

易、去声。○易、治也。孟子曰、易其田疇。在喪礼、則節文習熟、而無哀痛惨怛之実者也。戚、則一於哀、而文不足耳。礼貴得中。奢易則過於文、倹戚則不及而質。二者皆未合礼。然凡物之理、必先有質而後有文、則質乃礼之本也。○范氏曰、夫祭与其敬不足、

易は、去声。[1]○易は、治なり。孟子曰わく、其の田疇《でんちゅう》を易《おさ》めしむ、と。[2]喪礼に在りては、則ち節文習熟すれば、哀痛惨怛の実無き者なり。戚なれば、則ち哀を一にして、文足らざるのみ。礼は中を得るを貴ぶ。[3]奢易は則ち文に過ぎ、倹戚は則ち及ばずして質なり。二者皆な未だ礼に合せず。然れども凡そ物の理は、必ず先ず質有りて後に文有れば、則ち質は乃ち礼の本なり。○范氏曰わく、[4]夫れ祭は其の敬足らずして礼余り有る

而礼有余也、不若礼不足而敬有余也。喪与其哀不足而礼有余也、不若礼不足而哀有余也。礼失之奢、喪失之易、皆不能反本、而随其末故也。礼奢而備、不若倹而不備之愈也。喪易而文、不若戚而不文之愈也。倹者物之質、戚者心之誠。故為礼之本。楊氏曰、礼始諸飲食。故汙尊而抔飲、為之簠簋籩豆罍爵之飾、所以文之也。則其本倹而已。喪不可以径情而直行、為之衰麻哭踊之数、所以節之也。則其本戚而已。周衰、世方以文滅質。而林放独能問礼之本。故夫子大之、而告之以此。

与《よ》りは、礼足らずして敬余り有るに若《し》かず。喪は其の哀足らずして礼余り有る与りは、礼足らずして哀余り有るに若かず。礼は之を奢に失い、喪は之を易むるに失うは、皆な本に反《かえ》ること能わずして、其の末に随《したが》うの故なり。礼奢りて備わるは、倹にして備わらざるの愈《まさ》れるに若《し》かざるなり。喪易めて文なるは、戚《いた》みて文ならざるの愈れるに若かざるなり。倹とは物の質、戚とは心の誠なり。故に礼の本と為す、と。楊氏曰わく、(5)礼は諸《これ》を飲食に始む。(6)故に汙尊《おそん》して抔飲《ほういん》し、(7)之れ簠簋《ほき》、籩豆《へんとう》、罍爵《らいしゃく》の飾を為《つく》るは、(8)之を文にする所以なり。則ち其の本は倹のみ。喪は以て径情して直行す可からずして、之が衰麻《さいま》哭踊《こくよう》(9)の数を為すは、之を節する所以なり。則ち其の本は戚むのみ。周衰え、世方に文を以て質を滅す。而して林放独り能く礼の本を問う。故に夫子之を大として、之に告ぐるに此を以てす、と。

（1）去声の時は日本漢字音では「イ」で、やすい、おさめる、などの意。入声の時は「エキ」で、かえる、などの意。
（2）『孟子』尽心上。田疇は、耕作地。
（3）礼は、文と質の中庸を得るのが理想。雍也第六・第一六章にも「文質彬彬《ひんぴん》」とある。「文」とは礼が細かいところまで規定されていて見事な文様を作っているさま。「質」は実質的な中身。
（4）范祖禹の語。『論語精義』二上に引く。
（5）楊時の語。『論語精義』二上に引く。
（6）「夫れ礼の初は、諸を飲食に始める。……汙尊して抔飲」（『礼記』礼運）。
（7）汙尊は地を掘って尊（酒樽）とすること。抔飲は手ですくって飲むこと。
（8）簠は外が四角で中が円の穀物を盛る器。簋は同じく外が円で中が四角の器。籩は果実や乾肉《ほしにく》などを盛る竹製の器、豆は木製で塩辛《しおから》などを盛る器。罍は雷雲の文様のある酒樽。爵は雀型の杯。
（9）衰、麻はともに喪服。衰は五段階の喪服のうち最も重い斬衰と次に重い刺衰《しさい》、「麻」は最も軽い緦麻《しま》。哭は号泣すること。踊は悲しみのあまり足踏みをすること。

【補説】

［仁斎］『礼記』をもとに礼は内実と文飾の中庸を得るのがよいと言われるが、孔子の言葉全体としてはむしろ内実が重視され、節倹が尊ばれている。礼は漏れがないように整備しようとするため、どうしても文飾に過ぎる傾向があるが、礼の本質は節倹の方にある。

［徂徠］「礼は其の奢らん与りは、寧ろ倹せよ。喪は其の易めん与りは寧ろ戚めよ」は古語である。なぜ古語だとわかるかというと、質問と答えが必ずしも噛み合っていないからである。孔子はあえて古語を引いて答えとし、林放自身に考えさせたのである。ここの「其のA与りは、寧ろB」は、やむをえずBをとるということで、Bが絶対的によいわけではない。「礼は、美観ばかり考えて贅沢になるよりは、礼が規定通りに整わなくても節約である方がまだよい、喪は、富裕な者が人を動員でき漏れなく整えることにかまけるよりも、貧乏な者が乏しいがゆえにかえって哀惜の情が増す方がまだよい」ということである。先王は民を安んずることを目的としていたのであって、そのため人々が出費に悩まされないように、状況によっては倹約を重視することもあった。このように民を思う心が仁であって、礼は単に贅沢か倹約かということ以上に、その本にこの仁があるのが重要なのである。それゆえ林放の「礼の本」についての問いに孔子はかく答えたのである。なお礼の規定はあらゆる状況に対応するがゆえに煩瑣なのが当然なのであって、孔子はそれを否定はしていない。であるから朱子や仁斎のようにこの語を実質と文飾の中庸の話にすることはできない。

第五章

子曰、夷狄之有君、不如諸夏之亡也。「子曰わく、夷狄《いてき》の君有るは、諸夏《しょか》の亡《な》きが如くならざるなり、と。」

呉氏が言った。「「亡」は、古えの「無」の字で、意味は同じである」。程子が言われた、「野蛮人すらなお君主がいる。中華の地が混乱して、むしろ上下の秩序が無くなってしまっているようではない」。〇尹氏が言った。「孔子は時代の混乱を傷《いた》んで嘆いたのである。「亡」は、全く無いということではない。有るのだが、その道を尽くし切れていないということだ」。

呉氏曰、亡、古無字、通用。程子曰、夷狄且有君長。不如諸夏之僭乱、反無上下之分也。〇尹氏曰、孔子傷時之乱而歎之也。亡、非実亡也。雖有之、不能尽其道爾。

呉氏曰わく[1]、亡は、古えの無の字、通用す、と。程子曰わく[2]、夷狄すら且つ君長有り。諸夏の僭乱し、反《かえっ》て上下の分無きが如くならず、と。〇尹氏曰わく[3]、孔子、時の乱れを傷みて之を歎ずるなり。亡は、実に亡きに非ざるなり。之《これ》有りと雖も、其の道を尽くす能わざるのみ、と。

（1）呉棫《ごよく》の語。なお「亡は、無なり」（『論語集解』に引く包咸の注）。
（2）程頤の語。『程氏経説』六「論語説」八佾。
（3）尹焞の語。『論語精義』二上に引く。

【補説】

［仁斎］中国であろうと夷狄であろうと、礼楽を用いれば中華なのである。中華と夷狄を固定的に弁別する議論は、聖人の広大な「天地の心」からはずれたものである。後世の『春秋』を説く者がこの議論を厳格に行うのは、大いに聖人の意図に違うものである。

［徂徠］「不如」を、朱子が引く程頤の解釈では「如くならず」と読むが、これは「如《し》かず」ということ。また「諸夏」は諸侯の国のこと。「夷狄」にいくら君主がいても礼義がなければ禽獣に近いのであって、それよりは、「諸夏」では諸侯が乱立し君主が有名無実であっても、先王の余沢のおかげで礼義が残存している分、こちらの方がまだ優っているのである。
＊朱子も仁斎も中華と夷狄の優劣を、漢民族と異民族の民族的な差に帰さず、道義の有無の問題にする。それに対して徂徠は、彼の有名な「東海は聖人を出さず、西海も聖人を出さず」（『学則』一）という語と同じように、あくまでも中華の地に文化的優位を見ようとする。

第六章

季氏旅於泰山。子謂冉有曰、女弗能救与。対曰、不能。子曰、嗚呼、曾謂泰山不如林放乎。［季氏、泰山に旅《りよ》す。子、冉有《ぜんゆう》に謂いて曰わく、女《なんじ》、救うこと能わざるか、と。対《こた》えて曰わく、能わず、と。子曰わく、嗚呼《ああ》、曾《すなわ》ち泰山の林放に如かずと謂えるか、と。］

「女」の音は汝。「与」は平声。〇「旅」は祭の名。「泰山」は山の名、魯の地にある。礼では、諸侯は領地内の山川を祭る。臣下の季氏がこれを祭るのは僭上の沙汰である。冉有は孔子の弟子で、名は求。この時に季氏の宰であった。「救う」は、彼が僭上の罪に陥るのを救うのを言う。「嗚呼」は嘆声。この語の意味はこうである。神は礼にはずれた祭祀を受けない。そこで季氏がその無益なのを知って自主的にやめることを期待し、さらに林放を持ち出して、冉有を督励したのである。〇范氏が言った。「冉有は季氏に仕える身であった。その彼が季氏を諫《いさ》められないのを、孔子がわからなかったであろうか。しかし聖人は軽々しく人を見放さず、心を尽くすものである。冉有が季氏の僭上沙汰を救えず、季氏を諫められないと決めつけたであろうか。冉有が季氏を正せなかったその後で、林放のことを称揚することによって、それ以上の存在である泰山がごまかせないないことを明らかにしたのである。これもまた教え諭す方法である」。

女、音汝。与、平声。○旅、祭名。泰山、山名、在魯地。礼、諸侯祭封内山川。季氏祭之、僭也。冉有、孔子弟子、名求。時為季氏宰。救、謂救其陥於僭窃之罪。嗚呼、歎辞。言神不享非礼。欲季氏知其無益而自止、又進林放、以厲冉有也。○范氏曰、冉有従季氏。夫子豈不知其不可告也。然而聖人不軽絶人、尽己之心。安知冉有之不能救、季氏之不可諫也。既不能正、則美林放以明泰山之不可誣。是亦教誨之道也。

女は、音汝①。与は、平声。○旅は、祭の名②。泰山は、山の名③、魯の地に在り。礼に諸侯は封内の山川を祭る④。季氏之を祭るは僭なり⑤。冉有は孔子の弟子、名は求。時に季氏の宰為り。救うは、其の僭窃の罪に陥るを救うを謂う。嗚呼は、歎辞。言うこころは、神は非礼を享けず。季氏其の益無きを知りて自ら止めんことを欲し、又た林放を進めて、以て冉有を厲《はげ》ますなり⑥。○范氏曰わく⑦、冉有、季氏に従う。夫子豈《あに》に其の告ぐ可からざるを知らざらんや。然れども聖人軽《かるがる》しく人を絶たず、己の心を尽くす。安《いずく》んぞ冉有の救う能わず、季氏の諫む可からざるを知らんや。既に正すこと能わざれば、則ち林放を美《ほ》めて、以て泰山の誣《し》う可からざるを明らかにす⑧。是も亦た教誨の道なり、と。

（1）ここでは「なんじ」。為政第二・第一七章の注（1）（一八三頁）を参照。
（2）山川を祭る祭祀。『論語集解』に引く馬融の注。
（3）魯の国にある天下の名山。
（4）「礼に、諸侯、山川の其の封内に在る者を祭る」（『論語集解』に引く馬融の注）。
（5）礼の規定では、山川を祭るのは諸侯と天子。つまり泰山は諸侯である魯の君主なら祭れるが、その家来である季氏が祭るべきではないのである。「今陪臣の泰山を祭るは礼に非ざるなり」（『論語集解』に引く馬融の注）。
（6）林放は、本篇第四章に見えるように、礼の本質に対してきちんとした見識を持っていた。泰山の神はその林放以上に祭礼の本質を知っているわけであって、その神が季氏の非礼など受けるということはありえないのである。
（7）范祖禹の語。『論語精義』二上に引く。
（8）礼の本質を知っている林放もほめられるべきであるが、それ以上の存在である泰山の神をごまかすことなどできない、ということ。

【補説】

［徂徠］季氏は魯公のために「旅」の祭をした。問題なのは、美観を求めて派手にしたことであって、

朱子や『論語集解』が言うような僭上沙汰ではない。それは、孔子が豪奢や倹約の問題によって答えた相手である林放を（本篇第四章）、ここで持ち出していることからもわかる。

第七章

子曰、君子無所争。必也射乎。揖譲而升、下而飲。其争也君子。［子曰わく、君子は争う所無し。必ず射《しゃ》か。揖譲《ゆうじょう》して升《のぼ》り、下《くだ》りて飲ましむ。其の争いや君子なり、と。］

「飲」は去声。○「揖譲して升る」とは、大射の礼のことであって、まず二人一組で三回おじぎをして、その後で堂に登ることである。「下りて飲ませる」は、弓射が終わり、おじぎをしてから降り、二人一組の人々がみな降りるのを待って、勝者は敗者におじぎをして堂に登らせ、罰杯を取らせて立ちながら飲ませることである。この語の意味はこうである。君子は謙譲であって人と争わない。ただ弓術競技では、争うことが出てくる。しかしその争いも、従容として謙譲であるのがこのようであるから、争っても君子ならではのものであって、小人の争いのようではないのである。

飲、去声。○揖譲而升者、大射之礼、耦進三揖而後升堂也。下而飲、謂射畢揖降、以俟衆耦皆降。勝者乃揖不勝者升、取觶立飲也。言君子恭遜、不与人争。惟於射而後有争。然其争也、雍容揖遜乃如此、則其争也君子、而非若小人之争矣。

飲は、去声(1)。○揖譲(2)して升るとは、大射の礼(3)、耦進《ぐうしん》し三揖して後《のち》に堂に升るなり(4)。下りて飲ましむは、射畢《お》わり揖して降り、以て衆耦の皆な降るを俟《ま》つ。勝者乃ち勝たざる者に揖して升らしめ、觶《し》(5)を取り立飲せしむるなり。言うこころは、君子は恭遜にして、人と争わず。惟《た》だ射に於て而る後に争うこと有り。然れども其の争うや、雍容揖遜《ようようゆうしん》すること乃ち此《かく》の如ければ、則ち其の争いや君子にして、小人の争いの若きには非ざるなり。

(1) 去声の場合は、飲ませるの意。飲むの場合は上声。
(2) 「揖」は、手を胸の前に組んでする軽いあいさつ。「譲」は譲り合う。
(3) 弓術競技の礼。以下の規定の詳細は、『儀礼』郷射礼と大射儀に見える。
(4) 射る者は二人一組になり三回「揖」のあいさつをする。「堂」は表座敷。
(5) 大型のさかずき。ここでは敗者の罰杯に使う。

【補説】

［仁斎］『論語』で「君子」が出てくる箇所はとりわけ熟読玩味すべきであるが、本章などはその最たるものである。

［徂徠］朱子たちが「揖譲して升り、下りて飲ましむ」と読むのは誤りで、『儀礼』などによって、「揖譲して升下して、飲ましむ」と読むべきである。また射については君子も「争う」ことがあるというのは、王者は祭る時には士を選んで補助させ、そこで諸侯は士を差し出すのであるが、その士に射を試みさせたからである。その時にその士が礼楽にのっとり的に当たれば祭にあずかれ、その主君も爵位が上がり領土が増えるが、礼楽にのっとらず的からはずれればあずかれず、その主君も爵位は下がり領土も減った。つまり射は君子にとって自分の名誉の問題だけではなく、自分の主君にも影響したのである。

第八章

子夏問曰、巧笑倩兮、美目盼兮、素以為絢兮、何謂也。［子夏《しか》問うて曰わく、巧《こう》笑倩《しょうせん》たり、美目盼《へん》たり、素《そ》以て絢《あや》を為すとは、何の謂《いい》ぞや、と。］

「倩」は「七練」の反。「盼」は普莧の反。「絢」は呼県の反。○この詩は、失われた詩である。

「倩」は、口や頬が魅力的なこと。「盼」は、黒目と白目がはっきりしていること。「素」は白地、絵の下地である。「絢」は彩色、絵の文様である。この語の意味はこうである。もともと顔つきや目元の魅力を持っている人が、あでやかに化粧することは、白い素地に彩色を加えるようなものである。子夏は、この詩句は文言からすると逆に白を文様とすると言っているのではないかと疑った。そこで質問したのである。

倩、七練反。盼、普莧反。絢、呼県反。○此逸詩也。倩、好口輔也。盼、目黒白分也。素、粉地、画之質也。絢、采色、画之飾也。言人有此倩盼之美質、而又加以華采之飾、如有素地而加采色也。子夏疑其反謂以素為飾。故問之。

倩は、七練の反(1)。盼は、普莧の反(2)。絢は、呼県の反(3)。○此れ逸詩なり(4)。倩は、口輔好《よ》きなり(5)。盼は、目の黒白分かるるなり(6)。素は、粉地(7)、画の質なり(8)。絢は、采色(9)、画の飾なり(10)。言うこころは、人此の倩盼の美質有りて、又た加うるに華采の飾を以てすること、素地有りて采色を加うるが如きなり。子夏は其の反《かえっ》て素を以て飾と為すと謂えるかと疑う(11)。故に之を問う。

（1）『経典釈文』二四。

（2）同前。
（3）同前。
（4）現在の『詩経』に載っていない詩ということ。実際には「巧笑倩たり、美目盼たり」は『詩経』衛風の「碩人」にあり、「素以て絢を為す」の部分のみがない。
（5）口（口元）や輔（頬）がかわいいこと。つまり笑顔が魅力的なこと。「倩は、口輔好し」（『詩経』衛風・碩人の毛伝）。
（6）黒目と白目がはっきりしていて、目元が涼しく魅力的なこと。「盼は、白黒分かる」（『詩経』衛風・碩人の毛伝）。
（7）粉は白で、絵を描く時の白い下塗り。
（8）絵の下地。
（9）彩色。
（10）絵の文様。
（11）「素以て絢を為す」を、子夏は「白を文様とする」と解釈したが、それでは鮮やかに彩色することと逆になるので、孔子にたずねた。

子曰、絵事後素。［子曰わく、絵の事は素《そ》より後《のち》にす、と。］

「絵」は胡対の反。〇「絵の事」は絵つけのことである。「後素」は、素（白）よりも後にすることである。「考工記」に言う。「絵つけは、白地を作ることよりも後に行う」。これは、先ず白色を下地にして、その後で五色の色彩を施すことを言っているのである。それは生来の美しさを持っている人が、それをもとに身を飾るようなものである。

絵、胡対反。〇絵事、絵画之事也。後素、後於素也。考工記曰、絵画之事、後素功。謂先以粉地為質、而後施五采。猶人有美質、然後可加文飾。

絵は、胡対の反。[1] 〇絵事は、絵画の事なり。[2] 後素は、素より後にするなり。考工記に曰わく、絵画の事は、素功より後にす、と。[3] 先ず粉地を以て質と為して、而る後に五采[4]を施すを謂う。猶お人に美質有りて、然る後文飾を加う可きがごとし。

（1）『経典釈文』二四。
（2）「絵」は五色で彩色すること。「絵は、文を画くなり」（『論語集解』に引く鄭玄の注）。
（3）『周礼』冬官・考工記では「凡そ繢《かい》を画くの事は素功より後にす」とある。「繢」は「文《あや》」のこと。

（4）青、黄、赤、白、黒の五色。

曰、礼後乎。子曰、起予者商也。始可与言詩已矣。［曰わく、礼は後か、と。子曰わく、予《われ》を起こす者は商《しょう》なり。始めて与《とも》に詩を言う可《べ》きのみ、と。］

礼は必ず誠意誠実を基礎とする。それは彩色する時に、必ず白色を先に塗るようなものである。「起こす」は、発すということ。「予を起こす」とは、私の志すところを明らかにするきっかけを作ってくれたことを言う。謝氏が言った。「子貢は学を論じた際に詩の本質を知り、子夏は詩を論じた際に学の本質を知った。それゆえ両人を「ともに詩を語れる」としたのである」。○楊氏が言った。「「甘味は和え物の受け皿であり、白色は色彩の受け皿である。忠信の人こそが、礼を学ぶことができる。その下地がないのに、それでも礼が無意味に行われてしまうことはない」。これが、彩色は白塗りよりも後に行うということの意味である。孔子が彩色は白塗りよりも後に行うと言ったのに対し、子夏が「礼は後のことか」と言ったのは、孔子の意図をよく受けとめたものと言うことができる。表の言葉から奥の内容を悟れる者でなければ、これができようか。商《しょう》（子夏）や賜《し》（子貢）が「ともに詩を語れる」のは、このゆえである。章句の末梢的解釈に心を囚われる者は、詩の内容理解については固陋である。なお「予を起こす」はまた、教育と学習が相互に啓発しあうという意味でもある」。

礼必以忠信為質。猶絵事必以粉素為先。起、猶発也。起予、言能起発我之志意。謝氏曰、子貢因論学而知詩、子夏因論詩而知学。故皆可与言詩。○楊氏曰、甘受和、白受采。忠信之人、可以学礼。苟無其質、礼不虚行。此絵事後素之説也。孔子曰絵事後素、而子夏曰礼後乎、可謂能継其志矣。非得之言意之表者、能之乎。商賜可与言詩者以此。若夫玩心於章句之末、則其為詩也固而已矣。所謂起予、則亦相

礼は必ず忠信を以て質と為す①。猶お絵の事の必ず粉素を以て先と為すがごとし。起こすは、猶お発するがごとし②。予を起こすは、能く我の志意を起発するを言うなり。謝氏曰わく③、子貢は学を論ずるに因りて詩を知り、子夏は詩を論ずるに因りて学を知る。故に皆な与《とも》に詩を言う可し、と。○楊氏曰わく④、甘は和を受け、白は采を受く。忠信の人、以て礼を学ぶ可し。苟《いやし》くも其の質無ければ、礼は虚しくは行われず⑤。此れ絵の事の素より後にするの説なり。孔子は絵の事は素より後にすと曰いて、子夏は礼は後かと曰うは、能く其の志を継ぐと謂う可し。之を言意の表に得る者に非ざれば、之を能くせんや。商、賜の与に詩を言う可き者は此を以てなり⑥。夫の心を章句の末に玩ぶが若きは、則ち其

の詩を為《おさ》むるや固なるのみ。所謂予を起こすは、則ち亦た相い長ずるの義なり(7)、と。

長之義也。

（1）忠信については、学而第一・第四章の朱子の注を参照。
（2）「発」は、『論語集解』に引く包咸の注では「発明す」とする。
（3）謝良佐の語。『論語精義』二上に引く。
（4）楊時の語。『論語精義』二上に引く。
（5）この箇所は、「君子曰わく、甘は和を受け、白は采を受く。忠信の人、以て礼を学ぶ可し。苟くも忠信の人無ければ、則ち礼は虚しくは道《よ》らず」（『礼記』礼器）によっている。なおここの「虚」とは忠信の人がいない状態であり、朱子の注の方は、質の無い状態を言う。つまり「虚行」とは「実質が無いままに礼が行われる」ことであって、そのような状態はありえないと言っているのである。「虚しくは行われず」という表現で類似の意味になるものでは、『易経』繋辞下伝の「苟くも其の人に非ざれば、道は虚しくは行われず」がある。
（6）学而第一・第一五章では子貢を、この章では子夏を、孔子は「与に詩を言う可きのみ」と言って評価する。
（7）『論語精義』二上に引く文の方には、「亦た教学相い長ずるの義なり」とある。

【補説】

〔仁斎〕礼の根本は質実さであるが、後世は華美に流れていった。子夏は礼の根本をよく知っていたのであって、孔子の話を聞いてから礼の根本を認識した林放（本篇第四章）に優る。なおここでも詩が引かれているが、詩は「無形」であって、その時の状況に応じて多くの異なった意味を紡ぎ出していく。それゆえここに引かれているような、詩から礼の問題を引き出していく者、つまり一を聞いて二を知ることができる者でなければ詩の内容を尽くすことはできない。

〔徂徠〕「絵事後素」は、朱子のように「絵の事は素より後にす」と読むのは誤りで、『論語集解』に引く鄭玄の注のように「絵の事は素を後にす」とすべきである。それでこそ『周礼』冬官・考工記と合う（徂徠の意図に合わせると、『周礼』のこの箇所は「凡そ画繢《がかい》の事は素功を後にす」と読むことになる）。なお「繢」は「絵」で、布にえがくこと。それに対して「画」はえがくこと一般。つまりここの意味は、「最後に色と色の間に白を配置して、それによって五彩がさらに際立つ」ように、「美質（五彩）を持っている人は、礼（素）を学ぶことでますますその美質が際立つ」ということである。なおここに引く詩の「素以て絢を為す」の場合も、「もともとの美しさ（絢）はおしろい（素）をつけることでいっそう際立つ」ということである。

第九章

子曰、夏礼吾能言之、杞不足徴也。殷礼吾能言之、宋不足徴也。文献不足故也。足則吾能徴之矣。［子曰わく、夏の礼は吾能く之を言えども、杞《き》は徴《ちょう》するに足らず。殷《いん》の礼は吾能く之を言えども、宋《そう》は徴するに足らず。文献足らざるが故なり。足れば則ち吾能く之を徴せん、と。］

「杞」は「夏」の後裔の国。「宋」は殷の後裔の国。「徴」は証明すること。「文」は典籍である。「献」は賢者（古老）である。この語の意味はこうである。この両王朝の礼について、私は説明できるのだが、後裔の両国に残っているものは、それを証明するには不十分である。典籍も古老も不足しているからである。もし典籍や古老が十分残っていれば、私はこれらによって自分の説明を証明できたであろう。

杞、夏之後。宋、殷之後。徴、証也。文、典籍也。献、賢也。言二代之礼、我能言之、而二国不足取以為証。以其文献不足故

杞は、夏の後。(1)宋は、殷の後。(2)徴は、証なり。文は、典籍なり。献は、賢なり。(3)言うこころは、二代の礼、我能く之を言えども、二国は取りて以て証と為すに足らず。其の文献の足らざるを以ての故なり。文献若し

也。文献若足、則我能取之以証吾言矣。　足れば、則ち我能く之を取り以て吾が言を証せん。(4)

（1）周の武王は殷の紂王を亡ぼした後、禹《う》の後裔を求め、杞の地に封じた（『史記』陳杞世家など）。

（2）周公は成王の命を受けて、殷の王族の微子に殷の後裔として宋の国を治めさせた（『史記』宋微子世家など）。

（3）「献は、猶お賢のごときなり」（『論語集解』に引く鄭玄の注）。

（4）「吾」は、テキストによっては「君」となっている。

【補説】

［仁斎］本章は、「夏の礼は吾能く言う。杞に之《ゆ》きて徴とするに足らず。殷の礼は吾能く言う。宋に之きて徴とするに足らず。文献足らざるが故なり。足れば則ち吾能く之を徴とせん」と読む。孔子は、「徴すること（証拠）」を大事にし、それが無いことについては言わなかった。それは証拠が無ければ民は信じも従いもしないからである。証拠も無く強弁して惑わすのは、仏教や道教・道家の類である。後世の儒者が古代の神々の類などを言うのも同様で、聖人の意に反する。

［徂徠］仁斎は「之」を「ゆきて」と読んだが誤りで、朱子の方が合っている。孔子は夏と殷の礼に

ついて、わずかに残っているものからその全貌を察することができたが、証拠が無いと民は信じないので、結局は夏、殷の礼を伝えなかった。

第十章

子曰、禘自既灌而往者、吾不欲観之矣。「子曰わく、禘《てい》既に灌《かん》せし自《よ》り往《のち》は、吾《われ》之を観ることを欲せず、と。」

「禘」は大計の反。○趙伯循《ちょうはくじゅん》が言った。「禘は王者の大祭である。王者は始祖の廟を建立し、そのうえで始祖の出自の帝を見極め、それを始祖の廟に祀って、始祖をそれに並べた。成王は、周公には偉大な勲労があったことから、魯にこの重要な祭の実施を許可した。それゆえ禘の祭を周公の廟で施行でき、文王を出自の帝として、周公をそれに並べた。しかしこれは礼にかなっていない。「灌す」とは、祭の始めに、鬱鬯《うつちょう》の酒を地にそそぎ、神を天から降ろすことである。魯の君や臣は、この時には、誠意が散漫になっていず、まだ見るに足るものがある。しかしそれ以後は、次第に気持ちが弛緩して、見るに足らないものになる。そもそも魯のこの祭は、礼にかなっていないのであるから、孔子はもともと見たくはなかった。さらにこの段階になると、すでに礼に背いているうえに、さらに礼からはずれることになるわけである。それゆえこのように嘆いたのである」。○謝氏が言った。「孔子は以前言われた。「私は、夏の道を見ようとした。それゆえ杞に行ったのだが、それを証明するものは不十分であった。また私は商（殷）の道を見ようとした。それゆえ宋に行ったのだが、それを証明するものは不十分であった」。また孔子は言われた。「私は周の道を見出そうとしたのだが、幽王や厲《れい》王がそれを破壊してしまった。私は魯を捨ててどこに行けばよいのか。魯の郊や禘の祭は礼からはずれている。周公の道は衰えてしまった」。夏、殷の礼について杞や宋に証拠を求めればあのような状態であり、周の今の状況を考えるとこのようである。これが、孔子が深く嘆いた理由である」。

禘、大計反。○趙伯循曰、禘、王者之大祭也。王者既立始祖之廟、又推始祖所自出之帝、祀之於始祖之廟、而以始祖配之也。成王以周公有大勲労、賜魯重祭。故得禘於周公之廟、以文王為所

禘は、大計の反。[1] ○趙伯循曰わく、[2] 禘は王者の大祭なり。王者既に始祖の廟を立て、又た始祖の自《よ》りて出づる所の帝を推し、之を始祖の廟に祀りて、始祖を以て之に配するなり。[3] 成王、周公の大なる勲労有るを以て、魯に重祭を賜う。[4] 故に禘を周公の廟に得て、文王を以て出づる所の帝と為して、周公を之に配す。[5] 然れども

出之帝、而周公配之。然非礼矣。灌者、方祭之始、用鬱鬯之酒、灌地以降神也。魯之君臣、当此之時、誠意未散、猶有可観。自此以後、則浸以懈怠、而無足観矣。蓋魯祭非礼、孔子本不欲観。至此而失礼之中、又失礼焉。故発此歎也。○謝氏曰、夫子嘗曰、我欲観夏道。是故之杞而不足徴也。我欲観商道。是故之宋而不足徴也。又曰、我観周道、幽厲傷之。吾舎魯何適矣。魯之郊禘、非礼也。周公其衰矣。考之杞宋已如彼、考之当今如此。孔子所以深歎也。

礼に非ざるなり。(6)灌すとは、祭の始めに方《あた》り、鬱鬯《うつちよう》の酒(7)を用い、地に灌《そそ》ぎ以て神を降ろすなり。魯の君臣、此の時に当たり、誠意未だ散せず、猶お観る可きあり。此《これ》自り以後、則ち浸《ようや》く以て懈怠《けたい》して、観るに足る無し。(8)蓋し魯の祭は礼に非ず、孔子本より観るを欲せず。此に至りて礼を失うの中、又た礼を失う。故に此の歎を発するなり、と。○謝氏曰わく(9)、夫子嘗て曰わく、我、夏の道を観んと欲す。是の故に杞に之《ゆ》くも徴するに足らざるなり。我、商の道を観んと欲す。是の故に宋に之くも徴するに足らざるなり、と(10)。又た曰わく、我、周の道を観るに、幽厲之を傷《やぶ》る(11)。吾、魯を舎《す》てて何《いず》くにか適《ゆ》かん(12)。魯の郊禘は礼に非ざるなり(13)。周公其れ衰えたり(14)、と(15)。之を杞宋に考うれば已《すで》に彼の如く、之を当今に考うれば此の如し(16)。孔子の深く歎ずる所以なり、と。

（1）『経典釈文』二四。
（2）唐の趙匡《ちょうきょう》。陸淳『春秋集伝纂例』二に引く趙匡「弁禘義」に類似の内容が見える。趙匡は三伝を通してではなく『春秋』本文に立ち帰る解釈を行い、同じ志向を持つ同時代の啖助《たんじょ》、陸淳とともに、朱子など道学者にもよく読まれた。
（3）禘は、天子が正月に始祖を祀る祭。「礼は王ならざれば禘せず。王者は其の祖の自りて出づる所を禘し、其の祖を以て之に配す」（『礼記』大伝）。なお『爾雅』に「禘は、大祭なり」とある。また「配す」とは、帝の神主（位牌）の横に始祖の神主を並べること。
（4）本篇第二章の注（12）（二一七頁）を参照。また「昔、周公、天下に勲労あり。周公既に没し、成王、康王、周公の勲労ある所以の者を追念して魯を尊ばんと欲す。故に之に賜うに重祭を以てす。外祭は則ち郊社是れなり。内祭は則ち大嘗禘是れなり」（『礼記』祭統）。
（5）周公の父親は周の文王。文王の魂は天帝の横にいるとされた（『詩経』大雅・文王）。なおこの周公の廟に文王を祀る件は、趙匡が言い出し朱子が踏襲したとされてきた。
（6）諸侯の身分で、天子の祭を行うべきではないこと。本章の注（13）（二四九頁）を参照。
（7）黒黍《きび》で醸した酒に鬱金香《うつこんこう》の草の煮汁をまぜた香り高い酒。
（8）「弁禘義」では、「灌」より後は規定が煩瑣になり懈怠を生ずるという。
（9）謝良佐の語。『論語精義』二上に引く。
（10）本篇前章。
（11）幽王と厲王の時に周の国力が衰え、制度や文化も崩れた。

(12)魯は、周の文化・制度を制作した周公が封ぜられた国で、本来は周の文化を伝えている。「周の礼は尽く魯に在り」(『春秋左氏伝』昭公二年の韓宣子の語)。本家の周の文化が破滅している以上、この魯の地以外に周の文化をたどれる可能性はない。
(13)「郊」は天子が冬至に天を祀る祭で、注(4)にあるように、周が魯に許可した。「禘」も天子の祭なので、ともに諸侯である魯が行える礼ではないということ。
(14)周公自体が衰えたのではなく、周公以後が問題なのは、本篇第二章の注(11)(二一七頁)を参照。『礼記』礼運の鄭玄の注によると、周公の道を維持し盛り立てられなかったこと。
(15)「我、周の道を観るに」からここまでは、『礼記』礼運の文。
(16)『論語精義』二上に引く謝良佐の語はここまでである。謝良佐が孔子を「聖人」(『論語集注』の引用では「夫子」)としているのを、後文では「孔子」にしていることもあり、後文が朱子の地の文である可能性もある。

【補説】

[仁斎]「灌」は神降ろしであって、これから後が礼の実質を持つことになるが、孔子がそれを見たくないというのは、それ以前を含めて「禘」全体を見たくないということ。それは、魯の国が天子の礼を侵犯しているからである。「実」があってこそ「文」があり、「文」があってこそ「礼」があるのであって、魯が諸侯の身分で天子の礼を犯したのは、「実」を失っている以上、「礼」も無意味となる。

［徂徠］「禘」についての詳細は不明、「灌」は神を降ろす祭。「禘」は大祭であるが、「灌」が終わってから後は小祭なので見ようとは思わないということである。つまり根本を尊んでいるのである。朱子が「灌」より後は「懈怠」を生ずると言うのは誤りである。

第十一章

或問禘之說。子曰、不知也。知其說者之於天下也、其如示諸斯乎。指其掌。

［或《ある》ひと禘《てい》の説を問う。子曰わく、知らず。其の説を知る者の天下に於けるや、其れ諸《これ》を斯《ここ》に示すが如きか、と。其の掌《たなごころ》を指《さ》す、と。］

先王が祖先を感謝追尊する祭は、禘よりも深いものは無い。仁、孝、誠、敬を極めていなければ、これに参与するには不十分であり、質問をした人などが関わるところではない。また王でなければ禘の祭はしないという規範からすれば、魯としては当然忌避すべきものということになる。それゆえ「知らない」という答えをしたのである。「示」は、「視」と同じ意である。「その掌を指す」とは、孔子がこのように言いながら自分で手のひらを指したことを弟子が記録したのである。明々白々かつ容易であることを意味している。つまり禘の道理を知れば、理は明らかになり、誠は全うされ、天下を治めることも困難ではない。孔子がこの件に関して本当に知らなかったなどということがあろうか。

先王報本追遠之意、莫深於禘。非仁孝誠敬之至、不足以与此、非或人之所及也。而不王不禘之法、又魯之所当諱者。故以不知答之。示、与視同。指其掌、弟子記夫子言此而自指其掌。言其明且易也。蓋知禘之説、則理無不明、誠無不格、而治天下不難矣。聖人於此、豈真有所不知也哉。

先王の本に報じ遠きを追うの意(1)、禘より深きは莫《な》し。仁孝誠敬の至りに非ざれば、以て此に与《あずか》るに足らず、或人の及ぶ所に非ざるなり。而して王たらざれば禘せずの法は(2)、又た魯の当に諱《い》むべき所の者なり。故に知らざるを以て之に答う(3)。示は、視と同じ(4)。其の掌を指すは、弟子、夫子の此を言いて自ら其の掌を指すを記す。其の明にして且つ易きを言うなり。蓋し禘の説を知れば、則ち理明らかならざる無く、誠格《いた》らざること無くして、天下を治むること難からず。聖人此に於て、豈に真に知らざる所有らんや。

(1)「本に報ず」は、祖先の祭祀について「大に本に報じ始めに反るなり」とある（『礼記』郊特牲）。「遠きを追う」は、祖先を祭ることで、学而第一・第九章。

（2）「礼に王たらざれば禘せず」（『礼記』大伝）。
（3）「而して王たらざれば禘せずの法」からここまでは、程頤の語をもとにする。『程氏外書』六。
（4）「民に視《しめ》して恌《うすから》ざらしむ」（『詩経』小雅・鹿鳴）の鄭箋《ていせん》に「視は、古えの示字なり」。

【補説】

［仁斎］「禘」に誠が必須とされ、さらに「天下に於けるや」と言われているように、天下を治める根本は、誠によって感応させることが重要であって、政治・刑罰や知略や術策での統治は困難である。

［徂徠］後世の「禘」は伯禽の時の「禘」ではなく（伯禽については、本篇第二章の注（12）（二一七頁）と【補説】〈二一八頁〉を参照）、後の恵公の時あたりから行われたものであろう。恵公の時に、僭越にも諸侯が祭ることができない天と后稷《こうしょく》を祭り始めた。つまりここで言われている「禘」は伯禽の時のものから変質してしまったものであって、それゆえもとの「禘」について孔子は「知らず」と答えたまでである。それを朱子や仁斎はいかにももとの「禘」がわかるように言うのであって、このようなところに後の儒者たちが自らの議論を高くしようとする弊害が現れている。

第十二章

祭如在。祭神如神在。［祭るには在《いま》すが如くす。神を祭るには、神の在すが如くす。］

程子が言われた。「「祭る」は、先祖を祭ることである。「神を祭る」は、自然界の神を祭ることである。先祖を祭る場合は孝を主とし、自然界の神を祭る場合は敬を主とする」。私が思うに、ここは門人が、孔子が祭祀をする際に誠意を尽くしたことを記録したものである。

程子曰、祭、祭先祖也。祭神、祭外神也。祭先主於孝、祭神主於敬。愚謂、此門人記孔子祭祀之誠意。

程子曰わく、(1)祭は、先祖を祭るなり。神を祭るは、外神(2)を祭るなり。先を祭るは孝を主とし、神を祭るは敬を主とす、と。愚謂《おも》えらく、此れ門人の孔子の祭祀の誠意を記すなり。

（1）程頤の語。『程氏遺書』二二上。
（2）孔子が官吏であった時に祭祀を行った、雲や雨を呼ぶ自然界の神。「外神を祭るは、山林渓谷の神の能く雲雨を興す者を謂う。此れ孔子の官に在る時なり」（『朱子語類』二五）。なお程顥か程頤かいずれかの語に「其の他の祭る所の者、天地山川の如き皆な是《これ》なり」（『程氏外書』五）

と言い、遡って『論語集解』に引く孔安国の解釈では「神」を「百神」とする。

子曰、吾不与祭、如不祭。［子曰わく、吾《われ》祭に与《あずか》らざれば、祭らざるが如し、と。］

「与」は去声。〇ここでさらに孔子の言を記して孔子の姿勢を明らかにしている。この語の意味はこうである。祭にあたって、自分がわけがあって参加できず、他人に代理をさせた場合は、「いますが如く」に祖先や神に対する誠を尽くすことができない。それゆえ祭を終えた後であっても、心にはまだ祭を行っていないような欠落感が生じてしまう。〇范氏が言った。「君子が祭をする際に、七日間は身体を斎戒し、三日間は心を斎戒し、かくて祭る対象が見えるようになるのは、誠を尽くせばこそである。それゆえこの心で「郊」の祭をすれば天神が降り、廟で祭れば祖先の霊魂がそれを受けてくれるのであって、みな自分が招くものである。誠が有れば神が有り、誠が無ければ神はいない。謹まないわけにいられようか。「自分が祭に参加しなければ、祭っていないようである」のは、誠こそが実であり、礼はむしろ虚であるからだ」。

与、去声。〇又記孔子之言以明之。言己当祭之時、或有故不得与、而使他人摂之、則不得致其如在之誠。故雖已祭、而此心欠然如未嘗祭也。〇范氏曰、君子之祭、七日戒、三日斉、必見所祭者、誠之至也。是故郊則天神格、廟則人鬼享、皆由己以致之也。有其誠則有其神、無其誠則無其神。可不謹乎。吾不与祭、如不祭、誠為実、礼為虚也。

与は、去声(1)。〇又た孔子の言を記して以て之を明らかにす。言うこころは、己《おのれ》祭の時に当たり、或いは故有りて与《あずか》るを得ずして、他人をして之を摂せしむれば、則ち其の在すが如くするの誠を致すことを得ず。故に已に祭ると雖も、而れども此の心欠然として未だ嘗て祭らざるが如きなり。〇范氏曰わく(2)、君子の祭るや、七日戒し、三日斉し(3)、必ず祭る所の者を見るは、誠の至りなり。是の故に郊すれば則ち天神格《いた》り、廟すれば則ち人鬼享《う》く(4)、皆な己に由りて以て之を致すなり。其の誠有れば則ち其の神有り、其の誠無ければ則ち其の神無し。謹まざる可けんや。吾《われ》祭に与らざれば、祭らざるが如きは、誠は実為《た》り、礼は虚為ればなり、と。

（1）ここでは「あずかる」。学而第一・第一〇章の注（1）（九七頁）を参照。
（2）范祖禹の語。『論語精義』二上に引く。
（3）「戒」は「散斎」で身体のものいみ。「斉」は「致斎」で心のものいみ。「是の故に君子の斉するや、……故に散斉七日、以て之を定め、致斉三日、以て之を斉す。……然る後に以て神明に交わる可きなり」（『礼記』祭統）。

（4）廟でするのは祖先の祭祀。「人鬼」は祖先の霊。

【補説】

［仁斎］祭祀の礼は、人道の本である。つまり重要なのは、それを行う誠であり、やむを得ざる至情である。それを神が受けるか受けないかは問題ではない。

［徂徠］朱子が引く程子の語では、「祭るには在すが如くす」は祖先祭祀、「神を祭るには、神の在すが如くす」は自然界の神の祭祀とするが、それは誤り。「祭るには在すが如くす」は古経の言、「神を祭るには、神の在すが如くす」はその経を解釈した言、「子曰わく」以下は孔子の言を引いてこれを証したものであって、門人がこのように編集した。『論語』には、いろいろな形のものが混在しているのであって、後世の儒者のように、『論語』を孔子の語録のみと思ってはならない。

また朱子や仁斎のような祭礼を祭る側の心持ちの問題に還元するのは妥当ではない。朱子は「死に事うること生に事うるが如くす」（『中庸』第一九章）の精神で『文公家礼』を作ったが、祭礼では親をも妻をもそのまま親や妻として祭るのではなく、神として拝するのである。

＊朱子や仁斎が祭る側の姿勢の問題に重点をおくところには、宗教的要素を薄める彼らの傾向が反映しているが、それに対して徂徠はあくまでも祭祀の宗教的意味を重視する。

第十三章

王孫賈問曰、与其媚於奥、寧媚於竈、何謂也。［王孫賈《おうそんか》問いて曰わく、其の奥《おう》に媚《こ》びん与《よ》りは、寧《むし》ろ竈《そう》に媚びよとは、何の謂いぞや、と。］

王孫賈は、衛の大夫。「媚」は、親近して意を迎えることである。室の西南の隅を「奥」と言う。「竈」は、五祀の一つで、夏に祭るものである。全て五祀の祭は、まず神主を設けてしかるべき所で祭り、その後で尸《し》を迎えて奥に祭るのである。これは宗廟を祭る儀とほぼ同じである。竈を祀る場合は、神主を竈陘《けい》に安置し、祭が終わってから、さらに神饌を奥に供え、それで尸を迎えるのである。それゆえ世俗のことわざに「奥では常に尊いものを迎えるが祭の主ではなく、竈は低い地位にあるがその祭りの一番の当事者である」とあるのを利用して、「君主と関係を結ぶには、その権勢ある重臣に接近し意を迎えるのに限る」というのに譬えたのである。賈は衛の権勢ある重臣。それゆえこれを持ち出して孔子に暗にそそのかしたのである。

王孫賈、衛大夫。媚、親順也。室西南隅為奥。竈者、五祀之一、夏所祭也。凡祭五祀、皆先設主而祭於其所、然後迎尸而祭於奥。略如祭宗廟之儀。如祀竈、則設主於竈陘、祭畢而更設饌於奥、以迎尸也。故時俗之語、因以奥有常尊、而非祭之主、竈雖卑賤而当時用事、喩自結於君、不如阿附権臣也。賈衛之権臣。故以此諷孔子。

王孫賈は、衛の大夫(1)。媚は、親しみ順うなり。室の西南の隅を奥と為す(2)。竈は、五祀の一(3)、夏に祭る所なり(4)。凡そ五祀を祭るには、皆な先ず主を設けて其の所に祭り、然る後尸を迎えて奥に祭る。略《ほ》ぼ宗廟を祭るの儀の如し。竈を祀るが如きは、則ち主を竈陘(5)に設け、祭畢わりて、更に饌を奥に設け、以て尸を迎うるなり(6)。故に時俗の語、因りて奥は常尊有れども、祭の主に非ず、竈は卑賤なりと雖も、時に当たりて事を用うるを以て、自ら君に結ぶは、権臣に阿附するに如かざるに喩うるなり。賈は衛の権臣。故に此を以て孔子を諷す。

（1）『論語集解』に引く孔安国の注。王孫賈の名は、『春秋左氏伝』に複数見える。
（2）『爾雅』釈宮。
（3）五祀とは、季節ごとに行う五つの祭祀（『礼記』月令）。春に戸、夏に竈、中央に中霤《りゆう》、秋に門、冬に行、を祭る。

（4）『礼記』月令に、孟夏の月、仲夏の月、季夏の月は「其の祀は竈」とする。
（5）「竈陘」は、竈の外側の平らにしてあって柴などを置く場所。『礼記』月令の孔穎達の疏では「竈辺の器を承くるの物、土を以て之を為す」とあり（『礼記正義』）、朱子は、この「竈陘」を問われて、「想うに是れ竈門の外の平正にして柴を頓《お》く可き処」と答える（『朱子語類』二五）。
（6）五祀の祭では、いずれも該当する家の各箇所で祭祀をしてから、奥で尸を迎える。

子曰、不然。獲罪於天、無所禱也。［子曰わく、然らず。罪を天に獲《う》れば、禱《いの》る所無きなり、と。］

天は理である。尊さでは並ぶものはなく、奥だの竈だのに比すべきではない。理に逆らうのが、「罪を天に得る」ということである。奥や竈に媚び、祈禱してうまく逃れられるようなことであろうか。この語の意味はこうである。ただ理に順《したが》うべきなのであって、竈に媚びるだけではなく、奥に媚びるべきでもないのである。○謝氏が言った。「聖人の言は、謙虚で悠然と迫らない。王孫賈がその意を理解すれば、益はあるわけだし、理解しなくても、禍を受けることにはならない」。

天即理也。其尊無対、非奥竈之可比也。逆理、則獲罪於天矣。豈媚於奥竈、所能禱而免乎。言但当順理、非特不当媚竈。亦不可媚於奥也。○謝氏曰、聖人之言、遜而不迫。使王孫賈而知此意、不為無益、使其不知、亦非所以取禍。

天は即ち理なり(1)。其の尊きこと対するもの無く、奥竈の比す可きに非ざるなり。理に逆らうは、則ち罪を天に獲るなり。豈に奥竈に媚び、能く禱りて免るる所ならんや。言うこころは、但だ当に理に順うべくして、特《た》だ当に竈に媚びるべからざるのみに非ず、亦た奥に媚びる可からざるなり。○謝氏曰わく(2)、聖人の言は、遜にして迫らず。王孫賈をして此の意を知らしむるも、益無しと為さず、其の知らざらしむるも、亦た以て禍を取る所に非ず、と。

（1）朱子が天を理とする時は、天の神秘的側面ではなく、理法的な側面を言う。つまり『論語』本文の「罪を天に獲れば」とは、「天から具体的懲罰が降されれば」ということではなくて、「理にはずれれば」ということなのであって、それゆえ「但だ当に理に順うべくして」が求められているのである。

（2）謝良佐の語。『論語精義』二上に引く。

【補説】

［仁斎］天の道は「直」であって、この「直」とは、天下がみな善とするものが善、天下がみな悪とするものが悪ということである。これにはずれては鬼神であっても福をもたらせられない。これが「罪を天に獲れば、禱る所無きなり」ということである。

［徂徠］孔子の言葉は、朱子が引く謝良佐の語にあるような謙虚ということではなく、王孫賈が祭祀を持ち出して風諭してきたのに対し、それに気づかないふりをして、あくまで祭祀のことで直接的に答えているのである。朱子は天を理とし、仁斎は道を直とした。その意図はけっこうだが、結局は自分の考えで勝手に天を解釈したものであって、これで天を知っていると自認するのは傲《おご》りである。

第十四章

子曰、周監於二代、郁郁乎文哉。吾従周。［子曰わく、周は二代を監《み》て、郁郁乎《いくいくこ》として文なるかな。吾は周に従わん、と。］

「郁」は於六の反。○「監」は視ること。「二代」は夏と商（殷）である。周がこれら二代の礼を検討して、増減して調整したことを言う。「郁郁」は文化要素が濃厚なさま。○尹氏が言った。「三代の礼は、周になって完備した。孔子はその文化的要素を美として評価し、周に依拠したのである」。

郁、於六反。○監、視也。二代、夏商也。言其見二代之礼而損益之。郁郁、文盛貌。○尹氏曰、三代之礼、至周大備。夫子美其文而従之。

郁は、於六の反。[1]○監は、視なり。[2]二代は、夏商なり。其の二代の礼を見て之を損益するを言うなり。[3]郁郁は、文盛なる貌。○尹氏曰わく、[4]三代の礼、周に至りて大いに備わる。夫子其の文を美として之に従う、と。

（1）『経典釈文』二四。
（2）『論語集解』に引く孔安国の注。『爾雅』釈詁。
（3）損益については、為政第二・第二三章の朱子の注釈を参照。
（4）尹焞の語。『論語精義』二上に引く。

【補説】

［仁斎］贅沢よりも倹約が重要なのは言うまでもなく、特に個人としては質実であるべきだが、朝廷の礼に関しては完備している必要がある。夏や商（殷）の礼は質実であったが完備してはいなかった。周の礼は、それにふさわしく文飾が完備しているがゆえに、孔子は「文なるかな」と評価した。道はこのようにそれが求められている状況に適合するということである。
［徂徠］「監」は「視る」ではなく、「監戒とする」の意。周は、夏や商（殷）を監戒としその欠点を防御したために、制度が詳密となった。夏、商が「質」であり、周はそれに加えて「文」にしたのではない。夏、商、周はそれぞれ「文」を持っていたのであって、後世から評価すると、周が「文」と言われるのにふさわしいのである。聖人の道は「文」なのであって、「文」と「質」の「中」がよいのではなく、「文」こそがそのまま「中」なのである。仁斎は贅沢や倹約のことを問題にしているが、これは「文」や「質」とは別のことである。仁斎は全く道や礼のことを理解できていない。

第十五章

子入大廟、毎事問。或曰、孰謂鄹人之子知礼乎。入大廟、毎事問。子聞之曰、是礼也。［子、大廟《たいびょう》に入りて、事毎《ことごと》に問う。或ひと曰わく、孰《た》れか鄹人《すうひと》の子を、礼を知ると謂うや。大廟に入りて、事毎に問う、と。子之を聞きて曰わく、是れ礼なり、と。］

「大」の音は泰。「郰」は側留の反。○「大廟」は魯の周公の廟。これは孔子が初めて出仕した時、大廟に入って祭を補佐した時のことである。「郰」は魯の邑《むら》の名。孔子の父の叔梁紇《しゆくりようこつ》は以前、この邑の大夫であった。孔子は少年時代から礼の造詣が深いことで知られていた。それゆえある人が、このことで孔子を譏ったのである。孔子が「これが礼である」と言ったのは、敬虔謙譲のきわみで、これこそが礼である。○尹氏が言った。「礼は敬虔さに尽きる。知っていても質問したのは、謙譲のきわみである。敬虔さでこれ以上のものはない。これを「礼を知らず」などと言う者を、どうして孔子のことがわかっていると言えようか」。

大、音泰。郰、側留反。○大廟、魯周公廟。此蓋孔子始仕之時、入而助祭也。郰、魯邑名。孔子父叔梁紇、嘗為其邑大夫。孔子自少、以知礼聞。故或人因此而譏之。孔子言是礼者、敬謹之至、乃所以為礼也。○尹氏曰、礼者敬而已矣。雖知亦問、謹之至也。

大は、音泰[1]。郰は、側留の反[2]。○大廟は、魯の周公の廟[3]。此れ蓋し孔子始めて仕うるの時、入りて祭を助くるなり。郰は、魯の邑の名。孔子の父叔梁紇、嘗て其の邑の大夫為《た》り。孔子少《わか》きより、礼を知るを以て聞こゆ[4]。故に或人此に因りて之を譏る。孔子の是れ礼なりと言うは、敬謹の至り、乃ち礼為る所以なり。○尹氏曰わく[5]、礼とは敬のみ[6]。知ると雖も亦た問うは、謹みの至りなり。其の敬為ること此より大なるは莫し。之

其為敬莫大於此。謂之不知礼者、豈足以知孔子哉。

を礼を知らずと謂う者は、豈に以て孔子を知るに足らんや、と。

（1）『経典釈文』二四。日本漢字音は「タイ」。「大廟」は「太廟」であることを示す。
（2）『経典釈文』二四。
（3）「大廟」は天子の祖先の廟であるが、ここでは『論語集解』の包咸の注に「大廟は、周公の廟なり」とあるのにより、魯に封ぜられた周公を祭る廟としている。
（4）「鄹は、孔子の父の叔梁紇の治むる所の邑。時人多く孔子礼を知ると言う」（『論語集解』に引く孔安国の注）。なお杜預『春秋経伝集解』襄公一〇年に「紇は、鄹邑の大夫」とある。また孔子の幼少時の遊戯は、礼のまねごとであった（『史記』孔子世家）。
（5）尹焞の語。『論語精義』二上に引く。
（6）「礼とは、敬のみ」（『孝経』）。なおその他にも「礼有る者は人を敬す」（『孟子』離婁下）、「礼を治むる所以は、敬を大と為す」（『礼記』哀公問）など諸書で礼の基本精神は「敬」にあるとされている。

【補説】
［仁斎］孔子は礼について熟知していたが、具体的な器物や事項については知らないこともあった

から謙虚に質問した（『朱子語類』二五にも類似の語がある）。ここの「或ひと」は道を知らず、器物だの度数だのに通じていることを礼を知ると見なしていたから、孔子を貶める発言をしたのである。

［徂徠］この「或ひと」の語の中にある「鄹人の子」という表現からして、孔子を軽んじている。孔子が「事毎に問う」という態度であったのは、朱子が思っているような謙虚さ云々ではなく、こうすること自体が礼の規定としてあったからである。

第十六章

子曰、射不主皮、為力不同科。古之道也。［子曰わく、射《しゃ》の皮《かわ》を主とせざるは、力の科を同じくせざるが為《た》めなり。古えの道なり、と。］

「為」は去声。○「射の皮を主とせず」とは、『儀礼《ぎらい》』「郷射礼《きょうしゃれい》」の文である。「力の段階が同じではないため」とは、孔子がこの『儀礼』の語をこのように解釈しているのである。「皮」は皮革である。布で作った的しろの中に皮を貼ってそれを的とする。「鵠《こく》」と言われているのがそれである。「科」は等級である。古えは「射」の礼によってその人の徳を見た。その際には的に当たるということを重んじて、的の皮を貫くということには重きを置かなかった。それは人の力には強弱の等級の差があるからである。『礼記』ではこうある。「武王は商（殷）に勝利し、軍を解散して郊射の礼を行い。かくて皮革を射貫くことを尊ぶ「射」は無くなった」。まさにこのことを言う。ところが周が衰え礼が廃れ、列国は戦争し、再び皮を貫くことを尊ぶようになった。それゆえ孔子はこれを嘆じたのである。○楊氏が言った。「命中することは練習によってできるようになるが、力で射貫くことは無理しても到達はできない。聖人が古えの道を言うのは、今の誤りを正すためなのである」。

為、去声。○射不主皮、郷射礼文。為力不同科、孔子解礼之意如此也。皮、革也。布侯而棲革於其中、以為的。所謂鵠也。科、等也。古者射以観徳。但主於中、而不主於貫革。蓋以人之力有強弱不同等也。記曰、武王克商、散軍郊射、而貫革之射息。正謂

為は、去声[1]。○射の皮を主とせずとは、郷射礼の文[2]。力の科を同じくせざるが為めとは、孔子の礼の意を解すること此の如きなり。皮は、革なり。布侯にして革を其の中に棲して、以て的と為す[3]。所謂鵠なり。科は、等なり。古えは射以て徳を観る。但だ中《あた》るを主として、革を貫くを主とせず。蓋し人の力は強弱の等を同じくせざること有るを以てなり。記に曰わく[4]、武王商に克《か》ち、軍を散じて郊射し、而して革を貫くの射息《や》む、と。

此也。周衰礼廃、列国兵争、復尚貫革。故孔子歎之。○楊氏曰、中可以学而能、力不可以強而至。聖人言古之道、所以正今之失。

正に此を謂うなり。周衰え礼廃れ、列国兵争し、復た革を貫くを尚ぶ。故に孔子之を歎ず。○楊氏曰わく、(5)中るは以て学びて能くす可きも、力は以て強めて至る可からず。聖人の古えの道を言うは、今の失を正す所以なり、と。

（1）ここでは「ため」。学而第一・第四章の注（2）（七一頁）を参照。

（2）『儀礼』郷射礼。

（3）「侯」は的。「布侯」は白い布で作った的で大夫や士が使用する（『儀礼』郷射礼）。「棲」は、皮を張って的とすること。『周礼』冬官・考工記に「棲鵠」という語が出てくるが、それは中央に鳥が棲息しているように鵠《まと》を取り付けるためにこのように言う（鄭玄の注）。つまり白い布で作ったまと（布侯）の中心に、さらに皮で作ったまと（的）を取り付ける（棲する）こと。

（4）『礼記』楽記。

（5）楊時の語。『論語精義』二上に引く。

【補説】

［仁斎］世の中は治と乱が繰り返す。ひとたび衰えるとすぐに回復できない。本章では射において

的の皮を射貫くという風潮が古えの道ではないことを孔子は嘆じているのであるが、このような小さなことまでも、君子は把握しているのである。

［徂徠］『論語集解』で馬融は『周礼』地官・郷大夫によって「皮を主とす」を的に当てる射のこととしていて、この方がよい。朱子が『儀礼』郷射礼及びその鄭玄の注をもとにこれを的を射貫く射とするのは誤りである。古えは、射には、「礼射」（礼楽による射で、競技するのではない君子の射）、「主皮の射」（皮に当てる射で、庶民の射）、「貫皮の射」（甲冑の皮革を貫く射で、力士の射）があった。本章では、このような区別があるのが古えの道であると言っているのである。

第十七章

子貢欲去告朔之餼羊。［子貢、告朔の餼羊《きよう》を去らんと欲す。］

「去」は起呂の反。「告」は古篤の反。「餼」は許気の反。〇告朔の礼とは、古えは天子は毎年の季冬（十二月）に、翌年の十二箇月それぞれの朔日を記した暦を諸侯に頒布した。諸侯はそれを受け取り、祖廟に収め、毎月の朔日には、一頭の羊を供えて廟に告げ、この暦の実施を願った。「餼」は生きた犠牲である。魯は文公の時から朔を行わなくなった。しかし役人は依然としてこの羊を供えていた。それ故子貢はこれを廃止しようと望んだのである。

去、起呂反。告、古篤反。餼、許気反。○告朔之礼、古者天子常以季冬頒来歳十二月之朔于諸侯。諸侯受而蔵之祖廟、月朔、則以特羊告廟、請而行之。餼、生牲也。魯自文公始不視朔。而有司猶供此羊。故子貢欲去之。

去は、起呂の反[1]。告は、古篤の反[2]。餼は、許気の反[3]。○告朔の礼、古えは天子常に季冬を以て来歳十二月の朔を諸侯に頒つ[4]。諸侯受けて之を祖廟に蔵し、月朔には、則ち特羊[5]を以て廟に告げ、請いて之を行う。餼は、生牲なり[6]。魯は文公自り始めて朔を視ず[7]。而して有司は猶お此の羊を供す。故に子貢之を去らんと欲す[8]。

（1）『経典釈文』二四。
（2）同前。
（3）同前。
（4）『周礼』春官・大史。
（5）供物の一頭の羊。『春秋左氏伝』襄公二二年に「祭るに特羊を以てす」とあり、その杜預の注に「四時祀るに一羊を以てす」（『春秋経伝集解』）と言う。また『国語』晋語二に「特羊の饗」

の語があり、その韋昭の注に「特は、一なり」と言う。
（6）「牲生を餼と曰う」（『経典釈文』二四）。
（7）「魯は文公自り始めて朔を視ず」（『論語集解』に引く鄭玄の注）。この件はまた『春秋左氏伝』文公六年、文公一六年に見える。
（8）「子貢其の礼の廃するを見る。故に其の羊を去らんと欲す」（『論語集解』に引く鄭玄の注）。

子曰、賜也、爾愛其羊。我愛其礼。［子曰わく、賜《し》や、爾《なんじ》は其の羊を愛《お》しむ。我は其の礼を愛しむ、と。］

「愛しむ」とは、惜しむということである。子貢は、実体がないのに無駄な費用がかかるのを惜しんだ。しかし礼は廃されても供物の羊が残っていれば、まだこれをきっかけにこの礼の存在を知って復興することができよう。もし羊まで廃止すれば、この礼はすぐに亡んでしまう。これが、孔子がこれを惜しんだ理由である。○楊氏が言った。「「告朔」は、諸侯が君王から命令を受けるものであって、礼のうちでも重要なものである。魯は、朔を行わなくなった。しかし供物の羊が残っていれば、告朔の名称はまだ亡んではいない。だから実体の方もそれをきっかけに回復できよう。これが孔子が羊を惜しんだ理由である」。

愛、猶惜也。子貢蓋惜其無実而妄費。然礼雖廃羊存、猶得以識之而可復焉。若併去其羊、則此礼遂亡矣。孔子所以惜之。○楊氏曰、告朔、諸侯所以稟命於君親、礼之大者。魯不視朔矣。然羊存則告朔之名未泯。而其実因可挙。此夫子所以惜之也。

愛しむは、猶お惜しむがごときなり。子貢は蓋し其の実無くして妄に費ゆるを惜しむ。然れども礼廃すと雖も羊存せば、猶お以て之を識るを得て復す可し。若し併せて其の羊を去れば、則ち此の礼遂に亡びん(1)。孔子の之を惜しむ所以なり。○楊氏曰わく(2)、告朔は、諸侯の命を君親に稟《う》くる所以にて、礼の大なる者なり。魯、朔を視ず。然れども羊存せば、則ち告朔の名未だ泯《ほろ》びず。而して其の実因りて挙ぐ可し。此れ夫子の之を惜しむ所以なり、と。

（1）「羊存すれば、猶お以て其の礼を識る。羊亡ければ、礼遂に廃す」（『論語集解』に引く包咸の注）。

（2）楊時の語。『論語精義』二上に引く。

【補説】

［仁斎］礼は理であり、羊は物である。礼が尊重されている時は、牛がだめなら羊、それもだめなら豕《いのこ》、というように物にこだわらなかったが、礼が衰えると物を重視するようになった。世の中が衰亡すると、人々は物にこだわりその有無でしか礼を見なくなる。であるから羊があれば礼が存在し、なければ亡ぶと思ってしまうのである。

［徂徠］先王の礼は文献にもともと書かれてはいなかった。文献に記すようになったのは孔子からである。そのような状態であるから羊を供えるというような具体的事例が礼を知るうえで重要だったのである。

仁斎は孔子よりも孟子を尊んでいるために、『孟子』梁恵王上に犠牲になる牛や羊を哀れむ心が尊いという内容があるのと齟齬しないように、牛がだめなら羊というような議論をするのである。ただ孔子は周が衰えた時に礼の衰亡を惜しんだのに対し、孟子はすでに礼が亡んでしまった世にあって宣王を仁政に導こうとしたのであって、そもそも両者の主旨は異なるのである（なお徂徠は、ここで告朔の内容と意義について詳細な考証をしている）。

第十八章

子曰、事君尽礼、人以為諂也。［子曰わく、君に事《つか》うるに礼を尽くせば、人以て諂《へつら》うと為すなり、と。］

黄氏は言った。「孔子は君に仕える礼に関して、特別なことをしたわけではない。そのようにしていても、十分に礼を尽くしていたのである。当時の人たちはそうはできなかったのに、逆に孔子をへつらっているとした。それゆえ孔子はこのように言い、礼がかくあるべきことを明らかにしたのである」。〇程子が言われた。「孔子は君に仕える際に礼を尽くしていたが、当時の人々はそれをへつらっているとした。もし他の人ならば、このような場合、必ず「私は君に仕えるのに礼を尽くしているのに、小人どもはそれをへつらっているとする」と言ったであろう。しかし孔子はこのように言っただけだった。聖人の道が大きく徳が広いことを、ここでもまた見ることができる」。

黄氏曰、孔子於事君之礼、非有所加也。如是而後尽爾。時人不能、反以為諂。故孔子言之、以　黄氏曰わく、(1)孔子は君に事うるの礼に於て、加うる所有るに非ざるなり。是の如くして後に尽くすのみ。時人能くせず、反て以て諂うと為す。故に孔子之を言い、

明礼之当然也。○程子曰、聖人事君尽礼、当時以為諂。若他人言之、必曰我事君尽礼、小人以為諂。而孔子之言、止於如此。聖人道大徳宏、此亦可見。

以て礼の当然を明らかにするなり、と。○程子曰わく、[3]聖人は君に事うるに礼を尽くせば、当時以て諂うと為す。若し他人之を言えば、必ず我君に事うるに礼を尽くせども、小人以て諂うと為すと曰わん。而して孔子の言、此の如くに止まる。聖人の道の大きく徳の宏きこと、此にも亦た見る可し、と。

（1）黄祖舜《こうそしゅん》の語。朱子は『論語集注』中の「黄氏」は黄祖舜のことと言う（『朱子語類』一九）。黄祖舜は、北宋から南宋にかけての人。著に『論語解義』があった。なお胡宏『語指南（論語指南）』（『五峯集』五）は黄祖舜と沈大廉《しんだいれん》の『論語』解釈を弁証したものであるが、そこではこの書を抄録している。

（2）「礼」は、テキストによっては「理」となっている。

（3）程頤の語。『程氏外書』六。

【補説】

［仁斎］臣下が君主に対する時は、礼を尽くすのが根本である。ここで孔子を批判しているのは、道を害する者である。荀子が「道義重ければ、王侯を軽んず」（『荀子』修身）と言っているのは誤り

である。王侯を軽んずる者は、道義を知らないのである。

［徂徠］本章は魯の国のために発せられたものである。当時魯は三桓氏の専横があり、臣下たちは魯公よりも三桓氏にへつらっていたからである。そもそも孔子は、臣下が君主に対する姿勢としては、次章にあるように、礼を尽くすことよりも忠であることを要求する。それがここでは礼を問題にしているのであって、そのことからも魯の国の状況を意識していることがわかる。

先王は、王侯に謁見する機会を得た在野の人士が最初は萎縮したり昂揚したりするが最後は威圧されて平服することになるのに鑑み、人士に節度と余裕を持たせるために人臣の礼を制定した。つまり単なる美観のためでなく臣下を優遇することを考えてのものでもあった。臣下がその礼をとることで、君主の方も臣下を奴隷のようには見なくなり、かくて臣下も君主に忌憚なくものが言えたのである。それが戦国時代、さらに秦へと先王の礼が廃れていき、君主はますます傲り、臣下はますます卑屈になった。秦漢以後、無礼であると臣下を責めるのは暗君で、礼に欠けていると譴責されるのはむしろ忠臣である。もし後世の君主が古代の三代の人臣を見れば、多くが無礼と見えるであろう。であるから、仁斎が『荀子』の語を批判するのはお門違いなのである。

第十九章

定公問、君使臣、臣事君、如之何。孔子対曰、君使臣以礼、臣事君以忠。［定

公問う、君、臣を使い、臣、君に事《つか》うるには、之を如何《いかん》せん、と。孔子対《こた》えて曰わく、君は臣を使うに礼を以てし、臣は君に事うるに忠を以てす、と。」

定公は魯の君、名は宋。この二つはともにかくあるべき道理であって、それぞれがそれを尽くそうとするものである。○呂氏が言った。「君が臣を使う際には、その不忠を気にとめないで、臣に礼を尽くしていないかを気にかける。臣が君に仕える際には、その無礼を気にとめないで、君への忠が不足していないかを気にかける」。尹氏が言った。「君と臣とは、義によって結びつく関係である。それゆえ君が礼によって臣を使えば、臣は君に忠によって仕える」。

定公、魯君、名宋。二者皆理之当然、各欲自尽而已。○呂氏曰、使臣不患其不忠、患礼之不至。事君不患其無礼、患忠之不足。尹氏曰、君臣以義合者也。故君使臣以礼、則臣事君以忠。

定公は、魯の君、名は宋。二者は皆な理の当然(1)にして、各〻自ら尽くさんと欲するのみ。○呂氏曰わく、臣を使うに其の忠ならざるを患《うれ》えず、礼の至らざるを患う。君に事うるに其の礼無きを患えず、忠の足らざるを患う、と。尹氏曰わく(2)、君臣は義を以て合する者なり(3)。故に君、臣を使うるに礼を以てすれば、則ち臣、君に事うるに忠を以てす、と。

（1）呂大臨の語。『論語精義』二上に引く。
（2）尹焞の語。『論語精義』二上に引く。
（3）「三たび諫めて聴かれざれば則ち之を逃る」（『礼記』曲礼下）の鄭玄の注に、「君臣義有れば則ち合し、義無ければ則ち離る」。また「君臣義あり」（『孟子』滕文公上）。

【補説】

［仁斎］尊位から下位に臨む場合は、簡略になりやすく、下が上に仕える場合は欺きやすいので、前者では礼、後者では忠《まこと》が言われているのである。

［徂徠］臣下は君主と天職をともにするがゆえに、君主は臣下を礼によって使うのであり、臣下は君主の代わりに物事を行うがゆえに、臣下は君主に忠によって仕えるのである。ただそのようになるもとは、君主の方の姿勢にある。なお仁斎の議論は辻褄合わせである。

第二十章
子曰、関雎楽而不淫、哀而不傷。「子曰わく、関雎《かんしょ》は楽しめども淫《いん》せず、哀《かな》しめども傷《やぶ》らず、と。」

「楽」の音は洛。「関雎」は『詩経』周南の国風の詩の首篇である。「淫」は楽しみが行き過ぎて適正さを失う状態である。「傷」は哀しみが行き過ぎて調和を損なう状態である。「関雎」の詩の意味はこうである。后妃にふさわしい徳を持つ女性こそ、君子の配偶者にすべきである。そのような女性を求めても得られなければ、寝ても覚めても気にかかり就寝の時にも寝返りをうたないことがないくらい悶々とする。求めて得られれば、当然琴瑟《きんしつ》を奏で鐘鼓《しょうこ》を鳴らすほどの喜びが湧く。このように憂いが深くても、調和を損なっていないし、楽しみが横溢していても、適正さを失っていない。それゆえ孔子は、このように賞賛した。学ぶ者に対して、『詩経』の詩句の文言を玩味し、その声調の調和を理解し、それによって心の性情の正しさがいかなるものかの認識を深めることを望んだのである。

楽、音洛。関雎、周南国風詩之首篇也。淫者、楽之過而失其正者也。傷者、哀之過而害於和者也。関雎之詩、言后妃之徳、宜

楽は、音洛。[1]関雎は、周南国風の詩の首篇なり。[2]淫は、楽しみの過ぎて其の正を失う者なり。傷は、哀しみの過ぎて和を害《そこな》う者なり。関雎の詩、言うこころは、后妃の徳、宜しく君子に配すべし。[3]之を求めて未だ得ざ

配君子。求之未得、則不能無寤寐反側之憂。求而得之、則宜其有琴瑟鐘鼓之楽。蓋其憂雖深、而不害於和、其楽雖盛、而不失其正。故夫子称之如此。欲学者玩其辞、審其音、而有以識其性情之正也。

れば、則ち寤寐《ごび》反側の憂い[4]無きこと能わず。求めて之を得れば、則ち宜しく其の琴瑟鐘鼓の楽しみ[5]有るべし。蓋し其の憂い深しと雖も、和を害わず、其の楽しみ盛んなりと雖も、其の正を失わず。故に夫子之を称すること此の如し。学者に其の辞を玩び、其の音を審らかに[6]し、以て其の性情[7]の正を識ること有るを欲するなり。

（1）学而第一・第一章の注（1）（五六頁）を参照。

（2）『詩経』の冒頭は国風の周南で、その最初にこの「関雎」の詩がある。「関雎とは、詩の国風周南首篇の名」（邢昺『論語正義』）。

（3）朱子は、「関雎」を、文王にふさわしい后を求めるために苦悶し、結局后として太姒《たいじ》を得られたことを喜ぶ詩とする（『詩集伝』一）。

（4）「関雎」の詩に「之を求むれども得ず、寤寐《ごび》に思服す。悠なるかな悠なるかな、輾転《てんてん》反側す」とある。「寤寐」は「寝ても覚めても」、「輾転反側」は「寝返りをうつ」という意。

（5）「関雎」の詩に「参差《しんじ》たる荇菜《こうさい》、左右に之を采る。窈窕《ようちょう》たる淑女。琴瑟、之を友とす。参差たる荇菜、左右に之を芼《ぼう》す。窈窕たる淑女、鐘鼓、之を楽しまん」。「琴瑟」は琴と瑟（大型の琴）の弦楽器、「鐘鼓」は鐘と鼓の打楽器。

（6）朱子は「独り其の声気の和は、得て聞く可からざる者あり」と、詩の音声の方は今は伝わっていないと言うが、「然れども学者姑《しば》らく其の辞に即《つ》きて其の理を玩び、以て心を養えば、則ち亦た以て詩の本を学ぶを得可し」と、詩句をもとに理を玩味し心を養えば詩の根本を学べるとする（『詩集伝』一）。

（7）朱子は、この詩を作った者は、「其の性情の正、声気の和を得」と言う（『詩集伝』一）。

【補説】

［仁斎］本章は「関雎」の詩の声音のすばらしさを讃えている。詩を読んでその志を理解できれば、声音はおのずとその中にある。「楽」も「哀」も人情であって、それを滅しようとすると異端の仏教となってしまう。なおこの詩で詠じている后妃は、朱子のように誰かを特定する必要はなく、『詩経』の『小序』が「后妃の徳」とだけ言うのに従うのがよい。『詩序』は『大序』にあるように古えの国史（記録官）の手になるものであって、これを通して『詩経』は解釈すべきである。

［徂徠］「楽しめども淫せず、哀しめども傷らず」とは、声音について言っているのであって、朱子の言うような内容の問題ではない。というのは「哀」は死や喪について言う語であって、「関雎」の詩にはその内容はないからである。詩についてその声音を問題にしているのは、『礼記』楽記、『春秋左氏伝』襄公二九年にも見える。『論語集解』に引く孔安国の注が「和（中和の声音）を言う」と

していう方がよいのであって、朱子のようにやたらに古注の説を変えるべきではない。

第二十一章

哀公問社於宰我。宰我対曰、夏后氏以松、殷人以柏、周人以栗。曰、使民戦栗。［哀公、社を宰我《さいが》に問う。宰我対《こた》えて曰わく、夏后《かこう》氏は松を以てし、殷人《いんひと》は柏を以てし、周人《しゅうひと》は栗《りつ》を以てす、と。曰わく、民をして戦栗《せんりつ》せしむ、と。］

宰我は孔子の弟子である、名は予。三代（夏、殷、周）の社《やしろ》が同じでないのは、古えは社を立てる場合は、それぞれの土壌に合う木を植えて社の主にしたからである。「戦栗」は、恐懼の様子。宰我はまた、周が栗を用いた理由はこうであると言ったのである。古えは人を社で刑戮《けいりく》したことを、その説に附会したのであろうか。

宰我、孔子弟子、名予。三代之社不同者、古者立社、各樹其土之所宜木以為主也。戦栗、恐懼

宰我は、孔子の弟子、名は予。[1]三代の社[2]の同じからざるは、古えは社を立つるに、各〻其の土の宜しき所の木を樹《う》え以て主と為せばなり。[3]戦栗は、恐懼の貌。宰

貌。宰我又言、周所以用栗之意如此。豈以古者戮人於社、故附会其説与。

我又た言う、周の栗を用うる所以の意は此の如し、と。豈に古えは人を社に戮《りく》するを以て[4]、故に其の説に附会するか。

（1）一般的には孔子の弟子の中では問題の発言や行動が多いことで知られている。
（2）三代は、夏、殷、周。社は、国つ神のやしろ。
（3）「凡そ邦を建て社を立つるに、各〻其土の宜しき所の木を以てす」（『論語集解』に引く孔安国の注）。夏の都は安邑《あんゆう》、殷の都は亳《はく》、周の都は豊鎬《ほうこう》で、それぞれ土壌が違う。またこの「主」についいては、朱子は、それぞれの木を加工して神主（位牌）を作ったのではなく、樹木をそのまま社の主としそこに神を依らせたのだと言う（『朱子語類』二五）。
（4）社で、死刑を行う。「命を用いざれば、社に戮《りく》す」（『書経』夏書・甘誓）。

子聞之曰、成事不説、遂事不諫、既往不咎。「子、之を聞きて曰わく、成事《せいじ》は説かず、遂事《すいじ》は諫《いさ》めず、既往《きおう》は咎《とが》めず、と。」

「遂事」は、まだ完遂されてはいないがその趨勢はどうしようもないことを言う。孔子は、宰我がお答えした内容は、社を建立することの本来の意味ではなく、そのうえ時の君主の殺伐な心を掻き立てるものであったが、もう言ってしまって今さら撤回できないので、このように言葉を列《つら》ねることで、今後は慎ませようとしたのである。○尹氏が言った。「古えはそれぞれ土壌に合った木の名をその社に名づけた。意味を木から取ったのではない。宰我はそれを知らないでいいかげんにお答えした。それゆえ孔子はこれをとがめたのである」。

遂事、謂事雖未成、而勢不能已者。孔子以宰我所対、非立社之本意、又啓時君殺伐之心、而其言已出、不可復救、故歴言此以深責之、欲使謹其後也。○尹氏曰、古者各以所宜木名其社。非取義於木也。宰我不知而妄対。故夫子責之。

遂事は、事未だ成らざると雖も、勢已《や》む能わざる者を謂う。孔子、宰我の対《こた》える所は、社を立つるの本意に非ず、又た時君の殺伐の心を啓《ひら》くも、其の言已に出で、復た救う可からざるを以て、故に此を歴言し以て深く之を責め、其の後を謹ましめんと欲するなり(1)。○尹氏曰わく(2)、古えは各〻宜しき所の木を以て其の社に名づく。義を木に取るに非ざるなり。宰我知らずして妄《みだ》りに対う。故に夫子之を責む、と。

（1）「孔子、宰我を非とす。故に此の三者を歴言し、其の後を慎ましめんと欲す」（『論語集解』に引く包咸の注）。
（2）尹焞の語。『論語精義』二上に引く。

【補説】

［仁斎］三代でこれらの木を順次社の主としたのは、いずれも青々として堅牢であり、王朝が新たになるごとに制度を改めて人心を刷新する必要があったからで、王朝ごとにその樹木は天下に共通していた。また人君の徳は、民を愛することより重要なものはない。人君に殺伐の心を起こさせるような宰我の言葉を、孔子がとがめたのは当然である。

［徂徠］「社を宰我に問う」の「社」を「主」としているテキストがあったというが、そちらの方が正しい。練の祭の時に栗で主（「神主」で位牌のこと）を作ることが『春秋公羊伝』文公二年に見えるからである。「成事は説かず、遂事は諫めず、既往は咎めず」は古語で、孔子はこれを用いて答えとした。周人がなぜ栗で主を作ったかは不明であるのに、宰我は臆断で答えた。それを孔子がとがめたのである。また孔安国や朱子が土壌に合った木を社の主としたとするのも臆断であって、もし孔子がこれを聞いたらとがめたであろう。そもそも社には主はなかった。なお仁斎は、三代でこれらの木を順次社の主としたのは、いずれも青々として堅牢だからであり、王朝ごとにその樹木は天下に共通していたとするが、諸書の内容からするとそのようになってはいない。

第二十二章

子曰、管仲之器小哉。［子曰わく、管仲《かんちゅう》の器《うつわ》は小なるかな、と。］

管仲は斉の大夫で、名は夷吾《いご》。桓公を補佐して諸侯に覇《は》たらしめた。「器が小さい」とは、彼が聖賢大学の道を理解しておらず、それゆえ器量は狭く浅く、行いは卑しく狭く、身を正し徳を修めることで自分の主を王道に導くことなどできないことを言う。

管仲、斉大夫、名夷吾。相桓公覇諸侯。器小、言其不知聖賢大学之道、故局量褊浅、規模卑狭、不能正身修徳、以致主於王道。

管仲は、斉の大夫、名は夷吾。(1)桓公を相《たす》けて諸侯に覇たらしむ。器小は、其の聖賢大学の道を知らず、(2)故に局量褊浅、(3)規模卑狭、(4)身を正し徳を修め、以て主を王道に致すこと能わざるを言う。

（1）管仲は孔子より二百年ほど前の人で、孔子の故郷である魯の東側にある大国の斉の宰相として桓公を覇者たらしめた功労者。管仲についての孔子の評価は否定的な時と肯定的な時があり、歴代議論の対象となった。
（2）聖人や賢人の学であり、古えの太学で教えたような道。
（3）「局量」は人間としての厚み、「褊」は狭いこと。「局量」はもとは「度量」に作り、一時は「識量」になおそうとしたらしい（『朱子語類』二五）。
（4）「規模」は、行いの幅。「度量は其の資質を言い、規模は是れ其の為す所を言う」（『朱子語類』二五）。

或曰、管仲倹乎。曰、管氏有三帰。官事不摂、焉得倹。［或ひと曰わく、管仲は倹なるか、と。曰わく、管氏、三帰あり。官事、摂《か》ねず、焉《いずく》んぞ倹なることを得ん、と。］

「焉」は於虔の反。〇ある人が、管仲の器量が小さいゆえの倹約ではないかと思ったのである。「三帰」は、台の名。この事は、『説苑』に見える。「摂」は、兼ねること。家臣たるものは全ての役職に人を配置することはできないので、一人にいくつかの役職を兼任させるものである。ところが管仲はそうではなかった。両方とも贅沢であったことを言っているのである。

焉、於虔反。○或人蓋疑器小之為倹。三帰、台名。事見説苑。摂、兼也。家臣不能具官、一人常兼数事。管仲不然。皆言其侈。

焉は、於虔の反。[1]○或人蓋し器の小なるの倹為《た》るかと疑う。三帰は、台の名。[2]事は説苑に見ゆ。[3]摂は、兼ぬるなり。[4]家臣官を具うること能わず、[5]一人常に数事を兼ぬ。管仲然らず。[6]皆な其の侈なるを言う。

（1）『経典釈文』二四。ここでは「いずくんぞ」。為政第二・第一〇章の注（1）（一六七頁）を参照。

（2）朱子は、「三帰」自体は僭上の沙汰ではないが、贅沢品なのでここで取り上げられたとする（『論語或問』）。

（3）「管仲、故に三帰の台を築き、以て自ら民を傷《やぶ》る」（前漢・劉向『説苑』善説）。

（4）『論語集解』に引く包咸の注。

（5）家臣の身分では役職ごとに役人を置いて職務を分担させてはならないということ。「大夫、官を具え、祭器仮らず、声楽皆な具うるは、礼に非ざるなり。是を乱国と謂う」（『礼記』礼運）。そこの鄭玄の注に、この『論語』の条を引いて説明する。

（6）「礼は国君の事大なり。官各〻人あり。大夫兼并す。今管仲家臣なれども職を備う。倹為《た》るに非ず」（『論語集解』に引く包咸の注）。

然則管仲知礼乎。曰、邦君樹塞門。管氏亦樹塞門。邦君為両君之好、有反坫。管氏亦有反坫。管氏而知礼、孰不知礼。［然らば則ち管仲《かんちゅう》は礼を知れるか、と。曰わく、邦君《ほうくん》は樹《じゅ》して門を塞《ふさ》ぐ。管氏も亦た樹して門を塞ぐ。邦君両君の好《よし》みを為すに、反坫《はんてん》有り。管氏も亦た反坫有り。管氏にして礼を知れば、孰《た》れか礼を知らざらん、と。］

「好」は去声。「坫《てん》」は丁念の反。○ある人が更に、倹約ではないならば礼をわかっているのではないかと思ったのである。屏を「樹」と言う。「塞」は、蔽うという意味である。屏を門に設けて、それで家の内を外から蔽うことである。「好」は、友好の会見を言う。「坫」は、両方の柱の間にあって、さかずきをやりとりして飲み終われば、そのさかずきをその上にもどすものである。これはみな諸侯の礼であって、管仲は僭越にもこれを行っているのであるから、礼をわきまえていなかった。○私（朱子）が思うに、孔子は管仲の器量が小さいのを譏ったが、その意味は深い。ある人はそれをわからず、管仲が倹約ではないかと思った。それゆえ孔子はその贅沢を指弾して倹約ではないことを明らかにした。その「ある人」はまた、礼をわきまえているのではないかと思った。それゆえ孔子はまた、その僭越ぶりを指弾して礼をわきまえていないことを明らかにした。器量が小さい理由をそれ以上明言しなくても、その小ささは、ここに見ることができるのである。それゆえ程子は言われた。「潤沢にしていても礼を犯せば、その器量の小ささがわかる。器量が大きければ、おのずと礼をわきまえて、このような過ちは無い」。この言は深く味わうべきである。蘇氏が言った。「身を修め家を正すことから始めて国にまで及べば、根本がしっかりと根付き、その及ぶ範囲も広い。これを大器と言うのである。揚雄が「大器は、人々の規範となるようなものである。まず自己修養して、その後で人を感化する」と言っているのがこれである。管仲が「三帰」や「反坫」といった台を設け、桓公が側女を六人も持ち、それでも天下に覇者として威勢を張ったが、その根本はもともとしっかり根づいていなかった。それゆえ管仲が死し、桓公が亡くなられたら、天下はもう斉につき従わなくなった」。楊氏が言った。「孔子は、管仲の功績を偉大であるとしながらもその器量を小さいとした。やはり王を補佐できる能力はなかったのだ。諸侯を会合させて天下の秩序を維持したが、その器量は言うほどのものではない。当時、道の学は明らかではなく、王と覇の区別も混同され一つになってしまっていた。それゆえ管仲の器量が小さいと聞けば、それでは倹約だったのかと思い、倹約ではなかったと告げれば、今度はまた礼をわきまえていたのかと思うのである。つまり当時の世では正道によらぬ功業を勲功と見なし、規範というものがわかっていなかったのであるから、管仲の小ささを悟らなかったのも無理はないのである」。

好、去声。坫、丁念反。○或人又疑不倹為知礼。屏謂之樹。塞、猶蔽也。設屏於門、以蔽内外也。好、謂好会。坫、在両楹之間。献酬飲畢、則反爵於其上。此皆諸侯之礼、而管仲僭之、不知礼也。○愚謂、孔子譏管仲之器小、其旨深矣。或人不知而疑其倹。故斥其奢以明其非倹。或又疑其知礼。故又斥其僭以明其不知礼。蓋雖不復明言小器之所以然、而其所以小者、於此亦可見矣。故程子曰、奢而犯礼、其器之小可知。蓋器大、則自知礼、而無此失矣。此言当深味也。蘇氏曰、

好は、去声[1]。坫は、丁念の反[2]。○或人又た倹ならざるを礼を知り為《た》るかと疑う。屏は之を樹と謂う[3]。塞は、猶お蔽のごときなり[4]。屏を門に設けて、以て内外を蔽うなり。好は、好会を謂う。坫は、両楹《えい》の間に在り、献酬し飲み畢われば、則ち爵を其の上に反す[5]。此れ皆な諸侯の礼にして、管仲之を僭すれば、礼を知らざるなり[6]。○愚謂えらく、孔子、管仲の器小なるを譏る、其の旨深し。或人知らずして其の倹なるかと疑う。故に其の奢を斥《さ》して以て其の倹に非ざるを明らかにす。或ひと又た其の礼を知れるかと疑う。故に又た其の僭を斥して以て其の礼を知らざるを明らかにす。蓋し復た小器の然る所以を明言せずと雖も、其の小なる所以の者、此に於て亦た見る可し。故に程子曰わく[7]、奢にして礼を犯せば、其の器の小なること知る可し。蓋し器大なれば、則ち自ら礼を知りて、此の失無し、と[8]。

自修身正家、以及於国、則其本深、其及者遠。是謂大器。揚雄所謂大器猶規矩準縄、先自治而後治人者、是也。管仲三帰反坫、桓公内嬖六人、而覇天下、其本固已浅矣。管仲死、桓公薨、天下不復宗斉。楊氏曰、夫子大管仲之功而小其器。蓋非王佐之才、雖能合諸侯正天下、其器不足称也。道学不明、而王覇之略混為一途。故聞管仲之器小、則疑其為倹、以不倹告之、則又疑其知礼。蓋世方以詭遇為功、而不知為之範。則不悟其小宜矣。

此の言当に深く味う可し。蘇氏曰わく、(9)身を修め家を正す自《よ》り、以て国に及べば、則ち其の本深く、其の及ぶ者遠し。是を大器と謂う。揚雄の所謂《いわゆる》大器は、猶お規矩準縄(10)のごとし。先ず自ら治めて而る後人を治むる者(11)、是《これ》なり。管仲の三帰反坫、桓公の内嬖《へい》六人(12)、而して天下に覇たるは、其の本固《もと》より已に浅し。管仲死し、桓公薨《こう》じ、天下復た斉を宗とせず、と。楊氏曰わく(13)、夫子は管仲の功を大として其の器を小とす。蓋し王佐の才に非ず。能く諸侯を合わせ天下を正すと雖も、其の器は称するに足らざるなり。道学明らかならずして、王覇の略(14)混じて一途と為る。故に管仲の器小なりと聞けば、則ち其の倹為るかと疑い、倹ならざるを以て之に告ぐれば、則ち又た其の礼を知れるかと疑う。蓋し世方に詭遇を以て功と為して(15)、之が範為るを知らざれば、則ち其の小を悟らざること宜《むべ》なり、と。

（1）この「好」は、友好関係を結ぶことで、その場合は去声。
（2）『経典釈文』二四。
（3）門に向かうように立て、見えないようにする屏。『爾雅』釈宮。「天子は外屏、諸侯は内屏。外屏は、外を見るを欲せざるなり。内屏は、内を見るを欲せざるなり」（『荀子』大略）。その楊倞《りょう》の注に、「屏は之を樹と謂う」。
（4）邢昺『論語正義』。
（5）「坫」はさかずきを置く台。「楹」は柱。「爵」はさかずき。「反坫は爵を反するの坫、両楹の間に在り。人君は内外を門に別ち、屏を樹《た》てて以て之を蔽う。若し隣国と好会を為せば、其の献酢の礼、更に酌む。酌み畢われば、則ち各〻爵を坫上に反す」（『論語集解』に引く鄭玄の注）。
（6）「今管仲皆な僭して之を為すこと是の如し。是れ礼を知らず」（『論語集解』に引く鄭玄の注）。
（7）程頤の語。『程氏経説』六「論語説」八佾。
（8）『程氏経説』六「論語説」（『論語精義』二上に同文を引く）と本文ではかなり異なる箇所があるが、とりあえずここまでを程頤の引用文としておく。
（9）北宋の蘇軾（蘇東坡）の語と趙順孫はし（『論語纂疏』二）、本章に限らず本書中の「蘇氏曰わく」は蘇軾の語とするのが普通であるが、弟の蘇轍《てつ》の『古史』二五「管晏列伝第二」に若干似た記述がある。なお蘇軾は程頤と敵対し、朱子も通常は批判するが、本書ではしばしば「蘇氏」の説も参考にあげる。蘇軾には『論語説』があった。弟の蘇轍は蘇軾の解釈の中に意に満たないところがあり「論語拾遺」を作っている（『欒《らん》城集』第三集巻之七）。

(10) コンパス、ものさし、水盛りと墨縄などの測定器。そこから規範となるものを指す。
(11) 前漢から新の揚雄『法言』先知に「大器は其れ猶お規矩準縄のごときか。先ず自ら治めて後に人を治むるを之れ大器と謂う」とある。
(12) 内嬖は、寵愛を受ける女性。蘇轍は、「而して桓公も亦た上は王室を僭し内嬖の夫人の如き者六人」と言う。桓公が「内嬖の夫人の如き者六人」を持ったことは『春秋左氏伝』僖公一七年、『史記』斉太公世家に見える。
(13) 楊時の語。『論語精義』二上に引く。
(14) 王道と覇道の区別。
(15) 正道によらず功業をあげること。

【補説】

[仁斎]「器は小なるかな」とは管仲のとったやり方が小さかったからである。確かに管仲は赫々たる成果をあげたが、それは覇道と功利に努めたことによるものであって、王道を発揮することはできなかった。

[徂徠] 孔子の時代は文王や武王から五百年もたっていて天命が革《あらた》まる時であったから、もし孔子が管仲の位にあったならば、管仲が行った事業どころではなかったであろう。それゆえ孔子は管仲が仁であることは認めつつも（憲問第一四・第一七章。また『論語徴』庚では同第一八章も孔子が管仲を仁としていたとする）、その器を小とし、惜しんだのである。管仲は大器であったが、孔子は

自分がなぜ彼の器が小であると見なしたのかを言わなかったので、揚雄や程子、朱子が自己修養や他者への感化を持ち出し、宋儒の糟粕を舐《な》める者たちは管仲に優るかのように言うことになった。また仁斎の「器は小なるかな」に対する解釈も古義を知らないものである。詩学が伝わらなくなったため、後世の儒者たちは孔子の微妙な言い方の理解ができなくなったのである。（ここで徂徠は「三帰」や「反坫」について詳しい考証を行っている。）

＊朱子と仁斎は常に管仲には批判的であるが、政治的達成を尊重する徂徠は、管仲批判を内容とする本章の解釈においてさえも、管仲に対する評価の高さを滲ませている。

第二十三章

子語魯大師楽曰、楽其可知也。始作、翕如也。従之、純如也。皦如也。繹如也。以成。［子、魯《ろ》の大師《たいし》に楽を語《つ》げて曰わく、楽は其れ知る可きなり。始めて作《おこ》すに、翕如《きゅうじょ》たり。之を従《はな》つに、純如たり。皦如《きょうじょ》たり。繹如《えきじょ》たり。以て成る、と。］

「語」は去声。「大」の音は泰。「従」の音は縦。○「語」は告げることである。「大師」は楽官の名。当時、音楽は欠損していた。それゆえ孔子はそれを教えたのである。「翕」は合すること。「従」は放つこと。「純」は調和である。「皦」ははっきりしていること。「繹」は続いて絶えないこと。「成」は音楽がひとわたり終わることである。○謝氏が言った。「五音や六律が具わらなければ、音楽とするには不十分である。「翕如」は合することを言う。合奏で五音が合わさり、清と濁、高と下の音が、あたかも料理で五味がたがいに引き立て合いその後で調和するようになるので、それゆえ「純如たり（調和している）」と言うのである。合奏して調和し、それぞれが互いを乱さないようにするので、それゆえ「皦如たり（はっきりしている）」と言うのである。しかしそれなら宮はあくまで宮であり、商はあくまで商なのか。それは、反発しあわないで珠を連ねる飾りのように連続してこそよいのであって、それゆえ「繹如たり（連続して絶えない）」と言うのである。それで楽曲は整う」。

語、去声。大、音泰。従、音縦。○語、告也。大師、楽官名。時音楽廃欠。故孔子教之。翕、合也。従、放也。純、和也。皦、明也。繹、相続不絶也。成、楽之一終也。○謝氏曰、五音六律

語は、去声[1]。大は、音泰[2]。従は、音縦[3]。○語は、告ぐるなり。大師は、楽官の名[4]。時に音楽廃欠す。故に孔子之を教う。翕は、合なり[5]。従は、放なり[6]。純は、和なり[7]。皦は、明なり[8]。繹は、相い続きて絶えざるなり[9]。成は、楽の一たび終わるなり[10]。○謝氏曰わく[11]、五音[12]六律[13]具わらざれば、以て楽と為すに足らず。翕如は、其

不具、不足以為楽。翕如、言其合也。五音合矣、清濁高下、如五味之相済而後和、故曰純如。合而和矣、欲其無相奪倫、故曰皦如。然豈宮自宮、而商自商乎。不相反而相連、如貫珠可也、故曰繹如也。以成。

の合うを言うなり。五音合いて、清濁高下、五味の相(14)い済《な》りて後和するが如く、故に純如たりと曰う。合して和し、其の倫を相い奪うこと無からんと欲し、故に皦如たりと曰う。然らば豈に宮は自ら宮にして、商は自ら商ならんや。相い反せずして相い連なること、貫珠の如くにして可なれば、故に繹如たりと曰う。以て成る、と。

（1）「語」が「告げる」という意味の場合は、去声。「かたる」や「ことば」などの場合は上声。
（2）『経典釈文』二四。「大師」は日本漢字音で「タイシ」と読む。
（3）「従」が「はなつ」という意味の時はこの音で去声。「より」などの意味の場合は平声。「従は読みて縦と曰う」（『論語集解』の何晏の注、『経典釈文』二四でも引く）。なお「作《おこ》す」は楽曲が開始すること、「従《はな》つ」は楽曲が展開すること。
（4）『論語集解』の何晏の注。
（5）『爾雅』釈詁。
（6）「放縦して其の音声を尽くす」（『論語集解』の何晏の注）。

（7）「純純は、和諧なり」（同前）。
（8）「其の音節明らかなるを言う」（同前）。
（9）「繹如たりとは、其の音絡繹然として相い続きて絶えざるを言うなり」（邢昺『論語正義』）。
（10）「簫韶《しょうしょう》（舜が作った音楽）九成すれば、鳳皇来儀す」（『書経』虞書・益稷）の孔穎達の疏に「成は、楽曲の成れるを謂うなり。鄭云う、成は猶お終のごときなり」と言う（『尚書正義』）。
（11）謝良佐の語。『論語精義』二上に引く。
（12）宮、商、角、徴《ち》、羽の、五つの音階。ドレミの類。
（13）楽律には十二律があり、そのうち陽は六律で、陰は六呂。六律は、黄鐘、太蔟《たいそう》、姑洗《こせん》、蕤賓《ずいひん》、夷則、無射《ぶえき》。六呂は、大呂、夾鐘《きょうしょう》、仲呂、林鐘、南呂、応鐘。
（14）鹹《かん》（塩辛さ）、苦、酸、辛、甘、の五種の基本的な味。料理で種々の味を組み合わせ全体として美味にすることにたとえている。

【補説】

［仁斎］当時音楽は残欠していて楽官も音律の類は知っているが、それが自然の秩序を反映していて、しかも人の性情に関わることを理解していなかった。音楽と天下の関係は、船と舵、将と兵のようなものであって、音楽と治乱盛衰は通じあっているのである。それゆえ孔子は大師に一々その意義を示したのである。

［徂徠］音楽理論は難解である。しかし演奏は「翕如」、「純如」、「皦如」、「繹如」だけであるから

「楽は其れ知る可きなり」と言ったのである。朱子や仁斎は音楽の実際を知らない。楽律はもともとあるものであって、それに則って種々に展開されるものである。例えば朱子が引く謝氏が「翕如」について「五音六律具わらざれば、以て楽と為すに足らず。翕如は、其の合うを言うなり」とし、仁斎が「皦如」について「五音六律明らかにして混ぜざるなり」と言うが、そもそも五音六律を一緒に奏するなどということはありえない。朱子は「成は、楽の一たび終わるなり」などとするが、ここでは「翕如」として作《おこ》ったものが、三つに展開していくということを言っているだけである。基本的には『論語集解』の解釈で十分である。

第二十四章

儀封人請見。曰、君子之至於斯也、吾未嘗不得見也。従者見之。出曰、二三子何患於喪乎。天下之無道也久矣。天将以夫子為木鐸。「儀《ぎ》の封人《ほうじん》見《まみ》えんことを請《こ》いて曰わく、君子の斯《ここ》に至れるや、吾未《いま》だ嘗《かつ》て見ゆるを得ずんばあらざるなり、と。従者之を見えしむ。出でて曰わく、二三子何ぞ喪《うしな》うことを患《うれ》えんや。天下の道無きや久し。天将《まさ》に夫子《ふうし》を以て木鐸《ぼくたく》と為さんとす、と。」

「請見」と「見之」の「見」は賢遍の反。「従」と「喪」は、ともに去声。○「儀」は、衛の邑《むら》。「封人」は、国境の管理をつかさどる官。賢者でありながら下位に身を潜めている者である。「君子」は、当時の賢者を言う。「ここに来た君子には、みな会うことができた」とは、いつも賢者に会見を断られることがないと自ら言い、それで自分を孔子に会えるようにしてくれることを求めたのである。「これに会わさせた」とは、それが通じて会見できるようにさせられたことを言う。「喪」は、位を失い国を去ることを言う。『礼記』に「位を失えば速やかに貧しくなるのがよい」と言っているのは、このことである。「木鐸」とは、金属製の口で木製の舌を持ち、政治の教化をする時に、それを振って民衆を戒めるものである。この語の意味はこうである。乱れが極点までいくと、今度は必ず治まるようになるものだ。天は必ず孔子が位を得て教えを行えるようにするであろう。長くは位を失った状態にとどめてはおくまい。封人はひとたび孔子に会うや、すぐにこのように称揚した。その会って感じ取ったものは深かったのである。ある人は、「木鐸は道路で鳴らして歩くものである」、と言った。その意味は、天が、孔子に位を失わせ、四方を巡行させ、教えを説いて歩かせたのが、道路で木鐸を鳴らしながら歩くのに似ているということである。

請見見之之見、賢遍反。従喪、　　請見、見之の見は、賢遍の反。(1)従、喪は、皆な去声。(2)

皆去声。○儀、衛邑。封人、掌封疆之官。蓋賢而隠於下位者也。君子、謂当時賢者。至此皆得見之、自言其平日不見絶於賢者、而求以自通也。見之、謂通使得見。喪、謂失位去国。礼曰喪欲速貧、是也。木鐸、金口木舌、施政教時、所振以警衆者也。言乱極当治。天必将使夫子得位設教。不久失位也。封人一見夫子、而遽以是称之。其所得於観感之間者深矣。或曰、木鐸所以徇于道路。言天使夫子失位、周流四方、以行其教、如木鐸之徇于道路也。

○儀は、衛の邑。封人は、封疆《ほうきょう》を掌《つかさど》るの官。蓋し賢にして下位に隠るる者なり。君子は、当時の賢者を謂う。此に至れば、皆な之に見ゆることを得たりとは、自ら其の平日賢者に絶《た》たれざるを言いて、以て自ら通ずるを求むるなり。之を見えしむは、通じて見ゆるを得しむるを謂う③。喪は、位を失い国を去るを謂う。礼に、喪いては速やかに貧ならんことを欲すと曰えるは④、是《これ》なり。木鐸は、金口木舌⑤、政教を施す時、振るいて以て衆を警《いまし》むる所の者なり⑥。言うこころは乱極まれば当に治まるべし。天は必ず将に夫子をして位を得て教を設けしめんとす。久しくは位を失わざるらん。封人一たび夫子に見えて、遽《にわ》かに是を以て之を称す。其の観⑦感の間に得る所の者深し。或ひと曰わく、木鐸は以て道路に徇《とな》うる⑧所なり、と。言うこころは、天、夫子をして位を失い、四方に周流して、以て其の教を行い、木鐸の道路に徇うるが如くせしむるなり。

（1）『経典釈文』二四。「請見」と「見之」の「見」はどちらも「まみえる」の意味で、日本漢字音は「ケン」。もう一つの音の「ゲン」の時は、「あらわれる」の意。

（2）「従」が去声の時には「お供」の意味もある。「従」の音についてはまた本篇前章の注（3）（二九七頁）を参照。「喪」が去声の時は「失う」、「滅ぼす」の意。喪に服す時の「喪」は平声。

（3）『論語集解』に引く包咸の注。

（4）『礼記』檀弓上の文。位を失っても財力に未練を持つことへの批判。

（5）口の部分が金属製で、舌の部分が木製の振鈴。「如《も》し将に復た其の説く所に駕せんとすれば、則ち諸儒をして金口にして木舌ならしむるに如《し》くは莫《な》し」（揚雄『法言』学行）。

（6）「木鐸は政教を施す時振るう所なり」（『論語集解』に引く孔安国の注）。

（7）「観感」は、目で見て心に感じること。

（8）「徇」は、告げて歩くこと。

【補説】

［仁斎］孔子の弟子たちは深く孔子を親愛した。それゆえ孔子が位を失ったのを残念に思っていたのである。封人はそこで弟子を慰め、位などを気にせず孔子が万世の木鐸となることを幸いとせよと諭した。

［徂徠］朱子の注の後に出てくる説の方がよい。封人は、孔子が万世の師となることを見抜いたのであり、朱子が前に説くように、孔子が位を得られるようになるであろうと言ったとするのは誤りである。

第二十五章

子謂韶、尽美矣。又尽善也。謂武、尽美矣。未尽善也。「子、韶《しょう》を謂《い》う、美を尽くせり。又た善を尽くせり、と。武を謂う、美を尽くせり。未だ善を尽くさず、と。」

「韶」は舜の音楽。「武」は武王の音楽。「美」は、音が豊麗であること。「善」は、その豊麗さの根拠となるもの。舜は尭を平和裏に継承して統治を行い、武王は紂を武力で討伐して民を救ったが、その功は同じである。それゆえその音楽はともに豊麗さを尽くしているのである。しかし舜の徳は、生まれつきのものである。また礼譲の中で天下を所有することになった。武王の徳は、努力して本性に立ち返る性格のものである。また討伐によって天下を所有することになった。それゆえその豊麗さの根拠には同じではないところがあった。○程子が言われた。「湯王は桀を討伐したが、自分の徳について恥じるところがあった。武王もまたそうであった。それゆえ善を尽くしているのではない。ただ尭、舜、湯、武は、結局は同じ方向である。討伐は望んだものではなく、直面した状況がそのようであっただけなのである」。

韶、舜楽。武、武王楽。美者、声容之盛。善者、美之実也。舜紹尭致治、武王伐紂救民、其功一也。故其楽皆尽美。然舜之徳、性之也。又以揖遜而有天下。武王之徳、反之也。又以征誅而得天下。故其実有不同者。○程子曰、成湯放桀、惟有慙徳。武王亦然。故未尽善。尭舜湯武、其揆一也。征伐非其所欲、所遇之時然爾。

韶は、舜の楽①。武は、武王の楽②。美は、声容の盛。善は、美の実なり③。舜は尭に紹《つ》ぎて治を致し、武王は紂を伐ちて民を救うも、其の功は一なり④。故に其の楽皆な美を尽くす。然れども舜の徳は、之を性のままにするなり⑤。又た揖遜《ゆうそん》を以てして天下を有《たも》つ。武王の徳は、之に反《かえ》るなり⑥。又た征誅を以てして天下を得。故に其の実同じからざる者有り。○程子曰わく⑦、成湯、桀を放ち、惟れ徳に慙ずる有り⑧。武王も亦た然り。故に未だ善を尽くさず。尭舜湯武、其の揆《はか》るや一なり⑨。征伐は其の欲する所に非ず、遇う所の時然るのみ、と。

（1）『論語集解』に引く孔安国の注。
（2）同前。
（3）朱子は、「実」は美が成り立つ根拠（「美の然る所以の処」）であって、たとえば絹と布で織物を作るとき、ともに美麗になるが、所詮布は絹に及ばないと言う（『朱子語類』二五）。なお徂徠は、朱子のこの箇所は『論語正義』によっているとする。
（4）有徳者の尭が同じく有徳者の舜に平和裏に位を譲ったことと（「禅譲」）、有徳者の周の武王が無道の殷の紂を武力で討伐して位についたこととは（「放伐」）、その方式は異なっているが、功績としては同じであるということ。
（5）本性が完璧なので、何もしないでもそのまま聖人であるということ。「尭舜は之を性のままにするなり、湯武は之を身にするなり」（『孟子』尽心上）。
（6）本性が完璧ではないので、意志的な努力によって完璧な本性へと立ち返ること。性のままである舜の方が、武王よりも一段階上の聖人である。「尭舜は性のままなる者なり、湯武は之に反るなり」（『孟子』尽心下）。
（7）程頤の語。『程氏外書』六。
（8）「成湯、桀を南巣に放つ。惟れ徳に慙《は》ずる有り」（『書経』商書・仲虺之誥《ちゆうきしこう》）。「成湯」は殷の湯王。武王と同じように、無道な夏の桀を武力で討伐して天子の位についた。
（9）「揆」は「度《はかる》」。はかってみると、結局は同じ聖人であるということ。『孟子』離婁下に「先聖後聖、其の揆は一なり」とあり、そこの朱子の注に「之を度りて其の道同じからざる無きを言うなり」（『孟子集注』）と言う。

【補説】

［仁斎］禅譲や放伐で言えば、聖人は文を武よりも重んじ、徳を尊び殺傷を憎む。しかしここは音楽を論じているのであり、舜と武王の優劣を言っているのではない。

［徂徠］美や善を朱子や仁斎は理解していない。これは禅譲や放伐の話ではなく、音楽の話である。徳が美であるから音楽も美になるのだが、音楽における美とは広々と盛大なさまで、その大きさに対して言う。一方、善とは細かい点まで当たっていることで、小さい点に対して言う。舜も武王もその音楽は美を尽くしているが、舜の方だけが善を尽くしているというのは、王者の音楽といっても実際には自分だけで作曲するのではなく、舜に仕えて音楽を担当した后夔《き》のように専門家が補佐するのであるから、役人が伝承を失ったのか、さもなければ補佐した者の力量の差であろう。

＊朱子が音楽と道義性の関係を常に念頭に置くのに対し、徂徠は音楽については音楽の問題として考えていく傾向がある。

第二十六章

子曰、居上不寛、為礼不敬、臨喪不哀、吾何以観之哉。［子曰わく、上に居て寛《かん》ならず、礼を為して敬せず、喪《も》に臨みて哀しまざれば、吾何を以て之を観んや、と。」

上にあっては、人を愛するのを主とする。それゆえ寛容を根本とする。礼を行う場合は、敬を根本とする。喪に臨んでは、哀しみを根本とする。かかる根本が無い以上、何によってその人の行為の得失を見るというのか。

居上主於愛人。故以寛為本。為礼以敬為本。臨喪以哀為本。既無其本、則以何者而観其所行之得失哉。

上に居ては人を愛するを主とす。故に寛を以て本と為す。礼を為すは敬を以て本と為す。喪に臨みては哀を以て本と為す。既に其の本無ければ、則ち何者を以てして其の行う所の得失を観んや。

【補説】

［徂徠］本章については、根本を重視する朱子の解釈が正しい。根本が確立していない場合には評価できる点があっても観るに足りないのである。「上に居て寛ならず」については、「寛」という身近な寛容さこそが仁などの根本なのである。「礼を為して敬せず」の「敬」とは天とか祖先とかを敬することであって、朱子が常用する敬を修養法とする解釈は誤りである。「喪に臨みて哀しまざれ

ば」の「喪」は他人の喪のことで、他人の喪に参列する場合は哭するものであるから、このように言うのである。

里仁第四

全二十六章。

凡二十六章　　凡そ二十六章。

第一章

子曰、里仁為美。択不処仁、焉得知。［子曰わく、里《さと》は仁なるを美《び》と為す。択《えら》びて仁に処《お》らざれば、焉《いずく》んぞ知なるを得ん、と。］

「処」は上声。「焉」は於虔の反。「知」は去声。〇里では仁厚の風俗がある所こそよい。そのような里を選んで住まなければ、是非を判断できる本来の心を失ってしまい、とても知を具えているとすることはできない。

処、上声。焉、於虔反。知、去声。○里有仁厚之俗為美。択里而不居於是焉、則失其是非之本心、而不得為知矣。

処は、上声[1]。焉は、於虔の反[2]。知は、去声[3]。○里に仁厚の俗有るを美と為す。里を択びて是に居らざれば、則ち其の是非の本心[4]を失いて、知と為すを得ず[5]。

（1）「処」は上声の場合は「いる」。去声の場合は「ところ」。

（2）『経典釈文』二四。ここでは「いずくんぞ」。為政第二・第一〇章の注（1）（一六七頁）を参照。

（3）「知」は去声の場合は「智」。「知る」という意味の時は平声。

（4）「是非の心」は、孟子の説く「四端の心」の一つ（『孟子』公孫丑上）。「是非の心」は、人の心に具わっている「智」の徳が、具体的に萌《きざ》した状態。「本心」も『孟子』告子上に出てくる人間が本来具えている善なる心。

（5）「知」は「智」で、是非の心となって顕現する徳。

【補説】

［徂徠］「仁に里《お》るを美と為す」と読むのは、『孟子』公孫丑上、滕文公下、尽心上や『荀子』大略を

見ればわかる。仁に依っていれば諸々の美がやってくることを意味し、朱子が言うような仁なる土地を選んで住む話ではない。この部分は古言で、「択びて」以下は、孔子の語である。なぜなら「里る」を「処す」と言いかえているからである。「知」は必ず選択することを伴うので、「択びて」と言う。そもそも古人は多くが土着で、土地を選ぶというようなことは少なかった。また里はわずか二十五家であるから、里単位で仁厚の徳を問題にするということは不自然である。

第二章

子曰、不仁者不可以久処約。不可以長処楽。仁者安仁、知者利仁。「子曰わく、不仁者は以て久しく約に処《お》る可からず。以て長く楽《らく》に処る可からず。仁者は仁に安んじ、知者は仁を利とす、と。」

「楽」の音は洛。「知」は去声。◯「約」は困窮である。「利」は貪るというようなこと。つまり深く理解し心から好み、必ず自分のものにしようとすることである。不仁の人は、本来の心を失っている。困窮が久しく続けば、必ず乱れ、安楽が久しく続けば、必ず放逸になる。ただ仁者だけが仁に安んじて、あらゆる場合にその状態でいられる。知者は仁を目標に努め、その状態を維持して変えない。深浅は同じではないが、ともに外界の事物によって心を引きずり回されることはない。○謝氏が言った。「仁者は心に内と外、遠と近、表層と内奥の隙間がない。維持しようとしなくともおのずと失われることはなく、治めようとしなくてもおのずと乱れることはなく、それは、目で見、耳で聞き、手で持ち、足で歩くように自然である。知者は、頭で理解しているというのであればよいが、身についているというのであればそれは誤っている。維持しようとすれば失わないし、治めようとすれば乱れないが、無意識のうちにそうできるのではない。仁に安んずるのは、仁と一体であり、仁を目標に努めるのは、まだ仁と己れが二つのままなのである。仁に安んずる者については、顔回や閔子《びんし》騫《けん》以上の聖人からあまり距離が無い賢人でなければ、この味わいがわからない。それ以外の弟子たちは、卓越の才を持ち道を見て惑わないということはできても、まだ「努める」という段階を免れていないのである」。

楽、音洛。知、去声。○約、窮困也。利、猶貪也。蓋深知篤好、而必欲得之也。不仁之人、失其本心。久約必濫、久楽必淫。惟

楽は、音洛。(1) 知は、去声。(2) ○約は、窮困なり。(3) 利は、猶お貪のごときなり。(4) 蓋し深く知り篤く好み、必ず之を得んと欲するなり。(5) 不仁の人は、其の本心を失う。久しく約なれば必ず濫《みだ》れ、久しく楽なれば必ず淫す。

仁者則安其仁、而無適不然。知者則利於仁、而不易所守。蓋雖深浅之不同、然皆非外物所能奪矣。○謝氏曰、仁者心無内外遠近精粗之間。非有所存而自不亡、不有所理而自不乱、如目視而耳聴、手持而足行也。知者謂之有所見則可、謂之有所得則未可。有所存斯不亡、有所理斯不乱、未能無意也。安仁則一、利仁則二。安仁者、非顔閔以上、去聖人為不遠、不知此味也。諸子雖有卓越之才、謂之見道不惑則可、然未免於利之也。

惟《た》だ仁者のみ則ち其の仁に安んじて、適《ゆ》くとして然らざること無し。知者は則ち仁を利として⑥、守る所を易《か》えず。蓋し深浅の同じからずと雖も⑦、然れども皆な外物の能く奪う所に非ざるなり。○謝氏曰わく⑧、仁者は心に内外、遠近、精粗の間無し⑨。存する所有るに非ずして自ら亡びず、理《おさ》むる所有らずして自ら乱れず、目の視て耳の聴き、手の持ちて足の行くが如きなり。知者は、之を見る所有りと謂うは則ち可なれども、之を得る所有りと謂うは則ち未だ可ならず。存する所有れば斯《ここ》に亡びず、理むる所有れば斯に乱れず、未だ意無きこと能わざるなり。仁に安んずるは則ち一なり、仁を利するは則ち二なり。仁に安んずる者は、顔閔⑩以上の、聖人を去ること遠からずと為すに非ざれば、此の味を知らざるなり。諸子⑪は卓越の才有り、之を道を見て惑わずと謂うは則ち可なりと雖も、然れども未だ之を利するを免れざるなり、と。

（1）ここでは「楽しみ」。学而第一・第一章の注（1）（五六頁）を参照。
（2）ここでは「智」。本篇第一章の注（3）（三一〇頁）を参照。
（3）『論語集解』に引く孔安国の注では「困」の字に置き換えて解釈している。
（4）「利」とは、それを利（良いもの）と認識して獲得しようと努めること。『中庸』第二〇章に「或いは安んじて之を行い、或いは利として之を行い、或いは勉強して之を行うも、其の功を成すや一なり」とあるが、朱子はその「利」を当てて解釈している。最高の境地は「安」、次が「利」、最低が「勉強（刻苦勉励しなければ到達できない）」である。なお、ここの場合と異なり悪い意味ではあるが「財を先にして礼を後にすれば則ち民利す」の鄭玄の注に「利は、猶お貪るがごときなり」という。
（5）心に具わる善心。『孟子』告子上など。
（6）注（4）所引の『中庸』第二〇章の語。
（7）「安んず」は、仁に完全に一体化し、無意識のうちに全ての意識が仁に則る状態で、「深い」。「利とす」はまだ仁になりきっていないので、何とかそれに達しようと意識的に努力している段階で、「浅い」。
（8）謝良佐の語。『論語精義』二下に引く。
（9）ここでは、心のあらゆる機能が完全に渾然一体となって働いていることを言っている。「精」

は心の内面の精妙な部分であるが、一方の「粗」も表層意識のことであり、否定的な意味ではない。なお朱子は「衆物の表裏精粗」（『大学章句』格物補伝など）と言い、その「精」（「裏」）と「粗」（「表」）を「粗は大綱であり、精は内部の曲折のところ」（『朱子語類』一五）と説明している。

（10）顔回と閔子騫で、孔子は「徳行は顔淵（顔回）、閔子騫、冉伯牛《ぜんはくぎゅう》、仲弓」と評価した（先進第一一・第二章）。特に顔回は努力すれば仁を実現できる賢人で（雍也第六・第五章）、聖人に最も近い存在とされた。

（11）それ以外の弟子など。

【補説】

［徂徠］不仁である者は、自分の安楽や利益を志すので、長く困窮状態であれば悪事を行い、安楽であれば驕慢になる。「仁に安んじ」というのは、肉体が安楽を求めるように、仁者は仁からはずれることがあると、すぐに復帰しようと思うことである。（朱子は、仁者はあらゆる場合に仁に安んじていられることと解釈している。）「仁を利とす」とは、小人が利を見るように、知者は何とか仁を得ようとすることである。朱子が「不仁の人は、其の本心を失う」と言い、仁を本心としているが、これは『孟子』の性善説によっていて、老子や荘子の道家思想に流れているものである。

第三章

子曰、唯仁者能好人、能悪人。「子曰わく、唯《た》だ仁者のみ能く人を好み、能く人を悪《にく》む、と。」

「好」、「悪」はともに去声。○「唯」の語の意味は、「独《ただ》」である。やはり私心が無くなった後で、好悪が理に当たるのである。程子が言っている「公正を得る」とは、このことである。○游氏が言った。「善を好んで悪を憎むのは、天下に共通の感情である。しかし人がいつも正しさを失うのは、心が引きずられことがあり、自分でそれを克服できないからである。ただ仁者だけが私心が無い。それが適正に好悪できる理由である」。

好悪、皆去声。○唯之為言独也。蓋無私心、然後好悪当於理。程子所謂得其公正、是也。○游氏曰、好善而悪悪、天下之同情。然人毎失其正者、心有所繫、而

好悪は、皆な去声。[1] ○唯[2]の言為るは独なり。蓋し私心無くして、然る後に好悪理に当たる。程子の所謂其の公正を得るは、是《これ》なり。[3] ○游氏曰わく、[4] 善を好みて悪を悪むは、天下の同情なり。然れども人の毎《つね》に其の正を失う者は、心繫《か》くる所有りて、自ら克つこと能わざ

不能自克也。惟仁者無私心。所以能好悪也。

ればなり。惟だ仁者のみ私心無し。能く好悪する所以なり、と。

（1）「好」は、ここでは「好む」。学而第一・第二章の注（1）（六一頁）を参照。「悪」は、去声の場合は日本漢字音は「オ」で「にくむ」の意。なお入声の場合は「アク」で「悪いこと」の意、平声の場合は「オ」で「いずくんぞ」、「ああ」の意。
（2）「唯」は、テキストによっては『論語』本文を含め「惟」となっている。
（3）程頤の語。『程氏経説』六「論語説」里仁。
（4）游酢の語。『論語精義』二下に引く。

【補説】

［仁斎］朱子は仁を理とするから、「好悪が理に当たる」などと言うのであって、これでは仏教と同じである。朱子は仁を無情や無欲ということで解釈するが、仁は人を愛する心が根本にあるのを理解していない。仁愛の気持ちがあってこそ好悪が理に当たるのであって、それでこそ酷薄に陥る弊害がなくなるのである。

［徂徠］この語は、好む者を登用し、憎む者を斥け、それが民のためになるということである。朱子のように公正無私を要求すると、民のためということから遠ざかってしまう。なお『大学』伝一〇

章にもあるように、仁者の好悪は、民の好悪を熟知してのものであって、『論語集解』に引く孔安国の解釈の方がよく、古注をむやみに改めるべきではない。

＊朱子が理を持ち出すのに対し、理の概念の持つ拘束性を忌避する仁斎はそれに反発する。徂徠は、同じく朱子に反発しながら、仁斎とは異なり人材登用に結びつける。

第四章

子曰、苟志於仁矣、無悪也。［子曰わく、苟《まこと》に仁に志せば、悪無きなり、と。］

この「悪」は通常の意味である。○「苟」は「まこと」である。「志」は心の動く方向である。心が誠に仁にあれば、必然的に悪を行うことは無い。○楊氏が言った。「心から仁に志していても、必ずしも行いに瑕疵《かし》が無いわけにはいかない。しかし悪を行うことはない」。

悪、如字。○苟、誠也。志者、心之所之也。其心誠在於仁、則必無為悪之事矣。○楊氏曰、苟

悪は、字の如し。[1] ○苟は、誠なり。[2] 志は、心の之《ゆ》く所なり。其の心誠に仁に在れば、[3] 則ち必ず悪を為すの事無し。○楊氏曰わく、[4] 苟《まこと》に仁に志せども、未だ必ずし

志於仁、未必無過挙也。然而為悪則無矣。

も過挙[5]無からざるなり。然り而して悪を為すは則ち無し、と。

（1）「字の如し」については、為政第二・第四章の注（1）（一四四頁）を参照。
（2）『論語集解』に引く孔安国の注。
（3）徂徠は、朱子が「苟」を仮定を示すだけではなく倫理的意味があるとして解釈したと言う。【補説】参照。
（4）楊時の語。『論語精義』二下に引く。
（5）挙動の過誤。『史記』劉敬叔孫通列伝の叔孫通の伝に対する司馬貞『史記索隠』に「過挙」を「挙動、過有るなり」と注す。

【補説】

［仁斎］朱子たちの議論はやたらに高きに過ぎ、人の恨みを気にするのは道からはずれると思うがゆえに、ここの「無悪」を悪を行うことがないと解釈した。しかしこれは憎まれることがないという意味である。人からいわれなく憎まれることもあるが、それでも聖人がなぜこのように教えたかといえば、輿論は公正で人心はまっすぐなものであるから、仁に志せば、人の評価を気にせず寛容慈恵となり、人からはおのずと憎まれなくなるからである。

［徂徠］朱子は、仁に志すといってもそれが結果的に悪になる場合もあるのを懸念して「苟」を「誠実」と解釈し、「心が誠に仁にあれば」としたが、「苟」は「もし」という程度の語助である。仁斎は語助として解釈している点は正しいが、朱子のような懸念を持っている点では同じであるので、「悪」を憎まれるということで解釈して辻褄を合わせた。彼らは孔子が英才に向かって教えているのをわかっていない。この語は、仁に志せば、悪があっても、結局は悪無しに落ち着くということである。教誨の方法としては、悪よりも「仁を志す」という善の方を意識させる方が効果的なのである。『論語集解』の孔安国の解釈の方が合っている。

第五章

子曰、富与貴、是人之所欲也。不以其道得之不処也。貧与賤、是人之所悪也。不以其道得之不去也。［子曰わく、富と貴とは、是れ人の欲する所なり。其の道を以てせずして之を得れば処《お》らざるなり。貧と賤とは、是れ人の悪む所なり。其の道を以てせずして之を得れば去らざるなり。］

「悪」は去声。○「道によらずにこれらを得る」というのは、得るべきではないのに得ることを言う。しかしこのような富貴には安住せず、貧賤であってもそこから逃げない。君子はこのように富貴に慎重に対処し、貧賤に動揺しないのである。

悪、去声。〇不以其道得之、謂不当得而得之。然於富貴則不処、於貧賤則不去。君子之審富貴而安貧賤也如此。

悪は、去声。(1) 〇其の道を以てせずして之を得るは、当に得べからずして之を得るを謂う。然れども富貴に於ては則ち処らず、貧賤に於ては則ち去らず。君子の富貴を審《つまび》らかにして貧賤に安んずること(2)此の如し。

（1）ここでは「憎む」。本篇第三章の注（1）（三一七頁）を参照。
（2）北宋末南宋初の張九成の語（『朱子語類』二六、「答程允夫」四、『朱子文集』四一）。張九成は道学に出入する存在だったが、朱子は仏教に近いと批判した。それでもこの語は採用した（王応麟『困学紀聞』七）。

君子去仁、悪乎成名。［君子仁を去りて、悪《いず》んぞ名を成さん。］

「悪」は平声。○この語の意味はこうである。君子の君子たる理由は、仁であるからである。もし富貴を貪って貧賤を厭えば、仁を離れてしまい君子としての実質は無い。どうして君子と言うにふさわしいであろうか。

悪、平声。○言君子所以為君子、以其仁也。若貪富貴而厭貧賤、則是自離其仁而無君子之実矣。何所成其名乎。

悪は、平声。(1)○言うこころは君子の君子為《た》る所以は、其の仁を以てなり。若《も》し富貴を貪りて貧賤を厭えば、則ち是れ自ら其の仁を離れて君子の実無し。何ぞ其の名を成す所あらんや。

(1)ここでは「いずくんぞ」。本篇第三章の注(1)(三一七頁)を参照。

君子無終食之間違仁、造次必於是、顚沛必於是。［君子は食を終うるの間も仁に違うこと無く、造次にも必ず是に於てし、顚沛《てんぱい》にも必ず是に於てす、と。］

「造」は七到の反。「沛」の音は貝。○「食を終える」は、一回の食事の時間。「造次」は、突発的で慌てる時。「顚沛」は、危急で混乱する場合。つまり君子が仁から離れないのはこのようであって、富貴や貧賤を取捨する場合だけではないのである。〇この語の意味は、こうである。君子は仁であって、富貴や貧賤を取捨する場合から、食事の時や突発の事態や危急の場合まで、あらゆる時と場所で仁に力を用いる。しかし取捨の基準をはっきりと分別してこそ、心の修養は緻密になる。修養が緻密になれば、取捨の基準はますます明らかになる。

造、七到反。沛、音貝。〇終食者、一飯之頃。造次、急遽苟且之時。顚沛、傾覆流離之際。蓋君子之不去乎仁如此、不但富貴貧賤取舍之間而已也。〇言君子為仁、自富貴貧賤取舍之間、以至於終食造次顚沛之頃、無時無処而不用其力也。然取舍之分明、然後存養之功密。存養之功密、則其取舍之分益明矣。

造は、七到の反[1]。沛は、音貝[2]。〇食を終うるは、一飯の頃。造次は、急遽苟且《きゅうきょこうしょ》の時[3]。顚沛は、傾覆《けいふ》流離《りゅうり》の際。蓋し君子の仁を去らざること此の如く、但だ富貴貧賤取舎の間のみにあらざるなり。〇言うこころは、君子の仁の為る、富貴貧賤取舎の間自り、以て終食造次顚沛の頃に至るまで、時と無く処として其の力を用いざること無し。然れども取舎の分明らかにして、然る後存養の功密なり[4]。存養の功密なれば、則ち其の取舎の分益ゝ《ますます》明らかなり。

（1）ここでは「いきなり」の意。『経典釈文』二四。この反切は『広韻』にも見え、「つくる」の意の場合は、『広韻』では「昨早の切（反）」。
（2）『経典釈文』二四。
（3）「造次は、急遽なり」（『論語集解』に引く馬融の注）。
（4）「存養」は本来の善なる心を維持して涵養すること。「功」は修養。

【補説】

［仁斎］「其の道」は両方とも仁のことである。

［徂徠］仁斎が「其の道」を両方とも仁としたのは、全体の趣旨としては当たっているが、語句の解釈としては誤っている。富貴になる道は仁であり、貧賤になる道は不仁である。君子とは位が高く徳ある人のことで、その人が仁であるから人民が服してくるのでおのずと富貴になる。富貴になることと仁であることとは相反すると考えるのは、『孟子』滕文公上に引く陽虎の語による誤りである。つまり本章の前半はこのような意味である。不仁なのに富貴になった場合は、その道によっていないのであるから、君子たりえない。仁なのに貧賤になった場合は、その道によっていないのであるから、君子であることは妨げない。君子なのに仁が無ければ名ばかりの君子であるから「悪んぞ名を成さん」というのである。なお君子は「命」を知る者であるが（尭曰第二〇・第三章など）、「命」

は向こうから来るもので、自分から求めるものではない。その道によっていないのに富貴を得るというのは、こちらから富貴を求めた場合であって、君子はそれを受け入れない。その道によっていないのに貧賤になるというのは、求めないのにおのずから到来した場合であって、君子はそれを受け入れるのである。

第六章

子曰、我未見好仁者、悪不仁者。好仁者、無以尚之。悪不仁者、其為仁矣、不使不仁者加乎其身。［子曰わく、我未だ仁を好む者、不仁を悪《にく》む者を見ず。仁を好む者は、以て之に尚《くわ》うること無し。不仁を悪む者、其れ仁を為すや、不仁なる者をして其の身に加わらしめず。］

「好」と「悪」はともに去声。○孔子は自ら「いまだに仁を好む者と、不仁を憎む者を見たことはない」と言われた。「仁を好む者」は、本当に仁が好むべきであるのを認識している。それゆえ彼にとっては天下で仁以上のものはないのである。「不仁を憎む者」は、本当に不仁が憎むべきであるのを認識している。そのような人が仁を行える理由は、不仁のしわざを断固として拒否し、少しも自分の身に及ぼすことがないようにさせていることにある。これらはともに徳を完成しているからこそできることであって、それゆえなかなか見かけられないのである。

好悪、皆去声。○夫子自言、未見好仁者、悪不仁者。蓋好仁者、真知仁之可好。故天下之物、無以加之。悪不仁者、真知不仁之可悪。故其所以為仁者、必能絶去不仁之事、而不使少有及於其身。此皆成徳之事、故難得而見之也。

好悪は、皆な去声[1]。○夫子自ら言えらく、未だ仁を好む者、不仁を悪む者を見ず、と。蓋し仁を好む者は、真に仁の好む可きを知る。故に天下の物、以て之に加うる無し[2]。不仁を悪む者は、真に不仁の悪む可きを知る。故に其の仁を為すの所以の者は、必ず能く不仁の事を絶去して、少しも其の身に及ぼすこと有らしめず。此れ皆な成徳の事、故に得て之を見ること難きなり。

（1）「好」はここでは「好む」。「悪」はここでは「憎む」。学而第一・第二章の注（1）（六一頁）、及び本篇第三章の注（1）（三一七頁）を参照。

（2）「仁を好む者は、以て之に尚うること無しとは、之を好むこと深くして能く之を変易すること有る莫きを言う」(『朱子語類』二六)。

有能一日用其力於仁矣乎、我未見力不足者。［能く一日其の力を仁に用うること有らんか。我未だ力の足らざる者を見ず。］

この語の意味はこうである。仁を好み不仁を憎む者は見かけられなくても、ひとたび奮然として仁に励む者がいれば、そのような人々の中で私はいまだ力不足である者を見たことはない。やはり仁を行うのは自分の問題なのだ。そのようにありたいと願えばよいのであって、志せばエネルギーは必ず生じてくるものである。それゆえ仁は実現し難いが、同時にそこに至るのはやさしくもあるのである。

言好仁悪不仁者、雖不可見、然或有人果能一旦奮然用力於仁、則我又未見其力有不足者。蓋為仁在己。欲之則是、而志之所至、

言うこころは、仁を好み不仁を悪む者は、見る可からずと雖も、然れども或は人果たして能く一旦奮然として力を仁に用うる有れば、則ち我又た未だ其の力に足らざること有る者を見ず。蓋し仁を為すは己に在り。

気必至焉。故仁雖難能、而至之亦易也。

之を欲すれば則ち是にして、志の至る所、気必ず至る。(1)故に仁能くし難しと雖も、而れども之に至るも亦た易《やす》し。

（1）「夫れ志至れば気次《やど》る」（『孟子』公孫丑上）。

蓋有之矣、我未之見也。［蓋《けだ》し之《これ》有らん、我未だ之を見ざるなり、と。］

「蓋」は疑辞。「之あり」は、努力しても力が足りないことがあることを言う。人の素質は同じではない。それ故素質が甚だしく暗愚惰弱で、向上しようとしてもできない者がいるのではないかという疑いも持たれる。自分はたまたまそれを見たことがないだけかもしれないのである。そこで仁に至るのがやさしいとは結論せず、人々が仁に力を用いることがないことを嘆いているのである。〇この章の意味はこうである。仁の徳の成就は難しいとはいっても、学ぶ者がもしきちんと努力をすれば、到達できないという道理は無い。また努力しても到達できなかった者も、いまだ見たことはない。孔子が繰り返し述べて嘆いて残念がったのは、これゆえである。

蓋、疑辞。有之、謂有用力而力不足者。蓋人之気質不同。故疑亦容或有此昏弱之甚、欲進而不能者。但我偶未之見耳。蓋不敢終以為易、而又歎人之莫肯用力於仁也。○此章言、仁之成徳、雖難其人、然学者苟能実用其力、則亦無不可至之理。但用力而不至者、今亦未見其人焉。夫子所以反覆而歎惜之也。

蓋は、疑辞[1]。之《これ》有りは、力を用いて力足らざる者有るを謂う[2]。蓋し人の気質は同じからず[3]。故に疑うらくは亦た或いは此の昏弱の甚だしく、進まんと欲して能わざる者有る容《べ》し。但だ我偶《たまた》ま未だ之を見ざるのみ。蓋し敢えて終《つい》に以て易しと為さず、而して又た人の肯《あえ》て力を仁に用うること莫《な》きを歎くなり。○此の章、言うこころは、仁の成徳は、其の人に難《かた》しと雖も、然れども学者苟《いやし》くも能く実に其の力を用うれば、則ち亦た至る可からざるの理無し。但だ力を用いて至らざる者、今亦た未だ其の人を見ず。夫子反覆して之を歎惜[4]する所以なり。

（1）「有子蓋し既に祥して糸《し》屨《く》組《そ》纓《えい》す」（『礼記』檀弓上）の孔穎達の疏に「蓋は是れ疑辞」（『礼記正義』）。

（2）これに合わせて『論語』本文を解釈すると、「このようなこと（努力しているのに力量不足）があるのではなかろうか」となる。

（3）朱子は人間の肉体は気でできているとする。その肉体とそのエネルギーが「気質」である。気の集まり方は人によって異なる。それが人々の素質や能力の差になっていて、それを学問や修養によって変化させ、よりバランスのとれた気の状態にするのが「気質を変化す」である。

（4）「惜」は、テキストによっては「息」になっている。

【補説】

［仁斎］「仁を好む者」と「不仁を悪む者」の間には差があり、朱子のようにともに「成徳の事」とすべきではない。前者は人の不仁を見たらそれに同情し、ともに善に向かおうとするが、後者は厳しく拒絶するのであって、後者は前者に及ばない。孔子は仁は身近だと言ったのに（述而第七・第二八章）、本章では逆に見えるのはなぜか。仁は人の心であるから身近なものであり、ただ誠を本としている。孔子が難しいとしているのは、仁を為し難く、誠を尽くし難いことを言っているのではない。本章の仁を好んだり不仁を憎んだりするというのは、両者には差があるが、ともに誠の心から発し、無理してできるものではない。それゆえかかる人をまだ見たことがないと言っているのである。

［徂徠］好むとか憎むとかは生まれつきの資質であって、「力を用いる」性格のことではない。朱子が「成徳」ということで解釈するのは誤っている。また「以て之に尚うること無し」は仁を好むの

が優れた素質であるということを言うのであって、朱子よりも『論語集解』の孔安国の解釈の方が当たっている。朱子が「其れ仁を為すや」と読んだのも誤りで、不仁を憎む者は、仁を行うということである。「不仁なる者をして其の身に加わらしめず」の「不仁なる者」も朱子が言うような「不仁な事」ではなく「不仁な者」である。「不仁な事」をしないのは常人には困難だが、「不仁な者」に患わされないということは容易である。「有能一日用其力於仁矣乎」は、朱子のように嘆ずる語とするのではなく、「能く一日其の力を仁に用いること有れば」と仮定に読むべきである。「蓋し之《これ》有らん、我未だ之を見ざるなり」の理解についても、孔安国が、孔子は謙虚であって当時の人がみな仁を行えないと非難しようとしたのではない、とするのが正しい。これは極めて少ないことを言っているのである。孔子は、人が自分の道徳的可能性を信ずるようになるのを待ち、人に対して構えるのを望んではいない。朱子はこの孔子の語気がわかっていないのである。

　本章の大意は次のようなことである。仁を好んだり憎んだりするのは、生まれつきの素質である。そのような素質のある者は見たことは無い。しかし少しでも仁に対して努力しているのに力不足というのもまた見たことは無い。孔子はこのように言って、人々を励ましているのである。

＊仁斎や徂徠は、朱子に比して、生身の人間により寛容であろうとしている。

第七章

子曰、人之過也、各於其党。観過斯知仁矣。「子曰わく、人の過《あやま》つや、各〻《おのおの》其の党《とう》に於《おい》てす。過ちを観て斯《ここ》に仁を知る、と。」

「党」は同類である。程子が言われた。「人が誤る場合は、それぞれの同類においてである。君子は常に厚情をかけるがゆえに誤り、小人は常に薄情のゆえに誤る。君子は親愛の情が過ぎ、小人は酷薄の情が過ぎる」。尹氏が言った。「この状況で観察すれば、人が仁か不仁かがわかる」。○呉氏が言った。「後漢の呉祐が「掾《えん》は親のために汙名《おめい》を受けた。これは『論語』の〈過失を観て仁かどうかがわかる〉ということだ」と言ったのは、このことである」。私が思うに、これは過失があっても、その内容を見ることで当人の仁愛の情が厚いか薄いかがわかるということを言っているだけなのである。過失があるのを待って、その後でやっと賢かそうではないかがわかるということを言っているのではない。

党、類也。程子曰、人之過也、各於其類。君子常失於厚、小人常失於薄。君子過於愛、小人過

党は、類なり。[1] 程子曰わく、[2] 人の過つや、各〻其の類に於てす。君子は常に厚きに失し、小人は常に薄きに失す。君子は愛に過ぎ、小人は忍に過ぐ、と。尹氏曰

於忍。尹氏曰、於此観之、則人之仁不仁可知矣。○呉氏曰、後漢呉祐謂、掾以親故受汚辱之名。所謂観過知仁、是也。愚按、此亦但言人雖有過、猶可即此而知其厚薄。非謂必俟其有過、而後賢否可知也。

わく(3)、此に於て之を観れば、則ち人の仁不仁知る可し、と。○呉氏曰わく(4)、後漢の呉祐の、掾は親の故を以て汚辱の名を受く。所謂過を観て仁を知るは、是《これ》なり(5)、と。愚按ずるに、此れ亦た但だ人過有りと雖も、猶お此に即《つ》きて其の厚薄を知る可きを言うのみ。必ずしも其の過有るを俟ちて、而る後に賢否の知る可きを謂うに非ざるなり。

(1)「党は、党類なり」(『論語集解』に引く孔安国の注)。
(2) 程頤の語。『程氏経説』六「論語説」里仁。
(3) 尹焞の語。『論語精義』二下に引くのがこの語とやや近い。
(4) 呉棫《ごよく》の語。
(5)「掾」は、下役。下役の孫性が父親のために不正をし、それを知った父親は怒って孫性に対し罪に服すように叱責した。孫性が自首した時、膠《こう》東の相であった呉祐は孫性から事情を聞いてこのように言った。ここで『論語』のこの語が引用されたのである。『後漢書』呉祐伝、『資治通鑑』漢紀四四・孝順皇帝下。

【補説】

［仁斎］人が過つのは、勝手にそうなるのではなく、親戚や僚友のためなのであるから、深くとがめるべきではない。聖人が人の過ちを深くは責めないのは、周公ですら兄の管叔のゆえに過ち、その後でそれを悔い自己刷新をしたことがあるからである（『孟子』公孫丑下）。至仁の聖人であるからこそ、過ちは許すべきで深くとがめるべきではないのがわかるのである。

［徂徠］「過を観て斯に仁を知る」は古語で、孔子はこれを解釈したのである。「人」は衆人、「党」は朱子の言うような「類」ではなく、地元のこと。朝廷や宗廟では君子は慎むので過ちも少ないが、地元では親戚朋友相互の親愛ゆえの過ちも出てくるのは当然である。国人がこのようであるのを見れば、むしろ国君が仁徳で教化しているのがわかるのである。

第八章

子曰、朝聞道、夕死可矣。［子曰わく、朝《あした》に道を聞けば、夕《ゆうべ》に死すとも可なり、と。］

道は、事物がかくあらねばならぬ理である。もしこれを聞くことができれば、生きては順調で、死ぬ際にも心は穏やかであって、思い残すことは無い。朝と夕とを言うのは、時間的に短いことを強調したいがためである。○程子が言われた。「この語の意味はこうである。人は道を知らなければならない。もし道を聞くことができれば、死んでもよい」。また言われた「みなまことの理であっても、わかったうえに信じるのは困難である。死生もまた重要な問題であって、本当に悟っていない場合には、どうして夕べに死んでもよいと思おうか」。

道者、事物当然之理。苟得聞之、則生順死安、無復遺恨矣。朝夕、所以甚言其時之近。○程子曰、言人不可以不知道。苟得聞道、雖死可也。又曰、皆実理也、人知而信者為難。死生亦大矣、非誠有所得、豈以夕死為可乎。

道は、事物当然の理なり(1)。苟くも之を聞くことを得れば、則ち生きては順《したが》い死しては安く、復た遺恨無し。朝と夕とは、甚しく其の時の近きを言う所以なり。○程子曰わく(2)、言うこころは、人以て道を知らざる可からず。苟くも道を聞くを得れば、死すと雖も可なり。又た曰わく(3)、皆な実理なり、人知りて信ずる者を難しと為す。死生も亦た大なり、誠に得る所有るに非ざれば、豈に夕に死するを以て可と為さんや、と。

（1）朱子が言う「当に然るべき所の理」。学而第一・第一四章の注（4）（一一五頁）を参照。
（2）程頤の語。『程氏経説』六「論語説」里仁。

（3）程顥の語。『程氏遺書』一一の語。

【補説】

［仁斎］この語は老衰者あるいは病人のために発した語である。この「道」は人たるの道であって、人と生まれてこれを聞かなければ、生きている価値が無く草木禽獣と同じである。

［徂徠］この「道」とは、先王の道であって、朱子の言うような「事物当然の理」などではない。孔子の時はまだ先王の道が残っており、孔子はこの道が地に落ちないように方々をたずね求め歩いた。「夕に死すとも可なり」とは、孔子が自ら道を求める心の強さを言ったのである。後人は詩を学ばないものだから、かかる言葉遣いがわからなくなった。朱子が「生きては順調で、死ぬ際にも心は穏やか」などと言うのは、道家・道教、仏教に流れたものである。
＊「道」を天と人を貫く形而上の理とする朱子、人道に限ろうとする仁斎、先王の民を安んずる統治の道とする徂徠というように、それぞれの解釈の差がよく出ている。

第九章
子曰、士志於道、而恥悪衣悪食者、未足与議也。［子曰わく、士《し》、道に志して、悪衣悪食を恥ずる者は、未だ与《とも》に議するに足らざるなり、と。］

心が道を求めようとしているのに、口にしたり着るものが他人に及ばないのを恥じるのは、見識や志向が甚だ低劣である。そのような人はともに道を語るに足りようか。○程子が言われた。「道に志して心が外界の事物に振り回されるようでは、ともに道を語るに足りようか」。

心欲求道、而以口体之奉不若人為恥、其識趣之卑陋甚矣。何足与議於道哉。○程子曰、志於道而心役乎外、何足与議也。

心、道を求めんと欲して、口体の奉の人に若かざるを以て恥と為すは、其の識趣の卑陋甚だし。何ぞ与に道を議するに足らんや。○程子曰わく(1)、道に志して心外に役せらるるは、何ぞ与に議するに足らんや、と。

（1）程頤の語。『程氏経説』六「論語説」里仁。

【補説】

［徂徠］「士」は先王の道に志し、民を安んじようとする。生活の安楽を求めるのは民であって、「悪衣悪食を恥ずる者」は「士」としての志が無いのである。それゆえ「未だ与に議するに足らざるなり」ということになる。この「議する」の対象は政であって、朱子が言うような道ではない。衣食

にこだわる手合いは士とするのにふさわしくないから、ともに政を議することができないのである。

第十章

子曰、君子之於天下也、無適也、無莫也、義之与比。［子曰わく、君子の天下に於けるや、適無く、莫無し。義に之《こ》れ与《とも》に比す、と。］

「適」は丁歴の反。「比」は必二の反。○「適」は、それに一途に従うことである。『春秋伝』に「私は誰につき従おうか」というのがこれである。「莫」は、そうしようとしないことである。「比」は従うことである。○謝氏が言った。「「適」はよいとすること。「莫」はよくないとすること。よいとかよくないとか決めつけない場合、もし道を基準にすることがなければ、常軌を逸し放恣にならないですむだろうか。このようなのは仏教や道家・道教の学であって、心に執着がなく外界のあらゆる変化に適応できると自ら称し、結局は聖人から罪せられることになるのである。聖人の学はそのようなものではない。よいとかよくないとか決めつけないのも、義が有ってこそなのである。そのようであれば、君子の心は、果たしてこだわりがあるということになろうか」。

適、丁歴反。比、必二反。〇適、専主也。春秋伝曰、吾誰適従、是也。莫、不肯也。比、従也。〇謝氏曰、適、可也。莫、不可也。無可無不可、苟無道以主之、不幾於猖狂自恣乎。此仏老之学、所以自謂心無所住而能応変、而卒得罪於聖人也。聖人之学不然。於無可無不可之間、有義存焉。然則君子之心、果有所倚乎。

適は、丁歴の反。(1) 比は、必二の反。(2) 〇適は、専ら主とするなり。(3) 春秋伝に曰く、吾誰にか適従せんとは、是なり。(4) 莫は、肯んぜざるなり。(5) 比は、従うなり。(6) 〇謝氏曰わく、(7) 適は可とするなり。莫は不可とするなり。可とする無く不可とする無くして、(8) 苟くも道以て之を主とすること無ければ、猖狂自恣するに幾《ちか》からざらんや。此れ仏老の学、自ら心住《とど》む所無くして能く変に応ずと謂いて、(9) 卒《つい》に罪を聖人に得る所以なり。聖人の学は然らず。可も無く不可も無きの間に於て、義有りて存ず。然れば則ち君子の心、果たして倚《よ》る所有らんや、(10) と。

（1）『経典釈文』二四。この発音の時は、「専ら主とす」の意味になる。『広韻』では三つの発音を載せる。

（2）『経典釈文』二四では「毗志の反」。「比べる」や「従う」の意味の時はこの去声の発音。上声の発音の場合は、「ならぶ」などの意。
(3)「誰を適としてか容を為さん」(『詩経』衛風・伯兮の毛伝に「適は、主なり」とある。また『漢書』陳勝項籍列伝の項籍の伝の顔師古の注に「適は、主なり」とある。
(4)『春秋左氏伝』僖公五年。
(5)徂徠は、朱子のこの訓詁は典拠がないと批判する(『論語徴』乙、【補説】参照)。
(6)「善を択びて之に従うを比と曰う」(『春秋左氏伝』昭公二八年)。
(7)謝良佐の語。『論語精義』二下に引く。
(8)微子第一八・第八章に見える孔子の語。
(9)仏教や道家では道を心を拘束するものとして否定し、外界からの働きかけに自由闊達に働く心の実現を図る。
(10)儒教は、義に従いつつしかも心が闊達なのである。

【補説】

[仁斎]殊更に取捨することがなく、それから義に従うのではない。まず義に従い義と一体になることが重要で、そうであれば、もう殊更な取捨がなくなるのである。

[徂徠]本章の意味は、君子は天下において誰に就き誰を去るのかといえば、ただ義ある者と親しむ、ということである。だいたい「天下」を持ち出す場合は「仁」を主とするのが常であって、このように「義」を出してくるのは、去就について言っているのである。それが子思や孟子になって、他

の思想家と争ったためにむやみに「天下」を持ち出すようになった。朱子の解釈も一般化してしまっていて、仏教や道家と同じ土俵での議論になってしまっている。また朱子は「よいとかよくないとか決めつけない」（微子第一八・第八章）という孔子の語を持ち出すが、それでは孔子しかできないことになってしまう。本章は君子の道ということで、一般人のための訓戒を述べている。

なお朱子が「莫」を「不肯」と解釈するのは典拠が見当たらない。唐の慧苑の『新訳大方広仏華厳経音義』二「経巻第二十　十行品之二」など仏教書では「適」「莫」を「親」「疎」とする。今の儒者は仏教書を読まないが、仏教書には古い注釈類が取り入れられている。これらの注釈類は、『正義（注疏）』ができてから淘汰されてしまった。かかる文献をもとにした慧苑に、朱子が及ぶことができようか。

＊朱子や仁斎が一般的な議論とするのに対して、徂徠は義なる者と親しむことを勧める具体的な話だとする。

第十一章

子曰、君子懐徳。小人懐土。君子懐刑。小人懐恵。［子曰わく、君子は徳を懐《おも》う。小人は土を懐う。君子は刑を懐う。小人は恵《けい》を懐う、と。］

「懐」は思いを寄せる。「徳を懐う」は、もともと持っている善を維持することを言う。「土を懐う」は、安楽な場所に溺れるのを言う。「刑を懐う」は、法を畏怖することを言う。「恵を懐う」は、利を貪ることを言う。君子と小人の方向性は同じではなく、その差は公か私かということにある。○尹氏が言った。「善を楽しみ不善を憎むがゆえに君子なのである。安直に安楽を追求するがゆえに小人なのである」。

懐、思念也。懐徳、謂存其固有之善。懐土、謂溺其所処之安。懐刑、謂畏法。懐恵、謂貪利。君子小人趣向不同、公私之間而已。○尹氏曰、楽善悪不善、所以為君子。苟安務得、所以為小人。

懐は、思念なり(1)。徳を懐うは、其の固有の善を存するを謂う。土を懐うは、其の処《お》る所の安きに溺るるを謂う。刑を懐うは、法を畏るるを謂う(2)。恵を懐うは、利を貪るを謂う。君子小人の趣向同じからず、公私の間のみ。○尹氏曰わく(3)、善を楽しみ不善を悪むは、君子為《た》る所以なり。苟《かりそめ》に安んじて得ることを務むるは、小人為る所以なり、と。

（1）「懐は、念思なり」（『説文解字』）。
（2）「刑を懐うは、法に安んずるなり」（『論語集解』に引く孔安国の注）。

（3）尹焞の語。『論語精義』二下。

【補説】

［徂徠］この語も、民を安んずる徳政を問題にしている。「君子」と「小人」は、徳の有無ではなく、位について言っているのである。またこの語は四句を四つの事とすべきではなく、それぞれ関係づけて解釈すべきである。さらに朱子が「刑を懐う」を「法を畏る」と解釈しているのは誤りで、「懐」は思い続けることである。つまり君子が上位にあって賢人に意を用いれば、下にいる小人は安心してその土地から去るようなことはなく、君子が上位にあって刑罰にかまければ、下にいる小人は恩恵無きがゆえに恩恵にあこがれるということなのである。

第十二章

子曰、放於利而行、多怨。［子曰わく、利に放《よ》りて行えば、怨《うら》み多し、と。］

「放」は上声。○孔氏が言った、「「放」は、依るという意である」。「怨みが多い」は、多くの怨みを受けることを言う。○程子が言われた。「自分が利益を得ようと望めば、必ず人を害することになる。それゆえ多くの怨みを得るのである」。

放、上声。○孔氏曰、放、依矣。
多怨、謂多取怨。○程子曰、欲
利於己、必害於人。故多怨。

放は、上声[1]。○孔氏曰わく[2]、放は、依なり、と。怨《うら》み多しは、多く怨みを取るを謂う[3]。○程子曰わく[4]、己を利せんと欲すれば、必ず人を害す。故に怨み多し、と。

（1）「放」は、「依る」の意味の時は上声。「はなつ」などの時は去声、「ならべる」の時は平声。
（2）『論語集解』に引く孔安国の語。
（3）「怨みを取るの道なり」（『論語集解』に引く孔安国の注）。
（4）程頤の語。『程氏経説』六「論語説」里仁。「故に怨み多し」の部分は「論語説」には無いが、末尾まで程頤の語として訳す。

【補説】
［仁斎］君子は義を主とするから、人に損害をあたえても恨まれないが、小人は利を主とするから、人に損害をあたえなくても恨まれる。
［徂徠］これは上位にある者について言っているのである。

第十三章

子曰、能以礼譲為国乎、何有。不能以礼譲為国、如礼何。［子曰わく、能く礼譲《れいじょう》を以て国を為《おさ》めんか、何か有らん。礼譲を以て国を為むること能わざれば、礼を如何《いかん》、と。］

「譲」は、礼の中身である。「何があろうか」とは、困難ではないことを言う。この語の意味はこうである。礼の中身があって国を統治すれば、何の困難なことがあろうか。そうでなければ、礼の規定が具わっていても、どうすることもできない。ましてや国を統治することなど無理である。

譲者、礼之実也。何有、言不難也。言有礼之実以為国、則何難之有。不然、則其礼文雖具、亦且無如之何矣。而況於為国乎。

譲は、礼の実なり(1)。何か有らんは、難からざるを言うなり(2)。言うこころは、礼の実有りて以て国を為むれば、則ち何の難きことか之れ有らん。然らざれば、則ち其の礼文具わると雖も、亦た且つ之を如何ともすること無し。況《いわん》や国を為むるに於てをや。

（1）「譲は、礼の主なり」（『春秋左氏伝』襄公一三年）。

（2）『論語集解』の何晏の注。

【補説】

［徂徠］朱子が「況や国を為むるに於てをや」と言うのは誤り。この語の意味は、先王は国を治めるに礼を制定した。それなのに礼譲によって国を治められなければ、礼がせっかくあっても用いようがない、ということである。

第十四章

子曰、不患無位、患所以立。不患莫己知、求為可知也。［子曰わく、位無きを患《うれ》えず、立つ所以を患う。己を知るもの莫《な》きを患えず、知らる可きを為さんことを求む、と。］

「立つ所以」は、その位につくに値する根拠を言う。「知らる可き」は、認知してもらえるだけの実質的内容を言う。○程子が言われた。「君子は自分の内面を追求するだけである」。

所以立、謂所以立乎其位者。可知、謂可以見知之実。○程子曰、君子求其在己者而已矣。

立つ所以は、其の位に立つ所以の者を謂う。知らる可きは、以て知らる可きの実を謂う。○程子曰わく(1)、君子は其の己に在る者を求むるのみ、と。

（1）程頤の語。『程氏経説』六「論語説」里仁。

【補説】

［徂徠］（注が無い）。

第十五章

子曰、参乎、吾道一以貫之。曾子曰、唯。［子曰わく、参《しん》や、吾が道は一《いっ》以て之を貫く、と。曾子曰わく、唯《い》、と。］

「参」は所金の反。「唯」は上声。○「参や」とは、曾子の名を呼んで告げたのである。「貫」

は、通である。「唯」は、すみやかに返事して疑念を持たないことである。聖人の心は、渾然たる一理であって、あまねく万事に応じて隅々まで適切に応対し、その働きは融通無碍《ゆうずうむげ》である。曾子の心の動かし方は、対象に応じて的確に精察を加え、それに全霊で反応するというものであるが、ただ心の本体が一であることはまだ悟っていなかった。孔子は彼が久しい間正しく努力を積み上げていて、悟りに至ろうとしているのを知った。それゆえ彼を呼んでこう告げたのである。曾子は予想通り孔子の言いたい内容を言外に悟った。それゆえすみやかに返事して疑念を持たなかったのである。

参、所金反。唯、上声。○参乎者、呼曾子之名而告之。貫、通也。唯者、応之速而無疑者也。聖人之心、渾然一理、而泛応曲当、用各不同。曾子於其用処、蓋已随事精察而力行之、但未知其体之一爾。夫子知其真積力久、将有所得。是以呼而告之。曾子

参は、所金の反[1]。唯は、上声[2]。○参やとは、曾子の名を呼びて之に告ぐ。貫は、通なり。唯は、応ずるの速やかにして疑い無き者なり[3]。聖人の心は、渾然一理にして、泛《ひろ》く応じ曲《つぶさ》に当たり、用各〻同じからず[4]。曾子其の用処に於て、蓋し已に事に随い精察して力《つと》めて之を行えども、但だ未だ其の体の一なるを知らざるのみ[5]。夫子其の真に積み力むること久しくして[6]、将に得る所有らんとするを知る[7]。是を以て呼びて之に告ぐ。曾子

果能黙契其指。即応之速而無疑也。

果たして能く其の指を黙契す。即ち応ずるの速やかにして疑い無きなり。

（1）『経典釈文』二四。この発音の場合の「参」は、日本漢字音では「シン」と読む。普通の「三」とか「参加する」とかの類は、日本漢字音では「サン」。

（2）「唯」が上声の場合は「はい」という返事。「ただ」とか「これ」の時は平声。

（3）「直ちに暁《さと》りて問わず。故に唯と曰う」（『論語集解』に引く孔安国の注）。

（4）これは朱子が程頤の論を引き継ぎ拡大した「理一分殊（理は一で、分は殊）」の論である。これは、万物万事にはそれぞれ一つだけ固有の理があるが、それらの理は究極において一つの理というものであって、さらにそのような事物の理と相応する理を心は持つのであるから、理一分殊は心の理のあり方でもある（土田健次郎「朱熹の思想における心の分析」、『フィロソフィア』七八、一九九一）。なお北宋の邢昺《けいへい》は、次のように注す。「吾が道は一以て之を貫くとは、貫は統なり。孔子、曾子に語りて言う、我の行う所の道は、惟《た》だ一理を用いて以て天下万事の理を統《す》ぶるなり、と」（『論語正義』）。

（5）ここで体用概念が導入されている。体用概念は朱子の中でも複数の使用法があり一つの訳で固定できない。ここでは本源的な理一が「体（本質）」であり、現実の万物万事それぞれの特殊性が「用（具体的現れ）」ということである。体用概念の特色は両者が峻別されながらも同時に本来は一体となるものであることである（体用の基本的性格と種々の用例については、学而第一・第二章【補説】（六五頁以下）に引く土田健次郎『道学の形成』第四章第三節㈥）。曾子は個別的な理については通暁しているが、それらが同時に一なるものであることまでは悟っていなかったのである。

（6）「其の義は則ち士為るに始まり聖人為るに終わる。真に積み力むること久しければ則ち入る」（『荀子』勧学）。

（7）曾子は、「参（曾子）や魯（魯鈍）」（先進第一一・第一五章）と言われるように愚直であったが、着実に努力し、聖人に近づいた存在であった。

子出。門人問曰、何謂也。曾子曰、夫子之道、忠恕而已矣。［子出づ。門人問いて曰わく、何の謂いぞや、と。曾子曰わく、夫子の道は、忠恕《ちゅうじょ》のみ、と。］

自己の心を尽くすのを「忠」といい、自己の心を推《お》すのを「恕」という。「而已矣」は、尽くしきってそれ以上無いことをいう辞である。孔子の心は一理であって、渾然として万事に応じて隅々まで適切に応対する。それは譬《たと》えれば、天地は誠そのものであるうえに働きがやむことがなく、万物はそれぞれの場所を得るようなものである。これ以外にはありようは無く、またこれ以上推し広げる必要もない。曾子も悟ったのであるが、表現することは難しかった。そこで、自己の心を尽くし、自分の心を推し広げていくという学ぶ者がなすべき具体的項目を借りて、このことを明らかにした。それによって人がわかりやすいようにと配慮したのである。「誠そのものであるうえに働きが止むことが無い」というのは、道の本質である。これがあらゆる個別性の大本が一つであることの根拠である。「万物はそれぞれその場所を得る」というのは、道の具体的現れである。これが一つである大本があらゆる個別性となって顕現することの根拠である。このことから見れば、一によって貫通しているということの本質がわかるはずである。ある人が言った。「心の誠が「忠」であり、心の誠のようにするのが「恕」である」。この字義でも意味が通じる。○程子が言われた。「自己を自然に他者に及ぼすのが仁である。自己から他者へと意識的に推し及ぼしていくのが恕であって、『中庸』の「道からの距離が遠くない」と言うのがこれである。それに対して『論語』の忠と恕は一で貫通されている。ここでは忠は天道、恕は人道である。忠は無妄であり、恕は忠を行う手立てである。忠は本体、恕はその働きである。それぞれが「大本」と「達道」である。『論語』の忠恕が、『中庸』の「道からの距離が遠くない」という忠恕と異なるのは、『論語』の方は完全に天に則って動くからである」。また言われた。「「天の命は、ああ無窮なるかな」は、忠である。「天道は行きわたって、万物の本性を付与する」は、恕である」。また言われた。「聖人が人に教える際には、それぞれの能力によって行う。「吾が道は一で貫通している」は、曾子だけがここに到達できると見なした。孔子が曾子に告げたのはそのためである。曾子が門人に「孔子の道は、忠恕のみである」と言ったのも、孔子が曾子に告げたのと同様のパターンである。『中庸』の「忠恕は道からの距離が遠くない」は「地道に学んでいって高い境地に達していく」という意味である」。

尽己之謂忠、推己之謂恕。而已矣者、竭尽而無余之辞也。夫子之一理渾然而泛応曲当、譬則天地之至誠無息、而万物各得其所也。自此之外、固無余法、而亦無待於推矣。曾子有見於此、而難言之。故借学者尽己推己之目、以著明之。欲人之易暁也。蓋至誠無息者、道之体也。万殊之所

己を尽くすを之れ忠と謂い、己を推すを之れ恕と謂う①。而已矣は、竭尽《けつじん》して余り無きの辞なり。夫子の一理は渾然として泛《ひろ》く応じ曲《つぶさ》に当たる。譬えば則ち天地の至誠息《や》むこと無く②して、万物各〻其の所を得るなり。此れ自《よ》り外、固《もと》より余法無くして③、亦た推すを待つこと無し。曾子此を見ること有りて、之を言い難し。故に学者の己を尽くし己を推すの目を借りて、以て之を著明にす④。人の暁《さと》り易からんことを欲するなり。蓋し至誠息む無きは、道の体なり。万殊の一本なる所以なり⑤。

以一本也。万物各得其所者、道之用也。一本之所以万殊也。以此観之、一以貫之之実可見矣。或曰、中心為忠、如心為恕。於義亦通。○程子曰、以己及物仁也。推己及物恕也。違道不遠是也。忠恕一以貫之。忠者天道、恕者人道。忠者無妄、恕者所以行乎忠也。忠者体、恕者用。大本達道也。此与違道不遠異者、動以天爾。又曰、維天之命、於穆不已、忠也。乾道変化、各正性命、恕也。又曰、聖人教人、各因其才。吾道一以貫之、惟曾子為能達此。孔子所以告之也。曾子告門人曰、夫子之道、忠恕

万物各〻其の所を得るは、道の用なり。一本の万殊なる所以なり。此を以て之を観れば、一《いつ》以て之を貫くの実見る可し。或ひと曰く⑥、中心を忠と為し、如心を恕と為す、と。義に於て亦た通ず。○程子曰わく⑦、己を以て物に及ぼすは仁なり。己を推して物に及ぼすは恕なり、道を違《さ》ること遠からざる⑧は是なり。忠恕一以て之を貫く。忠は天道、恕は人道なり⑨。忠は無妄、恕は忠を行う所以なり。忠は体、恕は用なり⑩。大本達道なり⑪。此れ道を違ること遠からずと異なるは、動くに天を以てするのみ⑫、と。又曰わく⑬、維《こ》れ天の命、於穆《ああぼく》として已まずは⑭、忠なり。乾道変化して、各〻性命を正すは⑮、恕なり、と。又曰わく⑯、聖人の人に教うるは、各〻其の才に因る。吾が道一以て之を貫くは、惟《た》だ曾子のみ能く此に達すと為す。孔子の之に告ぐる所以なり。曾子の門人に告げて、夫子の道、忠恕のみと曰えるも、亦た猶お夫子の曾子に告ぐるがごときなり。中

而已矣、亦猶夫子之告曾子也。中庸所謂忠恕違道不遠、斯乃下学上達之義。

庸の所謂忠恕道を違ること遠からずは、斯《こ》れ乃ち下学して上達すの義なり、と。(17)

（1）「忠」については学而第一・第四章の朱子の注に同内容の定義がある。「恕」は自己の心をもとに他者を思いやること。また程頤も「己を尽くすを之れ忠と謂い、己を推すを之れ恕と謂う」（『程氏経説』六「論語説」里仁）と言う。
（2）「至誠息む無し」は『中庸』第二六章に見え、そこの朱子の注に「既に虚仮無く、自ら間断無し」と言う（『中庸章句』）。
（3）「余法」については、朱子自身は「便《すなわ》ち是れ那の竭尽して余り無きの謂なり」と説明する（『朱子語類』二七）。なお邢昺は、「言うこころは、夫子の道は、惟だ忠恕の一理を以て、以て天下万事の理を統ぶ。更に他法無きが故に云うのみ」と、「他法」という言い方をする（『論語正義』）。
（4）聖人は、宇宙の真のあり方である「理一分殊」を心に体現しているが、それは説明し難い。そこで学ぶ者が自己修養の際に念頭に置くべき忠恕を持ち出した。
（5）「一本」とは「理一」、「万殊」とは「分殊」で、「理一分殊」説である。なお用語の経書上の典拠は、「且つ天の物を生ずるや、之をして本を一ならしむるも、夷子は本を二にするが故なり」（『孟子』滕文公上）、「天下は帰を同じくして途を殊にし、致を一にして慮を百にす」（『易経』繋辞下伝）、など。

（6）「忠」の字の形が「中」と「心」から成り、「恕」の字が「如」と「心」から成っていることによる字義の説明である。『詩経』周南・関雎の小序の鄭箋《ていせん》に「衷は、中心之を恕すを謂う」と言い、その孔穎達の疏に「文に於て中心を忠と為し、如心を恕と為す」とある（『毛詩正義』）。また『周礼』地官・大司徒の「忠」の字に対する鄭玄の注に「忠の言は、中心を以てす」とあり、その賈《か》公彦《こうげん》の疏に「此れ字を以て之を解す。心の如くするを恕と曰うは、如の下、心に従う。中心を忠と曰うは、中の下、心に従う。言の心より出、皆な忠実有るを謂うなり」と言う（『周礼正義』）。

（7）程顥の語。『程氏遺書』一一。ただ「道を違ること遠からざるは、是なり」は割注になっている。

（8）「忠恕は、道を違《さ》ること遠からず」（『中庸』第一三章）。なおこの箇所の朱子の注では、注（1）の程頤の語をふまえて「己の心を尽くすを忠と為し、己を推して人に及ぼすを恕と為す」と言う（『中庸章句』）。

（9）仁の方が自然であり、恕の方は意志の力を借りるので、一段落ちる。朱子は、「己を以て物に及ぼすは仁なり」とは「聖人の恕」、「己を推して物に及ぼすは恕なり」とは「賢人の仁」と言う（『朱子語類』二五）。

（10）程頤も『程氏経説』六「論語説」里仁で、忠と恕を体と用にあてる。

（11）「中とは、天下の大本なり。和とは、天下の達道なり」（『中庸』第一章）。

（12）『中庸』第一三章の忠恕は、道と全く一体ではなく、あくまで「道からの距離が遠くない」のであって、それゆえ本章のような道（天）そのままの顕現である忠恕とは、一線を画すというのである。

（13）程頤の語。『程氏外書』七。

（14）『詩経』周頌・維天之命。

（15）『易経』乾卦・彖伝。朱子はこの語の意味を、天が万物が生じる時にまずそれぞれの本性を付与することとする（『周易本義』）。

（16）『論語精義』二下に引き、そこの配列からすると程頤の語か。

（17）憲問第一四・第三七章。

【補説】

［仁斎］本章で、孔子は「心」とか「理」とか言わず、「道」と言っている。それを朱子が「聖人の心は、渾然一理にして、泛《ひろ》く応じ曲《つぶさ》に当たる」などと言うのは、誤りである。聖人の道はあくまでも日常の道徳なのであって、それゆえ曾子が「一以て之を貫く」の説明に「忠恕」を持ち出したのは適切である。忠恕こそは、仁に至るポイントであって、学を貫くものである。

［徂徠］「吾が道」とは、先王の道のことである。先王の道の内容は、仁あり、智あり、義あり、勇あり、倹あり、……礼あり、楽あり、兵あり、刑あり、制度の類と、まことに多様であり、とても

挙げきれない。そこでまとめて「文」と言うのであるが、結局は民を安定するということに帰するのである。その中で仁は先王の徳の一つであって、これで全てというわけではないが、仁に依拠すれば、先王の道を貫くことはできる。であるから「一」とは言わないで、「一以て之を貫く」と言っているのである。いわば先王の道は多くの銭全体であり、仁はそれらの銭を一つに貫く紐である。仁という道は、人と交わる場で、人々の生を遂げさせていくものである。しかし仁の道はあまりに大きく門人たちができるものではないので、曾子は忠恕を持ち出して、仁に至る方法を示したのである。なお朱子たち宋儒が「一」の内容として「一理」とか「誠」とか「一心」だとかを持ち出すのは、孔子の言う道に対する基本的無理解からである。

朱子は曾子だけが孔子の言ったことを「唯《い》」と答えられたとし、子貢と差別化したりするが（衛霊公第一五・第二章に孔子が子貢に対しやはり「一以て之を貫く」と言い、そこの朱子の注では子貢が曾子より境地で劣ることを言う）、このような記録には詳しい場合と省略した場合とがあるのをわかっていない。またこの二人以外の弟子も孔子に政や仁を質問し、それに対しては孔子の答えだけが『論語』に記されているが、これらの時も弟子は深く悟れなかったなどと言うのであろうか。無意味な穿鑿《せんさく》である。

そもそも朱子が生きた宋代は禅学が盛んで、王公にまでその存在を誇示した。爵位が無いのに尊ばれたということでは、かかる僧侶に及ぶ者は無かった。朱子たちはそれをうらやみ、禅学の教えを取り入れ、「性」だの「心」だの「豁然貫通《かつぜんかんつう》（一気の悟り）」だのを説き、禅宗の仏法の伝授をまねて、孔子から曾子へと続く道の伝授を言い出した。そこで本章でも、禅宗で師から弟子に伝授するのと同じパターンで、曾子の「唯」という返事を解釈したのである。

＊孔子が曾子に語った「道」について、朱子がこの世界と心の本質的あり方である「理一分殊」の論を持ち出すのを、仁斎は日常道徳重視の立場から否定する。また徂徠は「道」を先王の統治の道とする持論を持ち出しながら、孔子から曾子へと道が伝わったとする朱子の道統論にも批判を加える。

第十六章

子曰、君子喩於義、小人喩於利。［子曰わく、君子は義を喩《さと》り、小人は利を喩る、と。］

「喩」は、よく理解するという意である。「義」は、天理にかなうもの。「利」は、人情が望むものである。○程子が言われた。「君子と義の関係は、小人と利の関係のようなものである。深くその価値を悟るから、好む程度も厚いのである」。楊氏が言った。「君子の中には命を捨てて義に殉じる者がいる。利ということでいえば、人が望むのは生に優るものはなく、憎むものは死に優るものは無い。であるから、あえて命を捨ててまで義に殉ずる者などいようか。ところが君子が納得するのは義だけである。それは利としての価値を認識しないからである。

小人はこれに反する」。

喩、猶暁也。義者、天理之所宜。利者、人情之所欲。○程子曰、君子之於義、猶小人之於利也。唯其深喩、是以篤好。楊氏曰、君子有舎生而取義者。以利言之、則人之所欲、無甚於生、所悪無甚於死。孰肯舎生取義哉。其所喩者義而已。不知利之為利故也。小人反是。

喩は、猶お暁のごとし(1)。義は、天理の宜しき所(2)。利は、人情の欲する所。○程子曰わく(3)、君子の義に於けるは、猶お小人の利に於けるがごときなり。唯(4)だ其れ深く喩る、是を以て篤く好む、と。楊氏曰わく(5)、君子に生を舎《す》て義を取る者有り。利を以て之を言えば、則ち人の欲する所、生より甚だしきは無く、悪む所、死より甚だしきは無し。孰《たれ》か肯《あ》えて生を舎てて義を取らんや。其の喩る所の者は義のみ。利の利為《た》るを知らざるが故なり。小人は是に反す、と。

(1)『論語集解』に引く孔安国の注。
(2)諸注に見える「義」を「宜」で解釈する訓詁を利用している。
(3)程頤の語。『程氏経説』六「論語説」里仁は「唯だ其れ深く喩る、是を以て篤く好む」の箇所のみで、『程氏粋言』下には同文が見える。

（4）「唯」は、テキストによっては「惟」となっている。
（5）楊時の語。『論語精義』二下に引く。

【補説】

［仁斎］君子と小人とは志向が根本的に異なるから、君子は義に、小人は利に非常に速く反応する。

［徂徠］「君子」とは上位にいる者、「小人」とは庶民である。しかし下位にいても上に立つ徳があれば君子、上位にいても庶民の心しかなければ小人である。また朱子は『孟子』の影響を受けて「義」を自己の心の問題にしたが、「義」とは『詩』や『書』にのせる先王の古義であって、古えの人はそれによって物事を適正に裁決した。君子も利を、小人も義を求めることはあるのだが、君子は財政によって民生を安定させるという天職を奉じ、小人は生活の安定を求めるために、務めるところが異なる。そこで人を諭す場合、君子には義により、小人には利によるのである。
＊『論語』における「君子」には、もともと有徳者全般と統治側に立つ者という両方の意味がある。朱子と仁斎が君子を有徳者全般とするのに対し、徂徠は本章のように統治側に立つ者という意味で君子を解釈することが目立つ。その場合に君子に期待されているのは単なる道徳一般ということ以上に、統治にあずかるにふさわしい徳である。

第十七章

子曰、見賢思斉焉、見不賢而内自省也。［子曰わく、賢《けん》を見ては斉《ひと》しからんことを思い、不《ふ》賢《けん》を見ては内に自ら省《かえり》みる、と。］

「省」は悉井の反。○「等しくありたいと思う」とは、自分もまたかかる善を持とうと願うことである。「内に自ら省みる」とは、自分にもまたかかる悪があるのを危惧することである。○胡氏が言った。「人によって善悪の差があるのを見て、振り返って自分を反省できるような者は、むやみに人をうらやんで自暴自棄に陥ることに甘んぜず、またむやみに人を責めて自己批判するのを忘れることもない」。

省、悉井反。○思斉者、冀己亦有是善。内自省者、恐己亦有是悪。○胡氏曰、見人之善悪不同、而無不反諸身者、則不徒羨人而甘自棄、不徒責人而忘自責矣。

省は、悉井の反[1]。○斉《ひと》しからんことを思うとは、己も亦た是の善有らんことを冀《こいねが》うなり。内に自ら省みるとは、己も亦た是の悪有るを恐る。○胡氏曰わく[2]、人の善悪の同じからざるを見て、諸《これ》を身に反せざる無き者は、則ち徒《いたず》らに人を羨みて自ら棄つるを甘んぜず、徒らに人を責めて自ら責むるを忘れず、と。

（1）ここでは「かえりみる」。学而第一・第四章の注（1）（七一頁）を参照。
（2）胡寅の語。

【補説】
［徂徠］（注が無い）。

第十八章

子曰、事父母幾諫。見志不従、又敬不違、労而不怨。［子曰わく、父母に事《つか》えては幾《き》諫《かん》す。志の従わざるを見れば、又た敬して違《たが》わず、労して怨まず、と。］

本章は「内則《だいそく》」の語と表裏する。「幾」は、微かということである。「微諫」は、「内則」に言う「父母に過失が有れば、穏やかに容貌をなごませ、声を柔らかにして諫める」ということである。「父母の気持ちが沿わないのを見れば、またいっそう敬って父母の気持ちに違わないようにする」とは、「内則」に言う「諫言が聞き入れられなければ、ますます父母を敬い孝を尽くし、父母が悦べばまた諫める」ということである。「労多くしても怨まない」とは、「内則」に言う「父母が地元で罪せられるようになるより、そうならないようによく諫めよ。父母が怒って悦ばず、自分を鞭で打って血が流れても、厭ったり怨んだりせずに、ますます敬い孝を尽くせ」ということである。

此章与内則之言相表裏。幾、微也。微諫、所謂父母有過、下気怡色、柔声以諫也。見志不従、又敬不違、所謂諫若不入、起敬起孝、悦則復諫也。労而不怨、所謂与其得罪於郷党州閭、寧熟諫。父母怒不悦、而撻之流血、不敢疾怨、起敬起孝也。

此の章は内則(1)の言と相い表裏す。幾は、微なり(2)。微諫は、所謂父母過有れば、気を下し色を怡《よろこ》ばしめ、声を柔らかにして以て諫むるなり(3)。志の従わざるを見れば、又た敬して違わずとは、所謂諫の若し入れられざれば、起《さら》(4)に敬し起に孝し、悦べば則ち復た諫むるなり(5)。労して怨まずとは、所謂其の罪を郷党州閭に得るよりは、寧《むし》ろ熟諫せよ。父母怒りて悦ばずして、之を撻《むちう》ち血を流すとも、敢えて疾怨せず、起に敬し起に孝するなり(6)。

（1）『礼記』内則。
（2）直接的ではなく、穏やかにそれとなくの意。『論語集解』に引く包咸の注。

（3）「内則」の文。
（4）「内則」の鄭玄の注に「起は、猶お更のごときなり」とある。
（5）「内則」の文。
（6）同前。

【補説】

［仁斎］父母が誤っているのに諫めなければ、父母を不義に陥れることになり、親の意に逆らえば不孝になる。それを乗り越えるには敬し労することしかない。それで父母の心が動き、結果的には諫めが通じることになる。

［徂徠］朱子が『礼記』内則を引用して解釈するのは、大いに当を得ている。

第十九章
子曰、父母在、不遠遊。遊必有方。［子曰わく、父母在《いま》せば、遠く遊ばず。遊べば必ず方《つね》有り、と。］

「遠くに出かける」とは、親のもとから遠く離れて、何日も過ごすことである。朝夕の世話やご機嫌伺いもしないで音信も稀な状態である。つまりここでは、自分が親のことを思い続けるということだけではなく、親の方にも自分のことを気にかけ続けて心労をかけることを危惧しているのである。「出かける時は必ず方角を告げる」とは、東に行くと親に言ったからには、あえて西へは赴かないように心がける類のことである。親がいつも自分の居場所を知っていて心配せずにすみ、自分を呼べば必ず馳せ参じられるようにと願うのである。范氏が言った。「子が、父母が自分を思ってくれる心を忖度して親をよく思いやれば、それが孝なのである」。

遠遊、則去親遠、而為日久。定省曠而音問疎。不惟己之思親不置、亦恐親之念我不忘也。遊必有方、如已告云之東、則不敢更適西。欲親必知己之所在而無憂、召己則必至而無失也。范氏曰、子能以父母之心為心、則孝矣。

遠く遊ぶは、則ち親を去ること遠くして、日を為すこと久し。定省(1)曠《むな》しくして音問疎なり。惟《た》だ己《おのれ》の親を思いて置かざるのみならず、亦た親の我を念《おも》いて忘れざるを恐るるなり。遊べば必ず方有るは、已《すで》(2)に告げて東に之《ゆ》くと云えば、則ち敢て更に西に適《ゆ》かざるが如し。親の必ず己の在る所を知りて憂うること無く、己を召せば則ち必ず至りて失無きを欲するなり。范氏曰わく(3)、子能く父母の心を以て心と為せば、則ち孝なり、と。

（1）「定省」は、親に対して、夕方には寝具などの世話をし、朝はご機嫌伺いをすること。『礼記』曲礼上に「凡そ人子為《た》るの礼は、冬は温かにして夏は清《すず》しくし、昏《くれ》は定めて晨《あした》は省《かえり》みる」とあり、その鄭玄の注に「其の牀衽《しょうじん》を安定するなり。其の安否の何如を省問す」と言う。また『漢書』に「昏晨の定省を致すこと此の如し」（杜周伝）。

（2）「已」が「己《おのれ》」になっているテキストもある。

（3）范祖禹の語。『論語精義』二下に引く。

【補説】

［仁斎］「方」は『論語集解』に引く鄭玄の解釈のように「常」ということであって、親に心配をかけないように定まった場所にいるということである。朱子の引く范氏の語は、孝子の心を的確に述べている。

［徂徠］「方」については『礼記』内則の「博学方無し」の用例と同じで、そこの鄭玄の注と『論語集解』に引く鄭玄の注の「方は、猶お常のごときなり」という解釈がよい。つまり出かける時は必ずいつもの場所に行くということ。

第二十章

子曰、三年無改於父之道、可謂孝矣。［子曰わく、三年父の道を改むる無きを、孝と謂う可し、と。］

胡氏が言った。「同じ語がすでに首篇（学而第一）に見える。ここにまた出てきているが、後半部を欠いている」。

胡氏曰、已見首篇。此蓋複出、而逸其半也。胡氏曰わく[1]、已に首篇に見ゆ[2]。此れ蓋し複出して、其の半ばを逸するなり[3]。

（1）蔡節『論語集説』に胡寅の語とする。
（2）学而第一・第一一章。
（3）本章は学而第一・第一一章の後半部分のみであり、前半が無い。

【補説】

［仁斎］この語は既に出てきたが、孔子はしばしば口にしたので、門人たちがそれぞれ記録したの

であろう。それだけ意味が深遠であるということである。

［徂徠］この語は孔子自身の言葉ではなく古言である。胡氏が単なる記録の重複と言うのは誤りで、門人がこれを記録したのは、それによって孔子の古言の用い方を示したのである。学而第一・第一一章の方は古言を二つ並べているのであって、そこと合わせて見ると、孔子の古言の使い方がわかる。（徂徠は学而第一・第一一章の注では、この語を古言に対する孔子の補説としていて、この箇所の注との齟齬が見える。）

第二十一章

子曰、父母之年、不可不知也。一則以喜、一則以懼。［子曰わく、父母の年は、知らざる可からず。一《いっ》には則ち以て喜び、一には則ち以て懼《おそ》る、と。］

「知」は記憶するということである。常に父母の年を覚えていれば、その長寿を喜び、さらにその老衰を心配することになる。毎日を貴重に思う真情が、おのずと途絶えなくなるのである。

知、猶記憶也。常知父母之年、　知は、猶お記憶のごときなり。常に父母の年を知れば、

則既喜其寿、又懼其衰。而於愛日之誠、自有不能已者。

則ち既に其の寿を喜び、又た其の衰を懼る。(1) 而して日を愛《お》しむ(2)の誠に於て、自ら已《や》むこと能わざる者有り。

（1）「其の寿考を見れば則ち喜び、其の衰老を見れば則ち懼る」（『論語集解』に引く孔安国の注）。

（2）「孝子は日を愛《おし》む」（揚雄『法言』孝至）。

【補説】

[仁斎] 平易な語だからといってゆるがせにしてはならない。

[徂徠]（注が無い）。

第二十二章

子曰、古者言之不出、恥躬之不逮也。[子曰わく、古えに言《げん》を之れ出《いだ》さざるは、躬《み》の逮《およ》ばざるを恥ずればなり、と。]

「古え」と言っているのは、今がそうではないのを表している。「逮」は、及ぶことである。

行いが言ったほどではないのは、非常に恥ずべきことである。古えに人々が言葉を出さなかった理由は、このためである。○范氏が言った。「君子の言葉に対する姿勢は、やむをえない場合に出すというものである。それは、言うことが困難なのではなく、行うことが困難だからである。人々は行わなくてもよいと思うから、それゆえ気軽に口にするのである。もし行う通りに言い、言う通りに行うようにするのであれば、口にすることは必ずや安易でなくなるであろう」。

言古者、以見今之不然。逮、及也。行不及言、可恥之甚。古者所以不出其言、為此故也。○范氏曰、君子之於言也、不得已而後出之。非言之難、而行之難也。人惟其不行也、是以軽言之。言之如其所行、行之如其所言、則出諸其口、必不易矣。

古えと言えるは、以て今の然らざるを見《あら》わすなり。逮は、及なり①。行の言に及ばざるは、恥ず可きの甚しきなり。古えに其の言を出さざる所以は、此が為めの故なり。○范氏曰わく②、君子の言に於けるや、已むを得ずして後に之を出す。之を言うこと難きに非ずして、之を行うこと難きなり。人其の行わざるを惟《おも》うや、是《ここ》を以て軽く之を言う。之を言うこと其の行う所の如く、之を行うこと其の言う所の如くすれば、則ち諸《これ》を其の口より出すこと、必ず易からず、と。

（1）「古人の言えるに妄《みだ》りに口に出さざるは、身之《これ》を行うに将に及ばざらんとするが為めなり」（『論語集解』に引く包咸の注）。

（2）范祖禹の語。『論語精義』二下に引く。

【補説】

［徂徠］（注が無い）。

第二十三章

子曰、以約失之者鮮矣。［子曰わく、約《やく》を以て之を失う者は鮮《すくな》し、と。］

「鮮」は、上声。○謝氏が言った。「驕らず勝手にしないのを「約」と言う」。尹氏が言った。「何事であれ行う時に謹めば、過失は少ない。これは単に倹約ということを言っているだけではない」。

鮮、上声。○謝氏曰、不侈然以自放之謂約。尹氏曰、凡事約則鮮失。非止謂倹約也。

鮮は、上声。(1) ○謝氏曰わく、(2) 侈然《しぜん》として(3) 以て自ら放《ほしいまま》にせざるを之れ約と謂う、と。尹氏曰わく、(3) 凡そ事約なれば則ち失うこと鮮し。止《ただ》に倹約を謂うのみに非ざるなり、と。

（1）ここでは「少ない」。学而第一・第二章の注（2）（六一頁）を参照。
（2）謝良佐の語。『論語精義』二下に引く。
（3）驕って自分勝手。
（4）尹焞の語。ただ『論語精義』二下には見えず、同書に引く侯仲良の語が内容的に近い。

【補説】
［徂徠］朱子たちの「約」の解釈は誤っている。この語は、困窮した状況にあってもそのまま終わってしまうことは少ないという意味である。

第二十四章

子曰、君子欲訥於言而敏於行。［子曰わく、君子は言に訥《とつ》にして行に敏ならんと欲す、と。］

「行」は去声。○謝氏が言った。「勝手にものを言うのはたやすい。それゆえ慎重であろうとする。がんばって実践するのは難しい。それゆえ実践には速やかであろうとする」。○胡氏が言った。「「吾が道は一《いっ》で貫く」からこの章までの十章は、たぶんみな曾子の門人が記したものであろう」。

行、去声。○謝氏曰、放言易。故欲訥。力行難。故欲敏。○胡氏曰、自吾道一貫至此十章、疑皆曾子門人所記也。

行は、去声。(1)○謝氏曰わく、(2)放言は易し。故に訥ならんと欲す。力行は難し。故に敏ならんと欲す、と。○胡氏曰わく、(3)吾が道一貫自り此に至るまでの十章、(4)疑うらくは皆な曾子門人の記す所ならん、と。

（1）「行い」の場合は去声。「行う」や「ならび」などの場合は平声。

（2）謝良佐の語。『論語精義』二下に引く。

（3）胡寅の語。
（4）本篇の第一五章から本章までの合計十章。

【補説】
［徂徠］（注が無い）。

第二十五章

子曰、徳不孤、必有隣。［子曰わく、徳は孤《こ》ならず、必ず隣《となり》有り、と。］

「隣」は親近ということである。徳は孤立しない、必ず同類が応じる。それゆえ有徳者には必ず同志がいて、ついてきてくれる。それは住居にお隣がいるようなものである。

隣、猶親也。徳不孤立、必以類応。故有徳者、必有其類従之。如居之有隣也。

隣は、猶お親のごときなり。(1)徳は孤立せず、必ず類を以て応ず。(2)故に徳有る者は、必ず其の類有りて之に従う。居の隣有るが如きなり。

（1）「其の隣に倍《そむ》く者は恥あらんか」（『春秋左氏伝』昭公一二年）の杜預の注に「隣は、猶お親のごとし」とある（『春秋経伝集解』）。
（2）「方は類を以て聚《あつ》まる」（『易経』繫辞上伝）。

【補説】

［仁斎］孔子は、徳を身につければ孤立する道理はないと言って、学ぶ者の志を安定させた。また俸禄もおのずと得られる。

［徂徠］「隣」は具体的に助けがあることである。助けがなければ殷の湯王や周の文王の功業も成就できなかった。仁斎が俸禄を持ち出すのは卑しい。

第二十六章

子游曰、事君数、斯辱矣。朋友数、斯疏矣。［子游曰わく、君に事《つか》えて数〻《しばしば》すれば、斯《ここ》に辱《はずか》しめらる。朋友に数〻すれば、斯に疏《うと》んぜらる、と。］

「数」は色角の反。○程子が言われた。「「数」は、繁多ということである」。胡氏が言った。「君に仕え、諫めても聞き入れられなければ、そのもとを去るべきである。友を導いて、善意が受け入れられなければ、それ以上は言わないことである。図に乗って煩わしくすると、言う効果は軽くなり、聞いている方もいやになる。それゆえ栄誉を求めてかえって辱《はずかし》められ、友誼を求めてかえって疎んぜられるのである」。范氏が言った。「君臣と朋友はともに義で結びつく関係である。それゆえ対処のしかたも同じである」。

数、色角反。○程子曰、数、煩数也。胡氏曰、事君諫不行、則当去。導友善不納、則当止。至於煩瀆、則言者軽、聴者厭矣。是以求栄而反辱、求親而反疎也。范氏曰、君臣朋友、皆以義合。故其事同也。

数は、色角の反(1)。○程子曰わく(2)、数は、煩数なり、と。胡氏曰わく(3)、君に事え諫の行わざれば、則ち当に去るべし。友を導きて善の納《い》れられざれば、則ち当に止むべし。煩瀆《はんとく》(4)に至れば、則ち言う者軽く、聴く者厭う。是《ここ》を以て栄を求めて反《かえっ》て辱められ、親を求めて反て疎んぜらるるなり、と。范氏曰わく(5)、君臣朋友、皆な義を以て合す。故に其の事同じなり、と。

（1）『経典釈文』二四。「しばしば」の意味で、日本漢字音で「サク」と読む。

（2）程頤の語。『論語精義』二下に引く。
（3）南宋・蔡節『論語集説』に胡寅の語と言う。
（4）節度なく煩わしくすること。
（5）范祖禹の語。『論語精義』二下に引く。

【補説】

［仁斎］君に仕え友と交わる場合は礼に則って接するべきであって、なれなれしく煩瑣に往来すると君には辱められ、友には疎んぜられる。君に仕える場合は、尭舜の道でなければ述べないようにすれば辱められず、友と交わる場合は、学問や道によれば疎んぜられない。

［徂徠］朱子が「数」を「しばしば諫める」と解釈するのは妥当である。人は言葉だけでは説得し難いもので、あれこれ啓発して当人が納得できるようにすることが大事である。仁斎は「しばしばする」を『論語集解』（及び『論語正義』）に依拠して君のもとに「なれなれしく何回もそこに行く」と解釈するが、臣下には本来の職務があるのだから、君の所に何回も往来するということが問題になるはずがない。

土田健次郎《つちだけんじろう》

1949年、東京生まれ。早稲田大学第一文学部卒業、同大学院文学研究科博士課程単位取得退学。博士（文学）。早稲田大学文学学術院教授を経て、現在は同校名誉教授。
主な著書に、『道学の形成』（創文社、2002年）、『儒教入門』（東京大学出版会、2011年）、『「日常」の回復――江戸儒学の「仁」の思想に学ぶ』（早稲田大学出版部、2012年）、『江戸の朱子学』（筑摩選書、2014年）、『朱熹の思想体系』（汲古書院、2019年）、『論語二十四講』（明徳出版社、2021年）。編著に『近世儒学研究の方法と課題』（汲古書院、2006年）、『21世紀に儒教を問う』（早稲田大学出版部、2010年）、訳注書に、山鹿素行『聖教要録／配所残筆』（講談社学術文庫、2001年）、朱熹『論語集注』全4巻（平凡社東洋文庫、2013～2015年）などがある。

論語集注《ろんごしつちゆう》1（全4巻）　東洋文庫841

2013年10月10日　初版第1刷発行
2023年2月1日　初版第2刷発行

訳注者　土田健次郎
発行者　下中美都
印刷　創栄図書印刷株式会社
製本　大口製本印刷株式会社

発行所　電話編集　03-3230-6579　〒101-0051
営業　03-3230-6573　東京都千代田区神田神保町3-29
振替　00180-0-29639　株式会社　平凡社
平凡社ホームページ　https://www.heibonsha.co.jp/

ISBN 978-4-582-80841-4
NDC 分類番号123.83　全書判（17.5 cm）　総ページ380

乱丁・落丁本は直接読者サービス係でお取替えします（送料小社負担）

《東洋文庫の関連書》